Vaupel · Handeln und Lernen

Dieter Vaupel

Handeln und Lernen in der Sekundarstufe

Zehn Praxisbeispiele aus dem offenen Unterricht

Beltz Verlag · Weinheim und Basel

Der Autor:

Dieter Vaupel, Jg. 1950, Dr. rer. pol., Lehrer und Politologe, z.Zt. Rektor an der kooperativen Gesamtschule in Gudensberg als Leiter des Gymnasial- und Hauptschulzweiges.

Alle Rechte, insbesondere der Vervielfältigung und Verbreitung sowie der Übersetzung, vorbehalten. Kein Teil darf in irgendeiner Form (durch Fotokopie, Mikrofilm oder ein anderes Verfahren) ohne schriftliche Genehmigung des Verlages reproduziert oder unter Verwendung elektronischer Systeme verarbeitet, vervielfältigt oder verbreitet werden.

Gesetzt nach den neuen Rechtschreibregeln

Lektorat: Peter E. Kalb

© 1997 Beltz Verlag · Weinheim und Basel
Herstellung: Erich Rathgeber, Weinheim
Satz: Satz- und Reprotechnik GmbH, Hemsbach
Druck: Druckhaus Beltz, Hemsbach
Umschlaggestaltung: Federico Luci, Köln
Umschlagabbildung: Frank Beyer
Printed in Germany

ISBN 3-407-62346-1

Inhaltsverzeichnis

Vorbemerkungen 9

Handeln und Lernen
Eine Einführung in die Thematik 11

Was heißt handelndes Lernen? 11
Wurzeln des Konzeptes 15
Die drei Hauptbestandteile des handelnden Lernens 16
Die Ganzheitlichkeit des Lernens 17
Praktisches Lernen.. 19
Selbststeuerung... 22
Unterrichtliche Umsetzung....................................... 24
    Woran kann man handlungsorientierten Unterricht erkennen? 24
    Methodische Aspekte im handlungsorientierten Unterricht 26
Erfahrungen mit handelndem Lernen 30
    Positive Erfahrungen 30
    Problematische Erfahrungen 32

1. Praxisbeispiel
»Ich gehe jetzt mit ganz anderen Augen durch die Gegend«
Erkundungen und Untersuchungen am Bach 37

Schülermeinungen 38
Begegnen – wahrnehmen – beobachten – Erkenntnisse gewinnen 38
Erster Bachbegang... 42
Richtungsweisende Schülerfragen 45
Was ist eine Bachpatenschaft?................................... 45
Müllaktion 48
Beobachtungsdaten sammeln 49
Kleinlebewesen im Bach.. 52
Weitere Untersuchungsschwerpunkte............................... 54
Dokumentation und Auswertung unserer Bacherkundung 58

2. Praxisbeispiel
Be-greifendes Lernen in der Fahrradwerkstatt 59

Schulmeisters »Rad«schlag – eine Geschichte zur Einführung 59
Was eine Fahrradwerkstatt leisten kann 60
Mit allen Sinnen lernen 61
Selbstorganisation und Selbstverantwortung 63
Vorbereitungsphase 63
Arbeit in Werkstattgruppen 67
Mädchen und Technik – wie Feuer und Wasser? 68
Auswertungsphase 71
Fahrrad-Selbstlern- und Arbeitskartei 72
Eine Radtour durch die Unterrichtsfächer 76

3. Praxisbeispiel
Lila Mäuse laufen gut
Schüler/innen gründen eine Aktiengesellschaft 81

13-jährige Unternehmer – keine Utopie 81
Gründung der Lila-Laune-Maus-AG 82
Betriebsabteilungen 87
»Lean Production« ist angesagt 90
Organisation und Planung: technische und kaufmännische Abteilung .. 96
Vermarktungsstrategie ging voll auf 97
Schülermeinungen zum Projekt 103

4. Praxisbeispiel
Schüler/innen bringen einen Stein ins Rollen
Lokale Spurensicherung zur NS-Geschichte 106

Relikte der NS-Zeit 106
Schüler legten erste Spuren frei 107
Der Stein kommt ins Rollen 110
Briefe Überlebender aus Israel 113
Ein Treffen nach über 40 Jahren 114
»Es ist gut, dass gerade die Jugend etwas getan hat« 116
Der Stein rollt weiter 118
Ein Rundgang durch die Geschichte der Rüstungsfabrik 118
Zehn Jahre später: Blanka Pudler – eine Zeitzeugin im Unterricht .. 125

5. Praxisbeispiel
Lichtblicke und moralische Tiefschläge
Schüler/innen dokumentieren Spuren einer Minderheit 127

Geschichte der Synagoge wird dokumentiert 127
Schülerwettbewerb zum Thema »Denkmale« 133
Ein Brief aus Israel 134
Besuche in der Synagoge.. 137
Auswertung der gesammelten Informationen 139

6. Praxisbeispiel
Offenen Unterricht strukturieren
Thematische Landkarten und Lernpläne als Planungshilfen 141

Kooperative Planung 141
Brainstorming, Zettelwirtschaft und Mind-Mapping 144
Vom Mind-Mapping zur thematischen Landkarte 146
Lernpläne als Strukturierungshilfe 148

7. Praxisbeispiel
Preise kalkulieren und Grundstücke vermessen
Handeln und Lernen im Mathematikunterricht 152

Ein trockenes Fach oder Sinn stiftende Sachaufgaben? 152
Preiskalkulation und Aktienkurse für Tigerenten 154
Wohnungen vermessen und Grundrisse zeichnen 157

8. Praxisbeispiel:
»... ein bisschen Hoffnung habe ich ja doch noch«
Deutschunterricht in einer Hauptschulklasse 163

Rechtschreibung? – Eine Katastrophe! 163
Lernen ist eine individuelle Angelegenheit 164
Eigene Texte zum Thema »Zukunft« 166
Die Zukunft »kommen lassen, wie sie will« 169
Hoffnungen... 170

9. Praxisbeispiel
Schülerinnen und Schüler lernen selbstständiger und unabhängiger zu arbeiten
Entwicklung von Lern- und Arbeitstechniken bei der Wochenplanarbeit 173

Lernen – eine zwangsläufige Folge von Belehrung? 173
Was ist ein Wochenplan? 174
Vom Tagesplan zum Wochenplan 176
Ein Überschaubarer Wochenplan: Anagramm und Geschichtenbuch 180
Ein Wochenplan mit mehreren Fächern 183
Offene Wochenplangestaltung 186
Entwicklung von Lern- und Arbeitstechniken bei der Wochenplanarbeit   191
… und was sagen die Eltern dazu? 195

10. Praxisbeispiel
Über Wochenpläne zur Freien Arbeit
Die Interessen der Schülerinnen und Schülern in den Mittelpunkt stellen 196

Wochenplan und Freie Arbeit 196
Dirigismus abbauen: Der Weg zur Freien Arbeit 199
Schülerinnen und Schüler stellen eigene Pläne auf 200
Aus einem themenbezogenen Angebot auswählen 204

Literaturverzeichnis 207

Verzeichnis der Fotos 211

Vorbemerkungen

In dem vorliegenden Band werden Praxisbeispiele aus dem offenen Unterricht in der Sekundarstufe vorgestellt, Beispiele, in denen Handeln und Lernen nicht zwei künstlich voneinander getrennte Vorgänge sind, sondern eng miteinander verknüpft werden. Handeln und Lernen bilden eine Einheit im Lern- und Arbeitsprozess von Kindern und Jugendlichen in der Schule. Allen Beispielen liegen Unterrichtserfahrungen des Autors zugrunde. Einige Projekt sind in Kooperation mit anderen Kolleginnen und Kollegen durchgeführt worden. Nach ersten Ansätzen im 10. Hauptschuljahr vor nunmehr fast 15 Jahren wurde handlungsorientierter Unterricht im Laufe der Zeit für mich und meine Schüler/innen zur alltäglichen Praxis. Der vorliegende Band, in dem ich einige ausgewählte Beispiel im Zusammenhang vorstelle, ist also zugleich ein Stück meiner eigenen Lehrerbiographie, wenngleich er weniger persönliche Entwicklungslinien als vielmehr die Ergebnisse der Arbeit mit Schülerinnen und Schülern aufzeigt.

Begriffe und Schlagworte aus der aktuellen pädagogischen Diskussion wie *etwa Offener Unterricht, Handlungs- und Projektorientierung, Wochenplan* und *Freie Arbeit* – um hier nur einige der wichtigsten zu nennen – werden auf den folgenden Seiten mit ganz konkreten Inhalten gefüllt. Die Beispiele sollen in erster Linie natürlich Anregungen für den Leser geben, für Lehrer/innen, Eltern, Schüler/innen und Studenten/innen. Sie sollen ihnen Mut machen, Ähnliches zu initiieren, um den immer noch verschwindend geringen Anteil, den der handlungsorientierte Unterricht an unseren Schulen hat, zumindest etwas zu erhöhen.

Um mein mit der Veröffentlichung dieses Buches verbundenes pädagogisches Anliegen beispielhaft deutlich zu machen, möchte ich die – sicher manchem Leser bekannte – »Fahrradgeschichte« von Celestin Freinet an den Anfang stellen. Für diese Auswahl hat meine eigene Affinität zum Fahrrad und das damit verbundene – in diesem Band vorgestellte – Beispiel handlungsorientierten Arbeitens in der Fahrradwerkstatt eine Rolle gespielt. Aufgrund dieser persönlichen Bezüge war und ist für mich gerade dieser Freinet-Text von besonderer Bedeutung. Die darin enthaltenen Argumente für einen »anderen« Unterricht haben entscheidende Auswirkungen auf die Entwicklung meines hier vertretenen Unterrichtskonzeptes gehabt. Doch nun zu der Geschichte:

»Seien wir ehrlich: Wenn man es den Pädagogen überlassen würde, den Kindern das Fahrradfahren beizubringen, gäbe es nicht viele Radfahrer. Bevor man auf ein Fahrrad steigt, muss man es doch kennen, das ist doch grundlegend, man muss die Teile, aus denen es zusammengesetzt ist, einzeln, von oben bis unten, betrachten und mit Erfolg viele Versuche mit den mechanischen Grundlagen der Übersetzung und mit dem Gleichgewicht absolviert haben.

Danach – aber nur danach! – würde dem Kind erlaubt, auf das Fahrrad zu steigen. Oh, keine Angst vor Übereilung, ganz ruhig. Man würde es doch nicht ganz unbedacht auf einer schwierigen Straße loslassen, wo es möglicherweise die Passanten gefährdet. Die Pädagogen hätten selbstverständlich gute Übungsfahrräder entwickelt, die auf einem Stativ befestigt sind, ins Leere drehen und auf denen die Kinder ohne Risiko lernen können, sich auf dem Sattel zu halten und in die Pedale zu treten.

Aber sicher, erst wenn der Schüler fehlerfrei auf das Fahrrad steigen könnte, dürfte er sich frei dessen Mechanik aussetzen. Glücklicherweise machen die Kinder solchen allzu klugen methodischen Vorhaben der Pädagogen von vornherein einen Strich durch die Rechnung. In der Scheune entdecken sie einen alten Bock ohne Reifen und Bremse, und heimlich lernen sie im Nu aufzusteigen, so wie im Übrigen alle Kinder lernen: ohne irgendwelche Kenntnisse von Regeln oder Grundsätzen grapschen sie sich die Maschine, steuern auf einen Abhang zu und … landen im Straßengraben. Hartnäckig fangen sie von vorn an und – in einer Rekordzeit können sie Fahrrad fahren. Übung macht den Rest.

Später dann, wenn sie besser fahren wollen, wenn sie einen Reifen reparieren, eine Speiche richten, die Kette wieder an ihren Platz setzen müssen, dann werden sie – durch Freunde, Bücher oder Lehrer – lernen, was ihr ihnen vergeblich einzutrichtern versucht habt.

Am Anfang jeder Eroberung steht nicht das abstrakte Wissen – das kommt normalerweise in dem Maße, wie es im Leben gebraucht wird –, sondern die Erfahrung, die Übung und die Arbeit.«[1]

Im Sinne Freinets bleibt für mich zu hoffen, dieses Buch möge dazu beitragen, dass man es den Pädagogen durchaus überlassen kann, den Heranwachsenden das Fahrradfahren – und natürlich noch viele andere Dinge – beizubringen.

---

1   Freinet, Celestin: Pädagogische Texte. Reinbek 1980, S. 21f.

Handeln und Lernen

Eine Einführung in die Thematik

Begriffe wie handelndes oder praktisches Lernen, Handlungsorientierung, Schülerzentrierung, Projektunterricht oder Öffnung von Schule decken ein breites Spektrum unterrichtlicher Möglichkeiten ab. Das machen auch die Beispiele des vorliegenden Bandes deutlich. Deshalb ist es wichtig, in einer Einführung darüber zu informieren, welches Konzept der Autor mit dem Begriff des »handelnden Lernens« verbindet.[2] Das Nachdenken über die Voraussetzungen, Chancen, aber auch die Grenzen dieses Konzepts bildet eine wichtige Grundlage für die angemessene Umsetzung der vorgeschlagenen Unterrichtswege. Indem ich darlege, was ich unter handelndem Lernen verstehe und warum ich es für einen sinnvollen Unterrichtsweg halte, beziehe ich auch Stellung zu einer sehr lebendigen pädagogischen Diskussion der letzten Jahre zu dieser Thematik.[3]

Was heißt handelndes Lernen?

Handelndes Lernen bezeichnet ein spezifisches didaktisch-methodisches Arrangement des Unterrichts. Alle Bemühungen in diese Richtung versuchen, vereinseitigend geistig-begriffliche durch handelnde, praktische Lernformen zu

---

[2] Grundlage für diesen einführenden Text bildet ein gemeinsam mit Klaus-Ulrich Meier-Schreiber erarbeitetes Konzept. Zahlreiche Beispiele und Textabschnitte aus diesem Einführungskapitel stammen von Klaus-Ulrich Meier-Schreiber, von dem ich viele Anregungen erhielt, für die ich mich ganz herzlich bei ihm bedanke. Siehe dazu: Meier-Schreiber, Klaus-Ulrich/Vaupel, Dieter: Handeln und Lernen. Eine Einführung zum Mutmachen. Handlungsorientierter Unterricht in der Sekundarstufe, Heft E. Hrsg. vom Hessischen Institut für Bildungsplanung und Schulentwicklung. Wiesbaden 1993.

[3] Vgl. dazu u.a.: Ammen, Alfred: Handlungsorientierter Unterricht als Notwendigkeit in einer veränderten Gesellschaft. Oldenburger Vor-Drucke, Heft 130/91. Oldenburg 1991; Bastian, Johannes/Gudjons, Herbert: Das Projektbuch II. 2. Aufl., Hamburg 1993; Bönsch, Manfred: Handlungsorientierter Unterricht. Oldenburger Vor-Drucke, Heft 28/88. Oldenburg 1988; Duncker, Ludwig: »Handgreiflich« – »Ganzheitlich« – »Praktisch«? Grundfragen handelnden Lernens in der Schule. In: Neue Sammlung, Heft 1/1989; Fauser, Peter u.a. (Hrsg.): Lernen mit Kopf und Hand. Berichte und Anstöße zum praktischen Lernen in der Schule. Weinheim/Basel 1990; Gudjons, Herbert: Handlungsorientiert lehren und lernen. 4. Aufl., Bad Heilbrunn 1994; Gudjons, Herbert: Handlungsorientierung als methodisches Prinzip im Unterricht. In: Westermanns Pädagogische Beiträge, Heft 5/1987, S. 8–13; Kozdon, Baldur: Handelndes Lernen. Grundlagen – Voraussetzungen – Konzeptionen. In: Lehrer Journal. Grundschulmagazin, Heft 10/1986; Meyer, Hilbert: UnterrichtsMethoden II: Praxisband. 6. Aufl., Frankfurt a.M. 1994, S. 395–428; Meyer, Hilbert/Paradies, Liane: Handlungsorientierter Unterricht. Ratgeber für Eltern und Lehrer. Oldenburger Vor-Drucke, Heft 218/93. Oldenburg 1993; Wallrabenstein, Wulf: Offene Schule – Offener Unterricht. 3. Aufl., Reinbek 1993; Witzenbacher, Kurt: Handlungsorientiertes Lernen in der Hauptschule. München 1985.

ersetzen oder zu ergänzen. Einseitig ist nach meiner Meinung Lernen dann, wenn Unterricht aus der Vielzahl möglicher Lerntypen wenige, im Regelfall eher passiv-rezeptive auswählt und zur dominanten Unterrichtsform werden lässt. Diese Art des Lernens schränkt die Schülerinnen und Schüler ein auf die Entgegennahme von Instruktionen oder Anweisungen, von Übungsaufgaben oder Lernbeispielen, von Texten oder Bildern, die von der Lehrerin oder dem Lehrer ausgewählt und präsentiert werden. Methodische Probleme reduzieren sich auf die Frage, wie ein bestimmter Inhalt möglichst problemlos in das Bewusstsein der Schülerinnen und Schüler »transportiert« werden kann. Lernen heißt in diesem Verständnis lehrergesteuerte Vermittlung von Erfahrungen aus zweiter Hand.

Demgegenüber bedeutet handelndes Lernen immer aktive Arbeit der Lernsubjekte. Im Vordergrund des Unterrichts steht nicht mehr die Lehrerin oder der Lehrer, sondern der Gegenstand. Er ist der gemeinsame Bezugspunkt der Beteiligten; an ihm oder mit ihm machen die Schülerinnen und Schüler eigene Erfahrungen. Die Lehrerin/der Lehrer hilft, moderiert, gibt Anregungen, bietet zusätzliche Materialien an, schlägt Arbeitsaufgaben vor, hilft bei der Bewältigung von Gruppenprozessen, bleibt aber letztlich eher im Hintergrund. Auch mit dieser neuen Rolle wird jedoch seine Verantwortung für den übergreifenden Sinn des Lernprozesses nicht in Frage gestellt.

Nicht jedes Objekt bietet sich für handelndes Lernen an, nicht jede Handlung muss automatisch zu einem sinnvollen Lernergebnis führen. Aktive Aneignung bedeutet also nicht einen unterrichtlichen Weg mit völlig ungewissem Ausgang. Im Kern heißt es, dass praktisches Tun, Denken und die Aneignung von Wissen eine Einheit bilden sollten, ohne dass eine dieser Seiten verabsolutiert werden könnte. Handeln allein wird zum Aktionismus, wenn nicht eine Zielangabe in den Köpfen der Beteiligten ist. Für alle muss klar sein, warum dieses oder jenes praktisch getan werden soll. Allerdings kann handelndes Lernen auch neue Fragen erschließen und damit neue Zielsetzungen für das Lernen öffnen. Wichtig bleibt: Im Vordergrund des Unterrichts steht nicht allein mehr die Lehrerfrage oder die ausgedachte Aufgabe, sondern ein Gegenstand, der Aufforderungscharakter besitzt und der die Phantasie aller Beteiligten in ganz eigene Richtungen lenken kann.

In der praktischen Arbeit kann sich die allgemeine Rahmenvorgabe für den Unterricht konkretisieren, aber auch verändern. Damit führt handelndes Lernen zu einer weit reichenden Änderung der Lehrerrolle. Waren bisher Lehrerinnen und Lehrer diejenigen, die die Ziele des Unterrichts, die ausgewählten Gegenstände, seine Methode, Formen der Überprüfung des Lernerfolgs sowie die soziale Form der Arbeit mehr oder weniger allein bestimmt haben, können durch handelndes Lernen in viel stärkerem Maße Schülerinnen und Schüler an dem Gesamtgeschehen beteiligt werden. In diesem Sinne fordert und fördert das Konzept über die Tätigkeit Verantwortung: Im Mittelpunkt des Unterrichts, in dem so gelernt wird, steht der handelnde Zugang zur Wirklichkeit, den die Schülerinnen und Schüler zunehmend selbstständiger vollziehen können.

Ein Thema – zwei Wege: Beispiele aus dem Geschichtsunterricht

Im Regelfall kommt man bei der Behandlung des »Mittelalters« im Geschichtsunterricht auf das Thema »Ritter und Burgen« zu sprechen. Häufig wird dabei den Schülerinnen und Schülern mit Unterstützung des Lehrbuchs, von Bildern und ausgewählten Filmen eine Vorstellung von Burgen als Wohn- und Lebensstätten der Ritter vermittelt. Im Unterricht werden Quellen oder Geschichtserzählungen über das Leben auf einer Burg gelesen, Bilder verglichen, auf Grundlage dieser Bilder oder schematischer Skizzen Listen über wichtige Merkmale einer mittelalterlichen Burg erstellt, anhand von Karten über die Funktion von Burgen nachgedacht und schließlich vielleicht ein Lückentext über wichtige Informationen zu Burgen im Mittelalter ausgefüllt. Ein solcher Unterricht beantwortet alle Fragen, weitgehend die, die der Lehrer vorher gestellt hat.

Eine andere Gestaltung des Geschichtsunterrichts stellt in den Mittelpunkt der Beschäftigung mit diesem Thema nicht das Schulbuch oder sonstige vom Lehrer ausgewählte Quellen, sondern die Reste einer mittelalterlichen Burg selbst. Im Sinne eines Konzepts historischer Spurensuche erforschen die Schülerinnen und Schüler eine mittelalterliche Burganlage. Sie messen z.B. die Höhe und Dicke der Ringmauern, ersinnen Verfahren für das Schätzen oder Messen der Höhe des Bergfrieds, berechnen die Grundfläche des Innenhofs, suchen nach Spuren von Grundmauern im Burginneren und formulieren Annahmen über das Leben der Ritter. Dazu kommt die Suche nach den äußeren Verteidigungsanlagen, nach der Herkunft des Baumaterials sowie möglicherweise bestehenden unterirdischen Fluchtwegen. Im Rahmen der Spurensuche werden auch Annahmen über das Problem der Wasserversorgung und andere existenzielle Fragen der Burgbewohner geäußert. Wieder zurück im Klassenraum, wird die Spurensuche in vielfältiger Form ausgewertet, wobei die dabei entstehenden Ergebnisse durch mitgebrachte Gegenstände, etwa einen Mauerstein, ergänzt werden können.

Beide Lernprozesse repräsentieren zwei unterschiedliche Lernformen. Der wichtigste Unterschied liegt in den verschiedenen Qualifikationsanforderungen, die die beiden unterrichtlichen Arrangements an die Schülerinnen und Schüler stellen. Während im ersten Beispiel vorwiegend nacharbeitende, reproduktive Leistungen gefordert sind, regt die historische Spurensuche des zweiten Beispiels die Beteiligten zu einem eigenständigeren Lernprozess an. Im Vordergrund der Arbeit in der Burgruine stehen nicht mehr passiv-rezeptive, sondern aktive Formen der Aneignung und der Auseinandersetzung mit dem Lerngegenstand. Im ersten Fall wird die historische Wirklichkeit didaktisch und methodisch gefiltert an die Lernenden herangetragen. Repräsentant des Wissens ist ausschließlich die Lehrerin oder der Lehrer. Sie oder er verfügen über das historische Wissen, das die Lernenden sich möglichst effektiv aneignen sollen. Im zweiten Fall verändert sich das Verhältnis von historischer Wirklichkeit, Vermittler und Schülern. Nicht allein mehr die Lehrerin oder der Lehrer sind die Repräsentanten der Wirklichkeit, sondern sie werden eher zu Moderatoren einer selbstständigen Auseinandersetzung der Lernsubjekte mit einem Stück Geschichte. Hinzu kommt: Während im ersten Beispiel die sozialen Formen, innerhalb deren sich das Lernen vollzieht, eher zufällige Resultate der methodischen Gestaltungsfreude sind, ergeben sich wechselnde soziale Formen des Lernens im zweiten Beispiel aus der Sache selbst: einen Turm kann man nur zu zweit vermessen, eine Grundrissskizze zeichnet einer, der aber die zuarbeitende Hilfe anderer braucht; eine Gruppe entdeckt mehr als einzelne: Kooperation ergibt sich aus dem Arbeitszusammenhang.

Ein Vergleich der beiden Unterrichtsbeispiele lässt aber noch andere Qualitätsansprüche an Unterricht deutlich werden. Handelndes Lernen in der Burgruine lässt sich als sinnvolle Unterrichtsveranstaltung nur denken, wenn man Lernen als Einheit von praktischem Tun, Denken und Aneignung von Wissen auffasst. Wenn die Lernenden nichts über das Mittelalter wüssten und keine Vorstellung vom Leben der Ritter auf einer Burg hätten, geriete die historische Spurensuche[4] schnell zum blinden Aktionismus. In diesem Sinne kann handelndes Lernen einen vorausgegangenen quellengestützten Aneignungsprozess unterstützen. Es erweitert ihn aber gleichzeitig, indem die Spurensucher alle möglichen Dinge neu und zusätzlich erfahren. Es bildet den Ausgangspunkt für neue Lernprozesse, in denen offene Fragen weiter geklärt werden müssen. Am Ende des Unterrichts stehen nicht nur Antworten, sondern neue Fragen.

Zusammenfassend kann festgestellt werden: Handelndes Lernen verändert den Prozess der Aneignung von Wissen auf vielfältige Weise. Aber nicht nur das: Handelndes Lernen erweitert das Qualifikationsspektrum beträchtlich. Insbesondere Fähigkeiten im methodischen und sozial-situativen Bereich erfahren im Unterschied zu eher passiv-rezeptivem Lernen eine qualitative Steigerung.

---

4 Zur historischen Spurensuche vgl.: Meier-Schreiber, Klaus-Ulrich: Historische Spurensuche. Handlungsorientierter Unterricht in der Sekundarstufe I. Heft 3. (Hessisches Institut für Bildungsplanung und Schulentwicklung. Wiesbaden 1993; Kinter, Jürgen/Kock, Manfred/Thiele, Dieter: Spuren suchen. Leitfaden zur Erkundung der eigenen Geschichte. Hamburg 1985; Lindquist, Sven: Grabe, wo du stehst. Handbuch zur Erforschung der eigenen Geschichte. Bonn 1989.
In diesem Band sind zwei Praxisbeispiele zur historischen Spurensuche ausführlich dargestellt: Praxisbeispiel 4: »Schüler/innen bringen einen Stein ins Rollen«, und Praxisbeispiel 5: »Lichtblicke und moralische Tiefschläge«.

Wurzeln des Konzeptes

Handelndes Lernen ist kein neuer Modetrend, sondern hat eine lange Tradition. Es spielte vor allem in der reformpädagogischen Bewegung im ersten Drittel dieses Jahrhundert eine wichtige Rolle. Die historischen Wurzeln sowie pädagogischen und lernpsychologischen Begründungen des handlungsorientierten Unterrichts lassen sich insbesondere in folgenden Ansätzen finden:[5]

- Bei den »Klassikern« der Pädagogik, bei Johann Amos Comenius (1592–1670), Jean Jacques Rousseau (1712–1778) und Johann Heinrich Pestalozzi (1746–1827), lassen sich klare und eindeutige Plädoyers für das finden, was man heute als handlungsorientierten Unterricht bezeichnet. Comenius definiert Bildung als »kunstreiche Anweisung, mit deren Hilfe dem Geist, der Sprache, dem Herzen und den Händen der Menschen Weisheit einzupflanzen ist.«[6] Jean Jacques Rousseau macht darauf aufmerksam, dass optimales Lernen nicht über die »Schnellstraße« der Belehrung erfolgt, sondern Ergebnis des Lernens mit allen Sinnen ist. Es gehe nicht darum – so Rosseau –, dem Schüler »eine Wahrheit zu übermitteln« sondern vielmehr darum, »ihm zu zeigen, wie man es anfängt, immer die Wahrheit zu finden.«[7] Die heute oft zitierte Formel vom Lernen mit »Kopf, Herz und Hand« findet sich zum ersten Mal bei Pestalozzi.[8]
- Das von den amerikanischen Pragmatisten John Dewey (1859–1952) und William Heard Kilpatrick (1871–1965) Anfang dieses Jahrhunderts entwickelte Projektlernen spielt im Zusammenhang mit handelndem Lernen eine wichtige Rolle. Mit ihrem Konzept, in dessen Mittelpunkt »Learning by doing« steht, zeigen sie auf, wie praktisches Handeln und denkendes Nachvollziehen stärker miteinander verschränkt werden können.[9]
- Von Georg Kerschensteiner (1854–1932) wurde der Begriff der »Arbeitsschule« geprägt. Bei ihm steht die Forderung nach konstruktiver Betätigung im Vordergrund. Der Jugendliche soll sein eigenes Handwerkszeug gebrauchen lernen. In der Schule soll dem Produktivitätsdrang der Kinder und Jugendlichen entsprochen werden. Neben den intellektuellen lassen sich – so Kerschensteiners Zielsetzung – dadurch auch die sozialen Kompetenzen fördern.

---

5   Vgl. dazu: Meyer, Hilbert/Paradies, Liane: Handlungsorientierter Unterricht. Oldenburger Vordrucke, Heft 218/93. Oldenburg 1993, S. 37ff.
6   Komenski, Johann Amos: Allgemeine Beratung über die Verbesserung der menschlichen Dinge. Hrsg. von Franz Hofmann. Berlin (Ost) 1970.
7   Rousseau, Jean Jacques: Émile oder über die Erziehung. Deutsche Fassung von Esterhues, Josef. 3. Aufl., Paderborn 1963, S. 223.
8   Pestalozzi, Johann Heinrich: Sämtliche Werke. Hrsg. von Buchenau/Spranger/Stettbacher. Bd. 6. Zürich 1960, S. 64f.
9   Dewey, John/Kilpatrick, William Heard: Der Projekte-Plan. Grundlegung und Praxis. Weimar 1935 (= Pädagogik des Auslands, Bd. VI. Hrsg. von Peter Petersen).

- Hugo Gaudig (1860–1923) empfand sich als Kontrahent Kerschensteiners, allerdings teilte er viele seiner Grundsätze. Er betont besonders den Aspekt der Selbsttätigkeit der Schüler/innen: »Das Prinzip der Selbsttätigkeit beherrscht den gesamten Schulkurs vom ersten bis zum letzten Tag.«[10] Wenn der Schüler selbsttätig ist, ist für Gaudig »seine Arbeit eine ›Handlung‹, bei der er das ›handelnde Subjekt‹ oder, wie man es ausdrücken kann: ›der Täter seiner Taten‹ ist.«[11]
- Adolf Reichwein (1898–1944) hat ein in einer Dorfschule erprobtes ganzheitlich-kulturkundlich-handlungsbezogenes Unterrichtskonzept entwickelt, das er in seinem auch heute noch spannend zu lesenden Buch »Schaffendes Schulvolk« (1939) beschreibt. Seinen Ansatz kann man als »klassischen« Vorläufer heutiger Konzepte handlungsorientierten Unterrichts bezeichnen.[12]
- Der Lernpsychologe Heinrich Roth erhebt die »originale Begegnung« zum methodischen Prinzip. Eine seiner Kernaussagen lautet: »Alle methodische Kunst liegt darin beschlossen, tote Sachverhalte in lebendige Handlungen zurückzuverwandeln, aus denen sie entsprungen sind: Gegenstände in Erfindungen und Entdeckungen, Werke in Schöpfungen, Pläne in Sorgen, Verträge in Beschlüsse, Lösungen in Aufgaben, Phänomene in Urphänomene.«[13]
- Lerntheoretische Grundlagen des handlungsorientierten Unterrichts schafften Jean Piaget und Hans Aebli mit ihrer kognitiven Handlungstheorie.[14] Sie haben unter entwicklungspsychologischen Gesichtspunkten belegt: Das Denken geht aus dem Handeln hervor und kehrt zu ihm zurück. Aebli: »Denken geht aus dem Handeln hervor, und es trägt ... noch grundlegende Züge des Handelns, insbesondere seine Zielgerichtetheit und Konstruktivität.«[15]

Die drei Hauptbestandteile des handelnden Lernens

Handelndes Lernen lässt sich durch drei zentrale Elemente näher kennzeichnen: durch eine besondere Auffassung von den Lerngegenständen, die sich in der Forderung nach Ganzheitlichkeit ausdrückt; durch eine besondere Methodik, das praktische Lernen; sowie durch die Einbeziehung der Schülerinnen

---

10 Gaudig, Hugo: Die Schule im Dienste der werdenden Persönlichkeit. 3. Aufl., Leipzig 1930 (zit. n. Meyer 1994, S. 417).
11 Zit. n. Meyer/Paradies, (1993) S. 38.
12 Reichwein, Adolf: Schaffendes Schulvolk. 2. Aufl., Braunschweig 1953.
13 Roth, Heinrich: Pädagogische Psychologie des Lehrens und Lernens. 7. Aufl., Hannover 1963, S. 116.
14 Aebli, Hans: Denken: Das Ordnen des Tuns. 2 Bde. Stuttgart 1980/81; Piaget, Jean: Gesammelte Werke in 10 Bänden. Studienausgabe. Stuttgart 1975.
15 Aebli (1980), S. 26.

und Schüler in die Planung und Durchführung des Unterrichts, die im Begriff der »Selbststeuerung« ihren pädagogischen Ausdruck findet.

Die Ganzheitlichkeit des Lernens

Hinter der Forderung nach Ganzheitlichkeit verbirgt sich die Überzeugung, dass Bildungsprozesse am ehesten Erfolg haben werden, wenn sie die Wirklichkeitssicht der Lernsubjekte zum Ausgangspunkt nehmen. Wie nehmen Schülerinnen und Schüler Wirklichkeit wahr? Zunächst richtet sich die Wahrnehmung jedes Menschen auf »Ganzheiten«, d.h. einen anderen Menschen, einen Gegenstand oder einen Sachverhalt, ein Bauwerk oder eine Naturerscheinung. Ganzheiten in diesem Sinne sind etwa Supermärkte oder Kunstobjekte, der Verkehrsstau am Nachmittag oder ein Stadtwäldchen. Im Prozess der Wahrnehmung werden diese »Ganzheiten« sehr schnell auf abstrahierend-vereinseitigende Weise verarbeitet. An einem Gegenstand sieht man seine Farbe, weil sie einem gefällt, bei einem Auto interessiert einen der Benzinverbrauch oder die Höchstgeschwindigkeit. Der Verkehr ist einem lästig, und bei der Naturerscheinung »Regen« fällt einem ein, dass man leider wieder den Schirm vergessen hat. Wahrnehmung heißt dann Deutung, Interpretation, Selektion, zumeist auf dem Hintergrund von oder verbunden mit Erfahrungen. In diesem Sinne bezieht sich Wahrnehmung auf »Ganzheiten« und ist doch höchst abstrakt: Allzu häufig wird nur die Oberfläche der Dinge gesehen, werden Einzelaspekte für die ganze Wahrheit genommen und Zusammenhänge ausgeblendet. Mithilfe von Alltagstheorien wird die Komplexität der Welt vereinfacht, ihre bedrohlich-undurchschaubare Vielfalt bewältigt. Ziel von Bildungsprozessen sollte es sein, die Qualität dieser ganzheitlich-abstrakten, alltagsgedeuteten Wirklichkeitssicht zu verbessern. Die Alltagswahrnehmung muss zur differenzierteren Erkenntnis geführt werden, in der das Wesentliche der Dinge zum erkennbaren Nutzen der Lernenden erfasst wird.

Im traditionellen Unterricht existiert die Wirklichkeit aber bereits separiert, in kleine Häppchen verpackt und auf Regeln reduziert. Die Organisatoren von Lernprozessen begreifen das als wichtigste Hilfestellung dafür, dass überhaupt Lernen möglich wird. Die didaktische Präparierung und anschließende methodische Aufbereitung der Gegenstände führt im Regelfall aber dazu, dass die Lernenden das, was ihnen präsentiert wird, als »Stoff« verstehen. Da die Differenz zwischen ihrer Wahrnehmung und den sorgsam aufbereiteten Lerngegenständen zu groß ist, sehen sie im Lernen häufig nur noch einen »schulimmanenten« Sinn. Gelernt wird für die Lehrerin oder den Lehrer, weil es Noten gibt, weil man sonst Druck von zu Hause bekommt u.v.m. Die methodische Brücke »Motivation« hilft da oft auch nicht weiter: Das Sinndefizit, das sich mit traditionell aufbereitetem Schulstoff verbindet, ist einfach zu groß. Besonders auffällig wird die entstehende »Motivationskrise« bei den Schülergruppen, die aufgrund ihrer Sozialisation weniger Möglichkeiten haben, Bedürfnisbefriedigung auf spätere Zeiten aufzuschieben, also etwa die Hoffnung auf einen qualifizierten Schulabschluss mit verbesserten Lebenschancen zu verbinden und so sinnlosem Lernen doch wieder einen »Sinn« abzugewinnen.

Wenn Lernen aber für die Schülerinnen und Schüler einen Sinn haben soll, muss das Arbeiten in der Schule einen sichtbaren und nachvollziehbaren Bezug zu ihrer eigenen Wahrnehmung von Welt bekommen. Nicht die bereits intellektuell gedeutete, in Regeln gefasste oder symbolisch verschlüsselte Welt kann dabei Bezugsgröße des Lernens sein, sondern für die Schülerinnen und Schüler lebensbedeutsame »Ganzheiten«, an denen ein differenziertes Welt- und Selbstverständnis entwickelt werden kann.

Ein Thema – zwei Wege: Beispiele aus dem Sozialkundeunterricht

Im Sozialkundeunterricht des 8. Schuljahres einer Hauptschule soll das Thema »Alte Menschen« behandelt werden. Die Anfangsstunde beginnt mit einem Folienbild von zwei alten Menschen. Die Schüler/innen werden aufgefordert, zu der Bildunterschrift »Alt sein …?« Stellung zu nehmen. (»Was fällt euch dazu ein?«). Anschließend wird ein Arbeitsblatt verteilt, auf dem statistische Grafiken Aussagen über die Veränderung der Altersverteilung in der Bevölkerung seit Beginn unseres Jahrhunderts zulassen. Der Bildimpuls zu Anfang der Stunde soll also die Beschäftigung mit einem bevölkerungssoziologischen Sachverhalt motivieren. Das Lernziel der Stunde erfasst die quantitative Zunahme der alten Menschen im Verhältnis zur Gesamtbevölkerung. Der erkannte Sachverhalt wird in Form eines kurzen Textes an der Tafel festgehalten und in das Sozialkundeheft eingetragen.

Die Unterrichtseinheit kann aber auch ganz anders begonnen werden. In der Nähe der Schule liegt ein Altenwohnheim des Landkreises. Ganzheitliches Lernen würde z.B. einen Besuch in diesem Altenheim in den Mittelpunkt des Unterrichts stellen. Damit stünden von vornherein nicht abstrakte und medial aufbereitete Lerngegenstände zur Debatte, sondern eine abgegrenzte, sinnlich erfahrbare, von den Schülern im Regelfall als bedeutsam empfundene »Ganzheit«. Für die Entwicklung eines Fragebogens, mit dem die Lebenssituation der Heimbewohner erforscht werden könnte, müssen die Schülerinnen und Schüler empirische Sozialdaten vorher erarbeiten, etwa über die Altersstruktur in der Gemeinde. Gleichzeitig müssen Informationen über die Versorgungslage alter Menschen, das soziale Netz oder die Grundlage von Rentenbezügen eingeholt werden. Die Erarbeitung dieser Daten erhält Ernstcharakter und damit ihren Sinn über die integrative Wirkung des ganzheitlichen Bezugs »Altenheim«.

Die Erfahrung zeigt, dass eine ganzheitliche Auffassung von den Lerngegenständen dazu beitragen kann, dem im traditionellen Unterricht entstehenden Sinndefizit entgegenzuwirken. Handelndes Lernen wendet sich damit gegen Formen partikularisierter Wissenaneignung. Die Aufbereitung eines Gegenstandes oder die Formulierung eines Unterrichtsziels hat sich an der Alltagswahrnehmung der Kinder und Jugendlichen zu orientieren, ohne in der Qualität dieser Wahrnehmung aufzugehen.

Praktisches Lernen

Unterrichtsmethodisch kann der Begriff des praktischen Lernens zunächst als tätige Auseinandersetzung mit der Wirklichkeit im Unterschied zur theoretischen Aneignung gefasst werden. Praktisch ist Lernen dann, wenn es zwar mit dem, aber nicht nur im Kopf stattfindet. Indem mit und in der Realität Erfahrungen gemacht werden, ist Lernen nicht allein mehr nach-denken, sondern über die Tätigkeit, das praktische Tun vermitteltes Entdecken von Ordnungen, Regeln und Zusammenhängen. Ebenso können aber auch Hypothesen, Alltagstheorien oder empirische Behauptungen im praktischen Lernen überprüft und gegebenenfalls korrigiert werden. In diesem Sinne heißt dann praktisches Lernen Orientierung in der Lebensumwelt und Suche nach Sinn. Im Mittelpunkt des Lernens steht die gemachte Erfahrung als die Basis des Erkenntniszuwachses. Im Rahmen dieses Verständnisses ist praktisches Lernen keine naive Handwerkelei oder blinder Aktionismus. Es ist äußerst anspruchsvolle (Erkenntnis-)Tätigkeit, die sich immer nur im Zusammenhang mit Elementen des Denkens und Wissens angemessen vollziehen kann.

Es wird deutlich, dass damit ein sehr weit gefasstes Verständnis von praktischem Lernen vertreten wird. Lernen umfasst danach alle Lebensvorgänge der praktischen Aneignung von Realität, des tätigen Umgehens mit vorgestellten oder vergangenen Wirklichkeiten, soweit sie eben zu einer längerfristig stabilen Veränderung von Fähigkeiten oder Fertigkeiten, von Wissensbeständen, Einsichten, methodischen Qualifikationen, im umfassendsten Sinne zu einer Verbesserung des persönlichen Welt- und Selbstverständnisses geführt haben.

In der Entwicklung des Kindes, später auch im Alltag von Jugendlichen und Erwachsenen, spielen verschiedene Formen der lernenden Aneignung häufig eine gleichberechtigte Rolle: Beim Kleinkind sind es elementare Formen der Aneignung, des Anfassens, des spielerischen Ausprobierens, des Nachahmens; beim Erwachsenen oft das Lernen durch Versuch und Irrtum, gemeinsames Ausprobieren, vielleicht auch durch Nachschlagen in einem Lexikon. Lediglich die Schule bildet in diesem sehr menschlichen Prozess eine Ausnahme: Überwiegend reduziert sich hier das Lernen auf die methodisch mehr oder weniger geschickt organisierte Vermittlung von Informationen in möglichst kurzer Zeit.

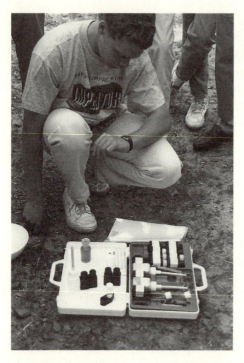

Im Mittelpunkt des handlungsorientierten Lernprozesses steht die selbst erlebte Erfahrung als Basis des Erkenntniszuwachses. Praktisches Lernen beinhaltet die Verbindung von Denken und Handeln. Diese Verbindung kann in der unterrichtlichen Umsetzung bei einer Gewässeruntersuchung ebenso wie bei der Produktion von »Tigerenten« oder der Flächenberechnung des Kreises Bedeutung haben.

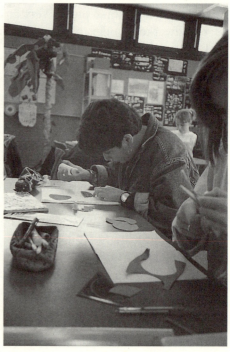

Die meisten der im Alltag mit Erfolg praktizierten Formen des Lernens werden in der Schule auf eine Methode beschränkt: die Form der theoretischen Aneignung. Im Unterricht wird traditionell gelesen, geordnet, systematisiert, geschlussfolgert, auswendig gelernt, abgeschrieben und nachgedacht. Lernen kann aber mehr bedeuten. Dies soll mit dem Begriff des »praktischen Lernens« deutlich gemacht werden.

In der Unterrichtsarbeit konkretisiert sich der Prozess des praktischen Lernens meist in folgenden Vorgängen: dem Forschen und Entdecken, der Konkretisierung, dem Vergleichen oder Lokalisieren, der Veranschaulichung und Vergegenwärtigung, dem Experimentieren oder entdeckenden Umgehen, dem Sammeln, Bearbeiten oder Befragen, der Transferierung, der Visualisierung, dem Nachbauen, Konstruieren oder spielerischen Nachempfinden. Praktisch kann man diese noch sehr allgemein gehaltenen Vorgänge in jedem nur denkbaren Unterricht auf vielfältigste Weise konkretisieren.

Ein Thema – zwei Wege: Beispiele aus dem Musikunterricht

Ein immer wiederkehrendes Thema des Musikunterrichts ist die Instrumentenkunde. Die Schülerinnen und Schüler sollen wichtige Instrumente kennen lernen, ihre Einsatzmöglichkeiten beschreiben, über das Hören zur Erkenntnis der Klangcharakteristik kommen und Stücke kennen lernen, in denen diese Instrumente verwendet werden. Ausgangspunkt einer Unterrichtseinheit ist ein Musikstück, in dem eine Panflöte eine besondere Rolle spielt. Die Schülerinnen und Schüler sprechen auf Grundlage ihrer Vorkenntnisse über das Musikinstrument, nennen andere Stücke, in denen die Panflöte vorkommt und betrachten dann ein Arbeitsblatt, auf dem die Panflöte abgebildet und eine Kurzbeschreibung angefügt ist. Eine Arbeitsaufgabe fordert zum Beschreiben des Instruments, seiner Arbeitsweise sowie zu einer Charakterisierung der Musikstücke auf, in denen die Panflöte vorzugsweise eingesetzt wird. Die Arbeitsergebnisse werden gemeinsam besprochen, und anschließend wird ein Merktext ins Arbeitsheft eingetragen.

Ein Musikunterricht, der das Thema im Sinne des praktischen Lernens angehen würde, stellt in den Mittelpunkt die Planung und den nachfolgenden Bau einer Panflöte sowie anschließende musikalische Einsatzversuche. Der Unterricht beginnt unter Umständen genauso: Zunächst wird ein Musikstück gehört und das Vorwissen zur Grundlage eines Gesprächs gemacht. Anschließend wird ein Panflötenspieler auf einem Folienbild gezeigt, und die Schülerinnen und Schüler versuchen in Gruppen einen eigenen Plan zu entwickeln, wie eine solche Flöte gebaut werden könnte. Diese eigene Planungsphase wird anschließend gemeinsam konkretisiert, indem ein differenzierter Bauplan durchgesprochen wird. In den Gruppen werden die Arbeitsaufgaben verteilt, und in den nächsten Stunden kann die Panflöte gebaut werden. Im folgenden Unterricht wird die Panflöte gemeinsam ausprobiert, werden Musikstücke angehört und nachgestaltet.

Zusammenfassend kann festgestellt werden, praktisches Lernen ist ein anspruchsvoller Vorgang, der in den unterrichtlichen Prozessen der Erkenntnisgewinnung, aber auch in den Phasen der Be- und Verarbeitung von Erkenntnissen seine herausragende Bedeutung haben kann. Am Beispiel des Baus der Panflöte kann man sehen, dass praktisches Lernen keinen geringerwertigen Charakter als theoretische Aneignungsprozesse hat. Fast jeder schulische Gegenstand kann mit Methoden des praktischen Lernens bearbeitet werden. Was den Erkenntniswert bzw. den positiven Effekt für das Lernen angeht, liegen die Grenzen in der Vorstellungskraft und Variabilität des Unterrichtenden. Was die schulische Umsetzbarkeit und die sich hieraus ergebenden Grenzen betrifft, werden in einem späteren Abschnitt (»Unterrichtliche Umsetzung«) weitere Hinweise gegeben.

Selbststeuerung

Der Begriff der Selbststeuerung sagt etwas darüber aus, wie die Schülerinnen und Schüler in wichtige Phasen der Planung und Durchführung des Unterrichts mitbestimmend einbezogen werden. Um die Bedeutung dieses Begriffs deutlich werden zu lassen, soll zunächst noch einmal ein Modell traditionellen Unterrichts unter dem Gesichtspunkt der Entscheidungskompetenz dargestellt werden. In einem Unterricht, der vorzugsweise passiv-rezeptives Lernen ermöglicht, haben die Lehrerinnen und Lehrer die ausschließliche »Verfügungsgewalt« über die Unterrichtsgegenstände. Sie wählen aus, bestimmen durch die Festlegung der Lernziele, was gelernt bzw. gewusst werden soll, legen die Methode fest, in der Aneignung stattfindet, und bestimmen die soziale Form für den Lernprozess (»Setzt euch bitte dazu in Gruppen zusammen«).

Dem setzt handelndes Lernen ein anderes Modell entgegen. Der für bildungswürdig erachtete Weltinhalt bekommt im Lernprozess eine andere Stellung: Handelndes Lernen macht eine selbstständige Begegnung zwischen Lernenden und Gegenständen möglich. Die Lehrerinnen und Lehrer nehmen in diesem Modell die Rolle des Beraters, Anregers, Helfers oder Moderators ein. Indem sie nicht mehr die Hauptorganisatoren der inhaltlichen Repräsentanz und auch der methodischen Organisation von Unterricht sind, kann in anderer Weise als bisher in den Lernprozessen die Intentionalität der Lernsubjekte freigesetzt werden. Das bedeutet, dass die Lernenden beginnen können, eigene Ziele für die Bearbeitung des Gegenstandes zu setzen, selbstständig methodische Wege zu beschreiten und aus diesen Anforderungen heraus eine bestimmte soziale Form der Erarbeitung zu wählen. Jetzt beginnt der Lernprozess ein selbst gesteuertes Anliegen der Beteiligten zu werden, für dessen Ergebnis sie eine wichtige Mitverantwortung haben.

Was bedeutet das für den praktischen Unterricht? Meiner Meinung nach können Elemente der Selbststeuerung in allen Phasen des Unterrichts eine wichtige Rolle spielen: bei der Auswahl von Lerngegenständen, bei der Frage, welche Aspekte des Gegenstandes überhaupt behandelt werden sollen, bei der Planung von Arbeitsprozessen, bei der Wahl der Arbeitsmethoden, bei den Formen der Darstellung von Arbeitsergebnissen sowie bei den Kooperationsstrukturen. An allen Stellen kann Selbst- und Mitbestimmung der Lernenden wirksam werden.

Ein Thema – zwei Wege: Unterrichtsbeispiele aus dem Deutschunterricht

Im 9. Schuljahr einer Hauptschule wird die Ballade »Die Bürgschaft« von Schiller behandelt. Nach dramatischem Vortrag (etwa mithilfe einer Aufnahme von Klaus Kinski) zu Beginn folgt eine inhaltliche Durchsprache der einzelnen Strophen und die Klärung von fremden Begriffen. Anschließend werden die Schülerinnen und Schüler aufgefordert, das Gedicht in sinnvolle Ereignisabschnitte zu gliedern, die dann schriftlich nacherzählt werden. Es folgt eine Klärung der Frage, was eigentlich das Gedicht so spannend macht. Daran schließt sich eine Aufgabe an, durch die die Schülerinnen und Schüler angeregt werden, den Verlauf der Spannung in einem Kurvendiagramm darzustellen. Den Abschluss der Besprechung bildet die Schlusssequenz der Ballade, indem die zentralen Begriff »Liebe und Treue« reflektiert und auf ihre gegenwartsbezogene Relevanz hin befragt werden.

Die Bearbeitung dieser Ballade in einem handlungsorientierten Arrangement könnte ebenfalls mit einem dramatischen Vortrag des Gedichts beginnen. Je nachdem, wie die selbstständigen Fähigkeiten der Schülerinnen und Schüler entwickelt sind, würde dem Gedichtvortrag zunächst ein sehr breit gefächertes »Brainstorming« folgen, das alle anschließend gemeinsam auswerten, indem Schwerpunkte gebildet, Überschriften gefunden oder sonstige trainierte Systematisierungsformen angewendet werden. Diese »Cluster« bilden dann den Ausgangspunkt für eine Arbeit in Kleingruppen, in der jede Gruppe über die Frage diskutiert, wie man die einzelnen Aspekte weiter sinnvoll bearbeiten könnte. (Voraussetzung dafür ist natürlich, dass die Schülerinnen und Schüler schon über ein gewisses Methodenrepertoire verfügen.) Die Ergebnisse der Gruppenarbeit werden dann im Klassenverband diskutiert, bewertet, auf ihre Umsetzbarkeit hin überprüft und in eine Rangfolge gebracht. Schließlich entsteht ein Arbeitsplan, wie in den nächsten Stunden das Gedicht weiter bearbeitet werden soll.

Dabei sah der Plan etwa folgende Elemente vor: Eine Gruppe wollte das Gedicht in einem Comic umsetzen. Eine andere Gruppe hatte sich vorgenommen, das Gedicht genauso spannend vorzutragen wie Klaus Kinski. Eine dritte Gruppe wollte sich überlegen, ob man das Gedicht nicht auch modernisieren könnte. Eine vierte Gruppe wollte das Gedicht mit dem Computer »schön« abschreiben. Einzelne hatten sich vorgenommen, die Namen und Orte zu klären, andere wiederum wollten eine Umfrage machen, wer das Gedicht überhaupt heute noch kennt. Die Darstellung des Arbeitsprozesses soll hier abgebrochen werden. Deutlich wird, dass die Schülerinnen und Schüler eigene Intentionen für die Bearbeitung des Gedichts äußern konnten, die dann auch nach gemeinschaftlich vollzogenem Korrekturprozess in die Tat umgesetzt wurden. Methodisch hatte die Selbststeuerung also ihren Stellenwert in der Phase der Planung der Erarbeitung. Die »deduktive« Zielvorgabe des Lehrers, dass also überhaupt das Gedicht besprochen werden sollte, wurde einer »induktiven« Zielkonkretisierung durch die Lernenden unterzogen, in der festgelegt wurde, welche Aspekte des Gegenstandes bearbeitet werden sollten.

Zusammengefasst kann über den Begriff der »Selbststeuerung« gesagt werden: Sobald der ganzheitlich gedachte Gegenstand in den Mittelpunkt des Geschehens rückt und der Unterricht einen Erkenntnisprozess der Schülerinnen und Schüler möglich werden lässt, in dem theoretische und praktische Formen der Aneignung eine gleichberechtigte Rolle spielen, wird Schülerintentionalität freigesetzt. Sie kann sich im selbst gesteuerten Lernen artikulieren und wird ernst genommen. Sie findet ihren Platz in allen Phasen des Unterrichts. Allerdings ist Selbststeuerung immer nur als langfristige Entwicklung der Kompetenz von Individuen und Gruppen zu verstehen.

Unterrichtliche Umsetzung

Woran kann man handlungsorientierten Unterricht erkennen?

Handlungsorientierter Unterricht weist in der konkreten Umsetzung einige beobachtbare Merkmale auf, die an dieser Stelle in knapper Form zusammengefasst werden sollen.

- Handlungsorientierter Unterricht sollte sich weitgehend von passiv-rezeptiven, abstrakten oder theoretischen Instruktionsprozessen abwenden. An deren Stelle treten im handlungsorientierten Unterricht aktive, vorwiegend selbst gesteuerte Aneignungsprozesse unter Einbeziehung möglichst vieler Lernkanäle.
- Dies hat Konsequenzen für die traditionelle Auffassung vom »Stoff« und von der Fächerorientierung des Lernens. Elementarisiertes oder partikularisier-

tes Wissen kann nur sehr schwer als Grundlage sinnvoller Lernprozesse handelnden Lernens dienen. Es ist schwierig, eine ganzheitliche Auffassung von den Lerngegenständen im Fachunterricht unterzubringen. Insofern wird handlungsorientierter Unterricht normalerweise fächerübergreifend sein. Allerdings können und sollten auch im Fachunterricht traditionelle Fachgrenzen überschritten werden.

- Die Auswahl des Lerngegenstandes und die Gestaltung der Lernumwelt muss sich im handlungsorientierten Unterricht immer an der Lebens- und Erfahrungswelt der Schülerinnen und Schüler orientieren.
- Ein Anknüpfen an die subjektiven Schülerinteressen ist im handlungsorientierten Unterricht unabdingbar. Die Einbeziehung der »Schülerseite« in die Auswahl von Lerngegenständen oder Lernumwelten bedeutet den Abschied von ausschließlich deduktiven Zielvorgaben für den Unterricht. Neben die curriculare Bestimmung des Lernprozesses tritt eine »induktive«, schülerorientierte Zielkonkretisierung.
- Dies bedeutet, dass handlungsorientierter Unterricht ständig bemüht sein muss, in alle Entscheidungs- und Problematisierungsphasen die Schülerinnen und Schüler mit einzubeziehen. Gemeinsame Planung des Unterrichts, das Ernstnehmen von Lösungswegen der Schülerinnen und Schüler, das Aufgreifen von Auswertungsvorschlägen gehören in einen Unterricht, der sich der Förderung von Selbstverantwortung verpflichtet fühlt.
- Wenn Lernen praktisch werden soll, muss sich handlungsorientierter Unterricht um eine Verbindung von schulischem Lernen und einer lebensweltbezogenen, sinnvollen Produktorientierung bemühen. Dabei können »Handlungsprodukte« durchaus ein weites Spektrum unterrichtlicher Arbeit abdecken: Das Einrichten eines Schulteiches ist ein »Produkt«, aber auch die Organisation einer Ausstellung und die kreative Darstellung einer Ballade im Ausdrucksspiel sind »Produkte« handelnden Lernens.
- Neben dem »Handlungsprodukt« als Ergebnis des handlungsorientierten Unterrichts, spielt der »Handlungsprozess« eine wichtige Rolle. Der Prozess der Zusammenarbeit innerhalb der Lerngruppe und die bei der Erstellung des Produktes zu gehenden Lernwege können dabei sogar wichtiger sein als das Produkt selbst. Zum Handlungsprozess gehört z.B. das Planen und Besprechen, das Bilden von Gruppen, das Entwickeln etwa von szenischen Darstellungen oder Fotoromanen ebenso wie das Produzieren von Videofilmen und das Arrangieren von Ausstellungen. Die Grenzen zwischen Handlungsprodukt und dem -prozess sind fließend.
- Handlungsorientiertes Lernen bringt eine Veränderung des Lernumfeldes mit sich. Von der »Lernzelle« entwickelt sich der Klassenraum zur »Lernwerkstatt«. Das reicht aber oft nicht aus. Insofern nutzt der Weg handelnden Lernens alle Möglichkeiten des Einbezugs außerschulischer Lernorte. Wichtig ist, dass an diesem Lernort aktive Aneignungsprozesse möglich sind.

Methodische Aspekte im handlungsorientierten Unterricht

Um die methodische Struktur handlungsorientierten Unterrichtens anschaulich zu machen, stelle ich im Folgenden zunächst einen Planungsraster für den handlungsorientierten Unterricht vor[16], eine Konkretisierung erfährt dieser Planungsraster dann durch die in diesem Band vorgestellten Praxisbeispiele.[17]

Auf die Problematik von Planungsrastern möchte ich vorweg jedoch ausdrücklich hinweisen. Für mich hat sich dieser Planungsraster als eine Hilfe bei der konkreten Unterrichtsorganisation erwiesen. Er sollte nie schematisch benutzt, sondern in jeder Unterrichtssituation neu überdacht und kreativ angewandt werden. Das Planungsraster für den handlungsorientierten Unterricht sollte keinesfalls dazu mißbraucht werden, den Unterrichtsverlauf ohne die Schüler zu planen, sondern soll gerade bewusst machen, dass in jeder Phase des Unterrichts die Schülerinnen und Schüler als Subjekte einzubeziehen sind. Das enthebt die Lehrerin oder den Lehrer allerdings nicht einer vorausschauenden Planungsarbeit, die jedoch offen, flexibel und revidierbar sein muss.

Am Anfang – in der Vorbereitungsphase – wird immer die (vorläufige) Entscheidung über ein Arbeitsthema stehen. Das Thema kann auf vielfältige Weise gewonnen werden. Es muss nicht zwangsläufig von den Schülerinnen und Schülern vorgeschlagen werden, sollte sich aber an ihren Interessen orientieren. Die Ermittlung und Formulierung von Schülerinteressen ist ein schwieriges Thema, das hier nur kurz angerissen werden kann. Die Schüler/innen haben im Verlaufe ihrer schulischen Sozialisation meist nicht gelernt, dass schulische Lernprozesse an ihren Interessen orientiert sind, daher sind sie auch nur bedingt dazu in der Lage, ihre Interessen zu formulieren. Im handlungsorientierten Unterricht sollten sie daher auch lernen, ihre Interessen zu entwickeln und zu formulieren. Die Vorstellung, es ginge im handlungsorientierten Unterricht nur darum, die Lehrerinnen und Lehrer aus ihrer aktivitätshemmenden Rolle zu entlassen, damit das »Eigentliche« im Schüler bzw. in der Schülerin durchbricht, muss zumindest angezweifelt werden. Daher wird die Lehrerin oder der Lehrer auch bei der Formulierung der vorläufigen Arbeitsthemen zu Beginn noch stärker gefordert sein und den Lernenden die Themen, die im Lehrplan vorgesehen sind, vorstellen. Die Interessen der beteiligten Schülerinnen und Schüler sollen sich dann im konkreten Lern- und Arbeitsprozess entwickeln.

Nach der Entscheidung über die Themenwahl sollte versucht werden, das Thema zunächst vorläufig zu strukturieren. Haben die Schülerinnen und Schüler bereits Erfahrungen mit dem Thema oder mit handlungsorientiertem Unterricht, so sollten sie in diese erste Strukturierungsphase einbezogen werden.

---

16 Das Planungsraster orientiert sich an Meyer (1994), S. 406f.
17 Siehe dazu insbesondere: Praxisbeispiel 1: »Ich gehe jetzt mit ganz anderen Augen durch die Gegend«, und Praxisbeispiel 2: »Be-greifendes Lernen in der Fahrradwerkstatt«.

Vorläufige Entscheidung über das
Arbeitsthema

Vorbereitungsphase

Lehrer/in
- strukturiert das Thema
- berücksichtigt Vorgaben (Richtlinien, Fachkonferenzen, Fachwissenschaften)
- beachtet organisatorische Voraussetzungen
- klärt die eigene Fachkompetenz ab
- formuliert Hypothesen über die Voraussetzungen und Interessen der Schüler/innen
- legt Check-Liste/Mind-Map an: Was ist zu berücksichtigen?

Schüler/innen
- bekommen eine vorläufige Programmvorschau
- setzen sich mit dem Thema auseinander
- tragen ihr Material zum Thema zusammen
- Entwickeln erste Fragen und Phantasien zum Thema
- äußern ihre Vorstellungen und Ideen in unterschiedlicher Form:
  Brainstorming - Zettelwirtschaft - Mind-Mapping

- Festlegung der Lehr- und Handlungsziele des Projekts
- Aufstellen einer Projektstruktur
- Erstellen eines vorläufigen Zeitplanes

Einstiegsphase
Ein handlungsbezogener Unterrichtseinstieg wird organisiert:
z.B. Erkundung eines Gewässers, Besichtigung einer Burg, Besuch eines Museums, Durchführung eines Versuchs ...
Vereinbarung von **Handlungsergebnissen** mit den Schülerinnen und Schülern

Erarbeitungsphase

- **Schülerinnen und Schüler arbeiten allein, mit Partnern, in Gruppen oder im Plenum**
  - planen die Arbeitsschritte ○ beschaffen Material und sichten es ○ studieren Texte und verarbeiten sie
  - knüpfen Kontakte ○ besorgen sich Medien
- **Schüler/innen erledigen die notwendigen Arbeitsschritte, Lehrer/in unterstützt**
  - Einüben in Techniken ○ Aufbau von Kompetenzen ○ Produktion ○ Inszenierung ○ Erprobung
  - Dokumentation/Protokollieren des Arbeitsprozesses
- **Bei Bedarf werden durchgeführt:**
- Erkundungen ○ Verhandlungen ○ Planungskorrekturen ○ Einschübe von lehrgangsmäßig geordnetem Unterricht (Lehrer- und Schülerreferate, Trainingsphasen) zur Vermittlung notwendiger Teilkompetenzen

Auswertungsphase
- Die Arbeitsergebnisse werden im Klassenplenum ○ vorgestellt ○ vorgespielt ○ erprobt ○ diskutiert ○ kritisiert ○ gelobt ○ zur Überarbeitung an die Gruppen zurückgegeben
- Die Schüler/innen arbeiten, spielen, handeln mit den Arbeitsergebnisse und üben und festigen dabei ihre Sach-, Sozial-, und Sprachkompetenzen.
- Lehrer/in und Schüler/innen entscheiden, ob Teile ofder sämtliche **Projektergebnisse veröffentlicht** werden sollen und klären in welcher Form dies geschehen kann.

Mögliche Vorgaben durch Richtlinien, Fachkonferenzbeschlüsse u.Ä., fachwissenschaftliche Vorgaben, die eigene Fachkompetenz als Lehrer und die organisatorischen Voraussetzungen müssen geklärt werden. Erste Hypothesen über die Lernvoraussetzungen und Interessen der Schülerinnen und Schüler können formuliert werden. Es bietet sich an, in einer jederzeit ergänzbaren Checkliste oder in einer Mind-Map[18] zu jedem Thema zu Beginn alles festzuhalten, was bei der vorausschauenden Planung zu berücksichtigen ist.

Vor dem Einstieg in die eigentliche Arbeit sollte den Schülern/innen in jedem Falle eine vorläufige »Programmvorschau« gegeben werden. Dadurch haben sie die Möglichkeit, sich auf das Vorhaben einzustellen, sich sachkundig zu machen, Phantasien zu entwickeln und Fragen zu stellen. Eine erste, gemeinsam mit den Schülerinnen und Schülern durchgeführte Revision der vorläufigen Planung könnte sich anschließen. Nun lassen sich nicht nur die Lehrziele, sondern auch Hypothesen über die möglichen Handlungsziele der Schüler/innen formulieren. Mithilfe der vorausschauenden Planung des Lehrers und der Schülervorschläge lassen sich nun eine Struktur und ein vorläufiger Zeitplan erstellen.

In der Einstiegsphase wird versucht, einen handlungsbezogenen Unterrichtseinstieg zu organisieren. Dies kann, wie in dem eingangs aufgeführten Beispiel, die Besichtigung einer Burg sein, die erste Erkundung eines Gewässers, die Arbeit an einer Bauskizze, die Durchführung eines Versuchs, der Besuch eines Museums, die Verkehrszählung an einer Hauptstraße, die Konfrontation mit Fahrrädern aus dem Sperrmüll oder die Durchführung von Interviews. In jedem Falle werden die Erfahrungen in dieser Einstiegsphase wichtiger Bestandteil für die weitere Planung sein. An ihrem Ende werden mit den Schülerinnen und Schülern die anzustrebenden Handlungsergebnisse vereinbart.

Es schließt sich die eigentliche Erarbeitungsphase an. Schülerinnen und Schüler arbeiten allein, mit Partnern, in Gruppen oder im Plenum und sorgen zuerst für die Planung der Arbeitsschritte, anschließend für Materialbeschaffung und Materialsichtung, Textstudium und Textverarbeitung, Vermittlung von Kontakten, Zurverfügungstellung von Medien usw. Die für die Bearbeitung der Thematik notwendigen Arbeitsschritte werden nach und nach erledigt. Techniken zum Aufbau von Kompetenzen werden exemplarisch eingeübt, es wird produziert, inszeniert und erprobt, der Arbeitsprozess kann protokolliert und die Dokumentation der Ergebnisse vorbereitet werden. Bei Bedarf führen die Schülerinnen und Schüler Erkundungsgänge durch, arrangieren Verhandlungen und Gespräche u.Ä. Lehrgangsmäßig geordneter Unterricht zur Vermittlung von Teilkompetenzen kann in Form von Lehrer- oder Schülerreferaten oder Trainingsphasen eingeschoben werden. Der Erarbeitungsphase können

---

18 Siehe dazu Praxisbeispiel 6: »Offenen Unterricht strukturieren«.

Wie kann man Ergebnisse darstellen und vorbringen?

- Berichte anfertigen
- Materialien zusammenstellen
- Dokumentationen, Informationssammlungen erstellen
- Wandzeitungen gestalten
- Plakate entwerfen
- Collagen anfertigen
- Flugblätter gestalten
- Geschichten schreiben
- Reportagen oder Hörspiele schreiben und umsetzen
- eine Talkshow durchführen
- Thesen formulieren, konträre Meinungen gegenüberstellen
- Aufgaben für Mitschülerinnen und Mitschüler formulieren
- einen Lückentext und das dazugehörige Kontrollblatt entwerfen
- Übungen zur Wiederholung und Vertiefung ausdenken
- eine Fragenkartei (mit Lösungen) anlegen
- Fehlergeschichten schreiben
- Foto-, Bilder-, Dia-Reihen, Video-Sequenzen erstellen
- einen Leitfaden, einen Katalog, einen Prospekt, eine Broschüre erstellen
- eine illustrierte Zeitung zusammenstellen
- Bildergeschichten zusammenstellen
- einen Comic entwickeln
- Lieder texten, Gedichte schreiben
- eine Pro- und Kontra-Debatte, ein Streitgespräch führen
- Spiele entwickeln (Brett- und Würfelspiele)
- Rätsel entwerfen (Kreuzwort-, Silben-, Balkenrätsel, Rätselschlagen)
- ein Quiz, ein Ratespiel entwickeln
- ein Puzzle anfertigen
- ein Modell basteln
- eine Ausstellung gestalten
- (Leser-)Briefe schreiben
- Eingaben machen, Anfragen richten
- Beiträge für die Schulzeitung schreiben
- Unterschriftenaktionen durchführen
- einen Infostand gestalten

Aus: Vaupel, Dieter: Die Erkundung. In: Lehrer, Schüler, Unterricht. Handbuch für den Schulalltag. 21. Ergänzungslieferung. Stuttgart 1996, S. 25.

unterschiedliche Inszenierungsmuster von Unterricht zugeordnet werden, z.B. »Werkstatt«, »Labor«, »Expedition«, »Theater« oder »Gemeinde«.[19]

In der Auswertungsphase werden die Ergebnisse des handlungsorientierten Unterrichts auf unterschiedliche Weise vorgestellt. Oft werden die Arbeitsergebnisse zunächst im Klassenplenum präsentiert, vorgespielt und erprobt. Wie

19 Vgl. Meyer (1994), S. 403f.

vielfältig Lernergebnisse vorgestellt werden können zeigt die Übersicht. Die Schülerinnen und Schüler bekommen eine erste Rückmeldung, wenn ihre Ergebnisse diskutiert werden und dabei Kritik und Lob einfließen. Dies kann Anlass für eine nochmalige Überarbeitung in den Gruppen sein. Nach der internen Diskussion werden in der Regel Teilergebnisse oder auch sämtliche Ergebnisse über den Rahmen der Klasse hinaus veröffentlicht. Handlungsorientierter Unterricht öffnet den Klassenraum zur Schule und zur Gemeinde hin, er greift mit seinen Ergebnissen in gesellschaftliche Prozesse ein.

Erfahrungen mit handelndem Lernen

Positive Erfahrungen

Nach meinen Erfahrungen schätzen die meisten Lehrerinnen und Lehrer den eingeschlagenen Weg des handelnden Lernens positiv ein. Für viele stellt diese Form des Unterrichtens eine neue Motivation für ihre Arbeit in der Schule dar. Die meines Erachtens wichtigsten Aspekte dieser Erfahrungen, die für den handlungsorientierten Unterricht sprechen, sind im Folgenden zusammengefasst.

Um Missverständnisse zu vermeiden, soll betont werden, dass nicht dafür plädiert wird, den gesamten Unterricht von einem Tag zum anderen auf dieses Konzept umzustellen. Es geht mir hier darum, Mut zu machen, den bisher insgesamt gesehen sehr geringen Anteil dieses Unterrichtes auszuweiten. Wer erst einmal die vielfältigen positiven Erfahrungen mit handlungsorientiertem Unterricht beispielhaft gemacht hat, wird von sich aus nicht darauf verzichten wollen, solche Erfahrungen häufiger zu machen.

- Handlungsorientierter Unterricht greift die Erfahrung auf, dass Schülerinnen und Schüler immer ganzheitlich lernen. Dies ist keine neue Feststellung, unsere Schulen sind jedoch in der Regel so strukturiert, als ginge es nahezu ausschließlich darum, dass Kinder und Jugendliche mit dem Kopf und nicht mit allen Sinnen lernen. Der handlungsorientierte Unterricht hebt dies auf und ermöglicht dadurch andere Zugänge zu Inhalten des Lernens. Die Trennung von Kopf- und Handarbeit wird aufgehoben und ersetzt durch das Miteinander und Zusammenwirken. Andere Seiten der Person, die in einem rein kognitiv ausgerichteten Unterricht weitgehend verkümmern, werden angesprochen, wodurch die Motivation und das Interesse am Unterricht steigen. Durch die Aufhebung der Zerstückelung des Lernens können Schülerinnen und Schüler die Erfahrung machen, dass Lernen etwas mit ihnen, mit ihrem Leben zu tun hat.

- In der Schule von heute wird es immer wichtiger, die Jugendlichen auf ein selbstständiges und kompetentes Handeln in gegenwärtigen und zukünftigen Handlungssituationen im beruflichen, gesellschaftlich-politischen und privaten Bereich vorzubereiten. Die Schule muss Möglichkeiten schaffen, dieses Handeln zu üben. Wie soll ein Schüler nach dem Verlassen der Schule plötzlich selbstständig sein, wenn er seine ganze Schulzeit über daran gehindert worden ist und den Unterrichtsstoff immer in kleinen Happen gereicht bekommen hat? Hier schafft der handlungsorientierte Unterricht einen erweiterten Erfahrungsraum, der von den Schülerinnen und Schülern positiv angenommen wird.
- Im handlungsorientierten Unterricht sind Lernen und Handeln miteinander verknüpft. Dadurch lernen Schüler/innen einfach besser, sie behalten das Gelernte länger, wenn sie es nicht nur über ein Arbeitsblatt vermittelt bekommen, sondern selbst erlebt haben und an der Auswahl der Unterrichtsinhalte beteiligt waren. Dies bestätigen nicht nur Untersuchungen zur Lernpsychologie, sondern es ist eine tägliche Erfahrung, die man als Lehrerin oder Lehrer im handlungsorientierten Unterricht machen kann.
- Schülerinnen und Schüler können sich mit einem Unterricht, an dessen Planung und Durchführung sie aktiv beteiligt sind, viel eher identifizieren, die Angelegenheit zu ihrem eigenen Anliegen machen als in einem Unterricht, der durch die alleinige Zielvorgabe des Lehrers oder der Lehrerin für sie weitgehend undurchschaubar bleibt. Handlungsorientierter Unterricht bricht mit der offensichtlich zur schulpädagogischen Tradition gehörenden Geringschätzung der Kompetenz der Schülerinnen und Schüler, Unterricht Schritt für Schritt in »Selbstorganisation und Selbstverantwortung« durchführen zu können. Um diese Kompetenz zu entwickeln – die auch im handlungsorientierten Unterricht natürlich nicht schlagartig da ist –, ist es bei aller vorausschauender Planung durch den Unterrichtenden notwendig, immer wieder Reflexionsphasen einzuschalten, um den Schüler/innen Gelegenheit zu geben, sich mit ihren Interessen in die Planung einzubringen.
- Im handlungsorientierten Unterricht haben die Schülerinnen und Schüler die Möglichkeit, ihre Interessen in der ganzheitlichen Auseinandersetzung mit dem Gegenstand zu entwickeln. Die Erfahrung zeigt, dass sich die Interessen der Beteiligten erst in der aktiv-handelnden Auseinandersetzung mit den Dingen konstituieren, kognitive Sperren können im handelnden Umgang abgebaut werden.
- Im handlungsorientierten Unterricht werden soziale Lernprozesse in Gang gesetzt, die häufig eine Stabilisierung der Lerngruppe bewirken können. Durch die Auflösung starrer (oder nicht vorhandener) Kommunikationsstrukturen ist es möglich, bei der Erstellung der Handlungsprodukte im Handlungsprozess vielfältige soziale Erfahrungen mit den Mitschülern zu machen, die in der Schule sonst nicht möglich sind.

- Da die Schülerinnen und Schüler produktorientiert arbeiten, haben sie im handlungsorientierten Unterricht das Gefühl, wirklich etwas geschafft zu haben. Eine Ausstellung ist fertiggestellt worden, ein Schulteich wurde angelegt, ein Modell gebaut, ein Theaterstück aufgeführt o.Ä. Sie bekommen durch die Veröffentlichung ihrer Ergebnisse direkte Rückmeldungen und sehen so die sachliche Begründung von Leistungserwartungen ein. Die Schülerinnen und Schüler sind in der Regel stolz auf das, was sie im handlungsorientierten Unterricht geschaffen haben, und schöpfen daraus neue Motivation.
- Im handlungsorientierten Unterricht kann die Methodenkompetenz der Lernenden weiterentwickelt werden. Die Kinder und Jugendlichen lernen, wie man eigenständig ein Problem bearbeiten kann, welche Vorgehensweisen praktikabel sind und welche Hilfsmittel man zur Lösung des Problems benötigt. Der Lehrer ist dabei Berater, Begleiter und Förderer, der bei der (Weiter-)Entwicklung der Methodenkompetenz der Schülerinnen und Schüler eine wichtige Aufgabe hat.
- Lehrerinnen und Lehrer haben im handlungsorientierten Unterricht Gelegenheit, sich von der Rolle als »Infotainer« zu lösen. Dies begreifen viele, die Erfahrungen im handlungsorientierten Unterricht gemacht haben, als eine Befreiung. Dadurch eröffnen sich neue Möglichkeiten, Schüler/innen von einer anderen Seite kennen zu lernen, sie als ganze Menschen wahrzunehmen, nicht nur mit ihren Schwächen oder auch Stärken in Mathematik, Deutsch oder Gesellschaftslehre.
- Durch die vielfältigen Tätigkeiten und die Auflösung von Strukturen, die sich auf einen »Beibringer« ausrichten, nimmt der Spaß am Lernen für Lehrer/innen und Schüler/innen zu. Die Schule wird »entschult«, nähert sich dem »wirklichen« Leben und den dort möglichen Erfahrungen an. Es zeigt sich im handlungsorientierten Unterricht, dass Lernen nicht nur aus Stillsitzen, Zuhören und Melden besteht, sondern dass Lernen auch Rumlaufen, Besprechen, Ausprobieren, Zeigen, Mitmachen, Be-greifen ist. In einem solchen Unterricht sind auch die Unterrichtenden aus ihrer verengenden Rolle befreit und können selbst, zumindest in einigen Phasen, zu Lernenden werden und Spaß dabei haben.

Problematische Erfahrungen

Trotz vieler grundsätzlich positiver Erfahrungen mit dem handlungsorientierten Unterricht zeigt sich, dass in Gesprächen mit handlungsorientiert arbeitenden Lehrerinnen und Lehrern immer wieder Probleme angesprochen werden, die sich aus dieser Arbeit ergeben. An drei Beispielen aus dem handlungsorientierten Unterricht will ich zeigen, mit welchen typischen Problemsituationen sich Lehrerinnen und Lehrer, die diesen Weg beschreiten wollen, auseinander setzen müssen.

Monika und der Wochenplan[20]

Zu Beginn des 6. Schuljahres kam Monika in eine sehr lebendige Hauptschulklasse. Sie war aus der Realschule gewechselt, ohne dass der aufnehmenden Schule der Grund ganz einleuchtete: Das Notenbild zeigte eher befriedigende Leistungen; lediglich in Englisch brachte Monika eine mangelhafte Note mit. Schnell zeigte sich, dass Monika sich vom Leistungsstand her im oberen Drittel der Klasse etablieren würde. Aufgrund ihrer geistigen und körperlichen Entwicklung, ihres Sprachverhaltens und eines deutlich ausgeprägten Dominanzstrebens gelangte sie schnell in eine »führende« Position in der Klasse. Seit der Mitte des 5. Schuljahres arbeitete die Klasse zwei Stunden pro Woche am »Wochenplan«. Neben Pflicht- und Wahlaufgaben war ein wichtiger Bestandteil des Wochenplans, dass sich die Schülerinnen und Schüler zu Fachthemen, die im Augenblick behandelt wurden, selbstständig weiterführende oder ergänzende Aufgaben ausdenken und allein oder mit anderen erledigen sollten. Der Lehrer bemühte sich zunächst sehr, Monika den Plan verständlich zu machen. Sie arbeitete auch willig, bis auffiel, dass sie mit hoher Regelmäßigkeit die selbstständigkeitsfördernden Aufgaben, auf die besonderes Gewicht gelegt wurde, nicht erledigte. Immer drängendere Hinweise vonseiten des Lehrers beantwortete sie zunächst mit Unlustäußerungen, dann mit gesteigerten Formen des demonstrativen Unwillens. Nach dem Grund befragt, äußerte sie, dass sie das ganze Verfahren nicht für Unterricht hielte, ihr zu diesen besonderen Aufgaben sowieso nichts einfiele und sie eigentlich auch gar nicht wüsste, was das sollte. Trotz aller pädagogischen Bemühungen war Monika nicht zu bewegen, den Schritt zum selbstständigen Arbeiten zu gehen. Es wurde sogar offensichtlich, dass sie bei ihrer Arbeitsverweigerung um Unterstützung bei anderen Mädchen bemüht war, was in kurzer Zeit zu einer Krise der gesamten Arbeit führte. Halbherzige Versuche, mit ihr zusammen Aufgaben zu entwickeln, führten zu ganz ungünstigen Ergebnissen. Jetzt wollten plötzlich alle Schülerinnen und Schüler, dass der Lehrer ihnen die selbstständigen Aufgaben erleichterte oder u.U. sogar erlassen sollte. Da sich insgesamt die ganze Arbeit immer mehr um dieses Problem drehte, wurde kurzerhand das Experiment »Wochenplan« abgebrochen, um die Intentionen der Arbeit von einer weniger belasteten Seite her umzusetzen.

20 Über die Möglichkeiten der Arbeit mit dem Wochenplan informiert ausführlich das Praxisbeispiel 9: »Schülerinnen und Schüler lernen selbstständiger und unabhängiger zu arbeiten«. Zur Wochenplanarbeit siehe auch: Vaupel, Dieter: Das Wochenplanbuch für die Sekundarstufe. Schritte zum selbstständigen Lernen. Weinheim/Basel 1995.

Die pädagogische Einschätzung dieses Vorgangs kann sich hier nur auf einen sehr eingeschränkten Aspekt beziehen. In Gesprächen mit Monika war immer wieder deutlich geworden, dass sie das ganze Verfahren nicht für Unterricht hielt. Monika stammte aus der ehemaligen DDR, war dort auch bis zum 5. Schuljahr zur Schule gegangen. Offensichtlich war in ihrer Vorstellung das, was richtiger Unterricht zu sein habe, sehr verfestigt. Möglicherweise hatte sie eine vergleichsweise lange schulische Sozialisation hinter sich, in der ausschließlich lehrerzentriert gearbeitet wurde. Für sie war der Kontrast des Wochenplans zu ihrer bisherigen Arbeit einfach zu groß. Zudem schien es so, dass diese andere Art des Lernens das Gefühl der »Heimatlosigkeit« besonders verstärkte. Die unverarbeitete Sehnsucht nach dem Alten zeigte sich als aggressive Abwehr der Lehrerforderungen. Sie inszenierte den Versuch der Wiederherstellung der alten Verhältnisse, was de facto die Durchsetzung des Lehreranliegens unmöglich machte.

Marion und die Theaterpuppe

Im Rahmen der handlungsorientierten Erarbeitung einer Ballade wurden von einem 7. Schuljahr überlebensgroße Stabpuppen gebastelt, mit denen dann auf Grundlage der Ballade selbst verfasste Theaterstück gespielt werden sollten. Geübt wurde mit den Puppen zunächst im Klassenraum. Aufgrund der räumlichen Enge erwies sich das bald als sehr schwierig. Die Puppenspieler waren unter weiten Kleidern versteckt und konnten selbst sehr schlecht sehen. So kam es immer wieder zu Zusammenstößen von Spielern. Das führte schnell zu einer allgemeinen Gereiztheit, in deren Folge es dazu kam, dass einzelne Schüler die Puppen ablegten und sich durchaus handgreiflich zur Wehr setzen wollten. Innerhalb des Klassenraums konnte der Lehrer als Spielleiter die Gemüter beruhigen. Um das Problem etwas abzumildern, ging er mit den Spielern auf den Pausenhof und übte dort weiter. Marion spielte die weibliche Hauptrolle, die als Spielfigur einen sehr überzeugenden, dominanten Part hatte. Aber schon im Klassenraum war aufgefallen, dass Marion auch sehr allergisch auf zufällige Anrempeleien reagiert hatte, sich allerdings beruhigen ließ. Auf dem Schulhof wurde die Sache komplizierter. Zwar hatten die Kinder hier sehr viel mehr Platz zum Spielen, jede Rempelei führte aber zu verstärkten Gefühlsausbrüchen, die sich kaum noch abmildern ließen. Trotzdem kam es völlig überraschend, als Marion nach einem solchen »Kontakt« schreiend die Puppe fallen ließ, sie wutentbrannt von sich wegschleuderte und sich dann weinend an den Rand des Schulhofs setzte. Alle Versuche, sie zu beruhigen, fruchteten nichts; sie zeigte auch keinerlei Bereitschaft, die Rolle oder irgendeine andere Aufgabe im Spiel zu übernehmen, und schied praktisch aus dem Geschehen aus.

In diesem Zusammenhang waren zwei Fragen von Bedeutung. Warum reagierte Marion so überaus stark auf die Rempelei; und warum hatte sich ihr Verhalten in der Klasse in gewisser Weise noch etwas moderater dargestellt? Offensichtlich nahm Marion die zufälligen Rempeleien anders wahr als ich oder auch andere Schülerinnen und Schüler. Zufällig angestoßen zu werden bedeutete für sie eine bewusste, kränkende Aktion ihres jeweiligen Gegenübers, die sie nicht oder nur sehr schwer aushalten konnte. Ihre Spielfähigkeit bewegte sich also nur auf einem sehr kleinen Terrain, dessen Grenzen viel zu leicht überschritten werden konnten. Die Gefühle, die sich nach solchen »Grenzüberschreitungen« einstellten, waren offenbar stärker als die selbst kontrollierenden Fähigkeiten, die ihr zur Verfügung standen. In diesen Momenten der Kränkung wurde sie von starken Gefühlen des Schmerzes, aber auch der Aggression überflutet; an weiteres Spielen war nicht zu denken.

Erst sehr viel später reihte sich Marion wieder in das Spielgeschehen ein: Sie nahm mit vier weiteren Mädchen am Begleitchor teil und fühlte sich dort offensichtlich ganz wohl. Im Klassenraum konnte Marion die Gefühle, die sich mit der Kränkung verbanden, besser kontrollieren. Offenbar wirkte für sie der Klassenraum in gewisser Weise als Schutzraum. Hier hatte sie einen abgesicherten Platz und konnte auf die Erfahrungen, die sich mit dieser Sicherheit verbanden, stützen. Dazu kam die Erfahrung, dass innerhalb des Klassenraums der Klassenlehrer eine sehr starke, Schutz gebende Funktion hat, die auf dem Pausenhof so nicht mehr bestand. Hier musste sie selbst und allein um »ihren« Platz kämpfen und scheiterte.

»Arbeite du, ich hab' heute keinen Bock!«

Andreas ist eigentlich ein recht guter Schüler. Seine Fähigkeiten liegen in der mündlichen Mitarbeit. Er hat gute Ideen, kann Unterrichtsgesprächen interessante Wendungen geben und macht gute Vorschläge für Problemlösungen. Der Lehrer arbeitet gern mit Andreas. Auch wenn kaum einer mehr etwas weiß, auf Andreas kann man sich verlassen. Bei Unterrichtshospitationen legt sich Andreas besonders ins Zeug, er möchte dann allerdings auch vom Lehrer hinterher gelobt werden: »Na, wie haben wir das heute wieder gemacht?« Am Anfang des eher selbst gesteuerten Arbeitens war Andreas Feuer und Flamme. Er setzte seine Fähigkeiten zielsicher ein und brachte die Gruppe, in der er arbeitete, zu den besten Erfolgen. Nach einiger Zeit ließ sein Engagement spürbar nach. Der Lehrer merkte das zunächst gar nicht. Aber dann wurde ihm deutlich, dass er sich in den Gruppen nicht mehr beteiligte, bald sogar sich zu gar keiner Gruppe mehr dazusetzte und immer häufiger sagte, dass er keine Lust habe. Er fragte dann auch, ob er nicht lieber allein arbeiten könnte, da käme doch mehr dabei heraus. Der Lehrer versuchte ihn zu motivieren, sprach häufiger mit ihm, entwickelte mit ihm eine Idee für die Gruppenarbeit und hatte das Gefühl, erfolgreich zu sein. Aber zurück in der Gruppe, erlahmte sein geweckter Eifer bald wieder, und nörgelnd kehrte er wieder zum Lehrer zurück.

Das begabte Kind Andreas ist unverständlicherweise nicht in der Lage, etwas zu tun, bei dem sich seine Begabung ganz besonders erweisen könnte: Er kann nicht selbstständig arbeiten. Die Vorgeschichte zeigt aber auch, dass er seine Begabung besonders entfalten kann, wenn der persönliche Kontakt zum Lehrer möglich ist bzw. eine dauerhaft stabile Grundlage der unterrichtlichen Interaktion bleibt. Andreas arbeitet für den Lehrer; er ist auf die persönlichen Gratifikationen, die sich im Zusammenhang mit seiner Beteiligung einstellen, in besonderer Weise angewiesen. Ohne sie bricht das Gefüge, aus dem heraus sich seine »Begabung« entfalten kann, zusammen. Schließlich nutzt Andreas die einzige Möglichkeit des persönlichen Kontakts, die ihm noch zu bleiben scheint, die des ermahnenden Gesprächs. Er demonstriert immer gerade so viel Untätigkeit, dass der Lehrer motiviert wird, ihn persönlich neu anzuregen, d.h. für ihn natürlich, mit ihm Kontakt aufzunehmen. Er kann der Anregung aber gar nicht nachkommen, weil er dann dauerhaft den persönlichen Kontakt verloren hat. Zumindest stellt sich das für ihn so dar. Deswegen demonstriert Andreas seine Null-Bock-Haltung, motiviert den Lehrer dadurch, mit ihm Kontakt aufzunehmen, und hat so sein Ziel wieder erreicht. Offensichtlich muss in dieser Situation akzeptiert werden, dass Andreas mit den »sachlicheren« Arbeitsstrukturen nicht oder, besser: im Augenblick nicht zurechtkommt.

Die drei Beispiele und ihre kurze Bewertung zeigen, dass handelndes Lernen kein »Allheilmittel« für alle möglichen Schwierigkeiten ist. Vielmehr gibt es nach meiner Erfahrung durchaus typische Problemsituationen, die besonders in diesem Unterrichtsarrangement auftreten: Schülerinnen und Schüler können durch die komplexen Anforderungen des handelnden Lernens überfordert werden. Besonders wenn Schüler in einer Kultur der »Fremdsteuerung« und des passiv-rezeptiven Lernens groß geworden sind, kann es zu aggressiven Reaktionen kommen, die traditionellen Unterricht geradezu einfordern. Handelndes Lernen kann dazu führen, die haltende und stützenden Funktion beispielsweise des Klassenraums oder von Unterrichtsritualen aufzugeben. Hier kann es dazu kommen, dass Kinder mit schwierigen Sozialisationsvoraussetzungen unter Umständen gefährdeter sind und Kränkungen, die sonst leichter aufgefangen werden können, in ihrem ganzen destruktiven Umfang Wirkung zeigen. Grundsätzlich ist es wichtig, sehr genau zu schauen, ob nicht die gewählten unterrichtlichen Wege noch stärker an den Bedürfnissen der Kinder orientiert werden müssen.

1. Praxisbeispiel

»Ich gehe jetzt mit ganz anderen Augen durch die Gegend«

Erkundungen und Untersuchungen am Bach

Auf Kinder und Jugendliche üben Gewässer aller Art Faszination und Anziehungskraft aus. Sie regen an zu Spielen, zum Beobachten und Sammeln sowie zu kleineren selbstständigen Untersuchungen. Nahezu in jedem Schulort gibt es stehende und fließende Gewässer, die den Schülern/innen bekannt sind und an denen sie nachmittägliche Erkundungen auf eigene Faust unternehmen. Oft haben sie im Laufe der Zeit eine enge Beziehung zu ihrem Abenteuerspielplatz »Gewässer« aufgebaut. Gleichzeitig werden die Schülerinnen und Schüler durch Presse, Rundfunk und Fernsehen oder gar durch lokale Vorkommnisse immer wieder mit dem Problem der Gewässerverschmutzung konfrontiert. Sowohl die spektakulären überregionalen als auch die lokalen Fälle können bei den Schülern/innen die Frage danach aufkommen lassen, wie es denn eigentlich um den Zustand »ihres« Gewässers bestellt ist. Vielleicht haben sie dazu bereits zielgerichtete Beobachtungen gemacht.

Die Faszination, die von den Gewässern ausgeht, und das damit zusammenhängende Interesse der Kinder bzw. Jugendlichen gilt es in einem Unterricht, der sich den Interessen und Erfahrungen der Schüler öffnet, zu nutzen. Eine rein verbale Abhandlung, vielleicht noch unterstützt durch einen Film, wäre bei einem solchen Ansatz völlig fehl am Platze. Die Schüler/innen hätten hier keine Gelegenheit, ihre Erfahrungen wirklich einzubringen und neue, weiterführende Erfahrungen zu machen. Die Auseinandersetzung mit einer solchen Thematik darf sich keinesfalls auf die kognitive Ebene beschränken, sondern es geht darum, handelnd zu lernen. Dazu eignen sich am besten Gewässerprojekte, die die Umwelterfahrungen der Schüler/innen und ihre Interessenlage einbeziehen. Der Projektunterricht vereinigt sowohl die Möglichkeit des fächerübergreifenden Arbeitens als auch die Möglichkeit, am realen Gegenstand zu arbeiten und damit den verschiedenen Lerntypen gerecht zu werden. Zu solchen Projekten zählen die Erkundungen und Untersuchungen stehender und fließender Gewässer. Ein Beispiel aus meiner Unterrichtsarbeit stelle ich dazu im Folgenden vor.

Schülermeinungen

Aussagen von Schülerinnen und Schülern, die im Rahmen eines Projektes »Bachpatenschaft« an zahlreichen Gewässererkundungen teilgenommen haben, machen exemplarisch deutlich, dass Naturerkundungen[21] zu einprägsamen Erlebnissen werden können:

- »*Ich habe mich vorher nie gefragt, ob das Wasser sauber oder dreckig ist und was im Wasser für Tiere leben. Dadurch habe ich gelernt, wie wichtig das Wasser für die Lebewesen ist.*«
- »*Man wird mit der Natur näher konfrontiert, denkt darüber nach – und das ist gut so!*«
- »*Ich gehe jetzt mit ganz anderen Augen durch die Gegend.*«
- »*Das Projekt war echt gut. Besonders die Wasseruntersuchung. Da hat man genau gesehen, wie so etwas vor sich geht und wozu man Chemie eigentlich gebrauchen kann. Wir konnten ja auch alles selbst ausprobieren und durchführen.*«

Begegnen – wahrnehmen – beobachten – Erkenntnisse gewinnen

Naturerkundungen dienen der anschaulich-sinnlichen Begegnung mit der Landschaft sowie mit der Pflanzen- und Tierwelt. Schülerinnen und Schüler können direkt in der Natur lernen, nicht im Klassenraum etwas über die Natur. Das entdeckende Lernen spielt dabei eine wichtige Rolle. Die Fähigkeit, die Phänomene zunächst auf sich einwirken zu lassen, Dinge ganzheitlich wahrzunehmen und schließlich gezielt zu beobachten, um daraus Erkenntnisse zu gewinnen, soll gefördert werden. Die Auseinandersetzung mit den Dingen hat prozesshaften Charakter. Dabei steht die Beobachtung am Anfang, Einsichten können folgen, neue Beobachtungen werden gemacht, Tätigkeiten schließen sich an. Die am Anfang stehende Beobachtung, d.h. die aufmerksame und gesammelte Wahrnehmung, muss jedoch geübt und Schritt für Schritt weiterentwickelt werden. Da Kinder und Jugendliche heute in ihrem täglichen Leben immer weniger Gelegenheiten zu solchen Wahrnehmungen haben, sollte ihnen die Schule – nicht nur bei Erkundungsgängen – hierzu die Möglichkeit geben. Die Lernenden gewinnen Einsichten durch:

---

21 Siehe dazu ausf.: Vaupel, Dieter: Die Erkundung. Hilfen zur Vorbereitung, Durchführung und Auswertung. In: Lehrer, Schüler, Unterricht. Handbuch für den Schulalltag. Stuttgart 1996. Knirsch, Rudolf R.: Die Erkundungswanderung. Paderborn 1979; Geographie heute, Heft 3/81 (Themenheft »Exkursionen«); Unterricht Biologie, Heft 67/82 (Themenheft »Exkursionen«).

Durch welche Merkmale sind Erkundungen gekennzeichnet?

- Erkundungen sind geplante und methodisch organisierte Wirklichkeitsbegegnungen.
- Der Lernort Schule wird verlassen, und „nichtpädagogisierte" Erfahrungsräume werden gesucht.
- Erkundungen sind interaktionell angelegt, weil es sich um komplexe Sachverhalte handelt, die arbeitsteilig bearbeitet werden. Es finden eine gemeinsame Planung und ein Wahrnehmungsaustausch statt.
- Erkundungen verlangen aktives Verhalten der Teilnehmer, Informationen werden aktiv beschafft.
- Bei Erkundungen findet keine Einbahnkommunikation statt, es geht darum, sich nicht nur informieren zu lassen, sondern interaktive Situationen herzustellen.
- Erkundungen unterscheiden sich von geführten Exkursionen durch Eigenaktivität der Teilnehmer, die selbst entwickelte, selbst gewählte oder angeregte Erkundungsaufträge durchführen.
- Erkundungen müssen sorgfältig vorbereitet, ihre Durchführung sollte dokumentiert und ausgewertet werden.

Welche Intentionen können mit Erkundungen verbunden werden?

- Schülern kann die Schulumwelt sinnlich-anschaulich nahe gebracht werden.
- Durch Erkundungen können die Schüler selbst Sachverhalte überprüfen. Sie bekommen nicht Erfahrungen aus zweiter Hand vermittelt, sondern machen Erfahrungen aus erster Hand.
- Sensibilisierung für Wahrnehmung soll bei Erkundungen entwickelt werden: Verlangsamung, genauer hinsehen, beobachten, beschreiben, kartieren, einordnen.
- Größere Problemzusammenhänge und ihre Wechselwirkungen können erfahren werden.
- Die Fähigkeit zur gezielten Beobachtung und systematischen Auswertung der Beobachtungen kann geschult werden.
- Die Begriffsbildung soll weiterentwickelt werden. Begriffe, die im Klassenraum abstrakt bleiben, können durch Erkundungen konkret werden.
- Erkundungen sollen den Schülern dabei helfen, durch die Konfrontation mit der Wirklichkeit neue Erkenntnisse zu gewinnen.
- Bei Erkundungen kann es vielfältige Anlässe für soziale Lernprozesse geben: Schüler müssen ihre unterschiedlichen Interessen abstimmen, aufeinander Rücksicht nehmen und in Teilbereichen Verantwortung übernehmen.

Aus: Vaupel, Dieter: Die Erkundung. Hilfen zur Vorbereitung, Durchführung und Auswertung. In: Lehrer, Schüler, Unterricht. Handbuch für den Schulalltag. 21. Ergänzungslieferung. Stuttgart 1996, S. 3 ff.

Checkliste zur Vorbereitung, Durchführung und Auswertung von Erkundungen

Vorbereitung

Lehrer: Lang- und kurzfristige Vorbereitung der Erkundung:
- ☐ Wegstrecke
- ☐ Zeitbedarf
- ☐ Verkehrsmittel (Kosten)
- ☐ Kleidung, Proviant, Pausen, Treffpunkte
- ☐ Inhalte, Themen, Besonderheiten
- ☐ Gefahren für Objekt und/oder Schüler?
- ☐ Lageplan, Informationsmaterial, Gesprächspartner

an der Schule:
- ☐ Termine/Ausweichtermin (wetterabhängig)?
- ☐ Schulleitung: Information, Antrag, Genehmigung
- ☐ Eltern: Information (Thema, Ziel, Weg, Zeit, Ausrüstung)
- ☐ Kollegen:
  - Information (fächerübergreifender Unterricht?)
  - Begleitung/Aufsicht/Vertretung, Stundenplanänderung, Fahrschüler, Heimkehr
- ☐ Öffentlichkeit:
  - Presse benachrichtigen?
  - Eltern einladen?

Klasse:
- ☐ Ziel
- ☐ Zeit, Gebiet
- ☐ Themen, Aufgaben, Gruppen, Arbeitsmittel
- ☐ Verhalten: auf dem Weg, Sichtkontakt, Abmeldepflicht, Aufsicht, Pausenregelung, Vorstellung der Klasse, Dank an Gesprächspartner, Heimkehr

Durchführung vor Ort

- ☐ Klasse abzählen, Ausrüstung
- ☐ Verhalten, Aufgaben, Weg, Ziel nochmals ansprechen
- ☐ Arbeitszeit, Arbeitsgebiet, Arbeitsgruppe, Geräte
- ☐ Betrachten, beobachten, messen, zählen, kartieren, zeichnen, wiegen, bestimmen, untersuchen, sammeln, vergleichen, befragen, schreiben, fotografieren, filmen, protokollieren
- ☐ Arbeitsblatt, Notiz, Foto, Tonband, Videokamera
- ☐ Arbeitsschritte, Pausen, Abschluss, Dank, Heimweg
- ☐ Klasse abzählen

> **Auswertung/Nachbereitung**
>
> ☐ Material sichten, ordnen, zusammenstellen, versorgen
> ☐ Klärung offener Fragen
> ☐ Vorstellung, Vergleich und Diskussion der Ergebnisse
> ☐ Darstellung, Dokumentation: Vortrag, Wandzeitung, Ausstellung, Pressebericht, Elternabend, Schülerzeitung

Aus: Vaupel, Dieter: Die Erkundung. Hilfen zur Vorbereitung, Durchführung und Auswertung. In: Lehrer, Schüler, Unterricht, Handbuch für den Schulalltag. 21. Ergänzungslieferung. Stuttgart 1996, S. 26 f.

- Wahrnehmen
- Beobachten
- Beschreiben
- Zeichnen

- Zählen
- Messen
- Kartieren
- Befragen

- Benennen
- Vergleichen
- Einordnen
- Systematisieren

Die Lebensumwelt der Heranwachsenden und damit ihre Erfahrungsmöglichkeiten haben sich drastisch verändert. Zu viele und zu flüchtige Reize wirken auf sie ein. Verlangsamte, konzentrierte Wahrnehmung ist im Alltag eher eine Randerscheinung. Gleichzeitig wird der Entdeckungs- und Bewegungsdrang der Kinder durch Verbote und die vorhandenen Umweltbedingungen ständig eingeschränkt. Insbesondere in der Stadt fehlen Aktionsräume. Die heutige Umwelt ist weitgehend auf die Bedürfnisse der Arbeitswelt und die Konsuminteressen der Erwachsenen zugeschnitten.

Die Erkundung der Natur bietet durch das Verlassen des Klassenraumes, das Aufsuchen von Lernorten in der Natur und die Übung der bewussten Wahrnehmung einen Ausgleich zur modernen Lebenssituation von Kindern und Jugendlichen und stellt eine wichtige Erweiterung ihrer Lern- und Erfahrungsmöglichkeiten dar. Im Vordergrund müssen dabei die »Forschungsinteressen« der Schülerinnen und Schüler stehen, die durch das Heranziehen fachlicher Perspektiven erweitert, ergänzt und systematisiert werden können. Ihre Fragen, nicht die Fragen der Lehrer/innen müssen zum Ausgangspunkt des Unterrichts werden.

Erster Bachbegang

Eine wichtige Bedeutung innerhalb eines »Bach-Erkundungsprojektes«[22] hat der erste Bachbegang. Hier können die Schüler/innen neue Eindrücke gewinnen, Beobachtungen machen, Ideen entwickeln und überlegen, wo zukünftige Schwerpunkte zu setzen sind. Der erste Bachbegang ist gleichzeitig als ein offener Unterrichtseinstieg zu sehen, denn nachdem Schülerinnen und Schüler den Bach zum ersten Mal ganzheitlich wahrnehmen konnten, ist es möglich, gemeinsame Planungsschritte und damit ein Konzept für die weitere Vorgehensweise mit ihnen zu entwickeln.

Ein Schüler einer 10. Klasse beschreibt seine Eindrücke vom ersten Bachbegang: »*Bevor wir alles in Angriff nehmen konnten, mussten wir unseren Bach erst einmal richtig kennen lernen. Deshalb entschlossen wir uns, zuerst eine Bachbegehung von der Mündung bis zur Quelle zu machen. Es ging ständig leicht bergauf, teilweise führt ein Schotterweg dicht am Bach entlang. Den benutzten wir, soweit es ging, aber um alles genau betrachten zu können, mussten wir auch dicht an den Bach heran. Wir haben gleich gesehen, dass viel Müll rumliegt, z.B. Autoreifen, Papier, Flaschen, Schläuche, Metallstücke. Da haben wir uns gleich gedacht, wer so was macht, muss eingesperrt werden.*

Es gab aber auch viele schöne Ecken am Bach, und wir merkten, dass der Bach viel Abwechslung bot: Er fließt mal durch Wiesen, mal durch Nadelwald und durch Laubwald. Auch Feuchtgebiete gibt es, in denen wir Laich von Fröschen und Kröten fanden. Der Weg war ganz schön weit und anstrengend. Im oberen Teil des Baches entdeckten wir ein verfallenes Wasserhäuschen. Wir überlegten, dass man das Wasserhäuschen gut als Labor für die Gewässeruntersuchung ausbauen könnte. Bis zur Quelle fanden wir an diesem Tag gar nicht, sondern nur bis zum oberen Teich. Wir merkten auch, dass der Bach aus zwei Zuflüssen entsteht.

Als Bachpaten wollten wir die Aufgabe übernehmen, das Gewässer zu beobachten, die Uferbepflanzung zu pflegen und das Gewässer zu säubern. Für das nächste Mal hatten wir uns vorgenommen, den Bach zunächst einmal gründlich vom Müll zu entrümpeln.«

Wichtig ist es, den ersten Bachbegang gründlich auszuwerten. Die Schülerinnen und Schüler sollten ermutigt werden, ihre Beobachtungen und Eindrücke in Texten wiederzugeben (die man auch mit Schreibmaschine schreiben oder drucken kann) oder etwas zu malen. Ein Angebot an Büchern zum Thema

---

22 Die Beschreibung der Unterrichtspraxis bezieht sich im Wesentlichen auf meine Erfahrungen, die ich mit Schülerinnen und Schülern des 10. Schuljahres an der Gesamtschule Hessisch Lichtenau gemacht habe. Einbezogen werden darüber hinaus Erfahrungen mit Schülern/innen des 7. Schuljahres an der Gesamtschule Gudensberg. Ausführliche Darstellung in: Brietzke, Wilfried/Vaupel, Dieter: Schülerinnen und Schüler als Bachpaten. In: Unterricht in Hauptschulklassen Bd. 7. (Hessisches Institut für Bildungsplanung und Schulentwicklung) Wiesbaden 1991, S. 14-56; Vaupel, Dieter: Schüler als Bachpaten. In: Pädagogik heute, 11/86, S. 24-29.

Vorentscheidungen des Lehrers über das Arbeitsthema **Bachpatenschaft**

Vorbereitungsphase

Lehrer	*Schüler*
• fachwissenschaftliche Kompetenz/ Qualifikation klären • Kooperation mit KollegInnen anbahnen • organisatorische Voraussetzungen klären (Stundenplan, Weg zum Bach, Finanzen, Materialien …) • erste Kontakte zur Gemeinde und zu Verbänden	• Lernvoraussetzungen und Interessen/ Vorerfahrungen berücksichtigen • Informationen über Absicht des Lehrers und bisherige Vorplanung • Anregungen und Ideen zum Thema • Kontakt mit der Gemeinde und zu Naturschutzverbänden • Vertrag mit der Gemeinde abschließen

Vorläufige
Lehr- und Handlungsziele

- Zustand des Baches kennen lernen
- Beobachtungen am Bach machen
- biologische Gewässergütebestimmung
- chemische Gewässergütebestimmung

Einstiegsphase

Ein handlungsbezogener Unterrichtseinstieg wird organisiert:

Erster Bachbegang
  Schüler lernen „ihren" Bach kennen, machen Beobachtungen, teilen ein, formulieren mögliche Arbeitsschwerpunkte, überprüfen und ergänzen die vorläufigen Zielsetzungen

Erarbeitungsphase

Arbeit in Gruppen, denen unterschiedliche Bachabschnitte zugeteilt sind. Ergebnisse von Teilgruppen werden jeweils im Klassenplenum vorgestellt. Inhaltliche Schwerpunkte:

• Aktion Müllbeseitigung • Untersuchung des Baches auf Mikroorganismen • Chemische Gewässeruntersuchung • Kennenlernen und Bestimmen der Vegetation	Einschübe mit lehrgangsmäßig geordnetem Unterricht zur Vermittlung von Teilkonzepten: Müllprobleme, Bedeutung von Leitorganismen, Gewässeruntersuchungsmethoden, Umgang mit Bestimmungsbüchern

Auswertungsphase

- Arbeitsergebnisse werden zusammengetragen, im Klassenplenum vorgestellt, diskutiert, kritisiert, gelobt, überarbeitet …
- Lehrer und Schüler entscheiden über Veröffentlichung von Handlungsergebnissen. Als Veröffentlichungsformen werden gewählt: Dokumentationsheft, Presseberichte, Videodokumentation, Ausstellungstafeln.

Aus: Brietzke, Wilfried/Vaupel, Dieter: Schülerinnen und Schüler als Bachpaten. In: Unterricht in Hauptschulklassen Bd. 7 (Hessisches Institut für Bildungsplanung und Schulentwicklung) Wiesbaden 1991, S. 19.

Anregungen für fächerübergreifenden und fachbezogenen Unterricht

Biologie

- Kennenlernen und Praktizieren fachspezifischer Methoden (Gewässeruntersuchung, Vegetationsbestimmung, Beobachtung, Mikroskopie ...)
- Lebensgemeinschaft und Lebensräume
- Ökosystem Bach
- Ökologische Kreisläufe / biologisches Gleichgewicht
- Kleinstlebewesen im Bach / Bedeutung und Aufgaben von Leitorganismen
- Wasserverschmutzung / Wasserqualität / Wasserkreislauf, Bedeutung des Wassers
- Konzeption für einen Bachlehrpfad
- Vogelschutz

Arbeitslehre

- Bau einfacher Untersuchungsgeräte (z.B. Fangnetze, Sonde für Schlammproben)
- Nistkästenbau
- Anlegen eines Bachlehrpfades
- Herstellen von Arbeits- und Lernmaterialien (Karteikarte, Karteikästen, Bach-Memory, Bestimmungsbücher ...)

Deutsch

- Dokumentation laufender Arbeiten
- Beobachtungsprotokolle
- Texte für Dokumentation werden produziert, besprochen, kritisiert, verändert, in „Reinform" getippt
- „Buchproduktion": Texte, Fotos, Schaubilder werden ausgewählt, Layout erstellt ...
- Herstellen von Presseerklärungen, Zeitungsberichte schreiben
- Drehbuch für Video-Film schreiben und umsetzen
- Erstellen von Ausstellungen
- Texte für Karteikarten

BACHPATENSCHAFT

Mathematik

- Daten ermitteln, statistisch darstellen und auswerten (z.B. Leitorganismen, Fließgeschwindigkeiten, ...)
- Messungen durchführen und -darstellen

Chemie

- Kennenlernen und Praktizieren fachspezifischer Untersuchungsmethoden
- Bach als Freilandlabor
- Chemische Gewässeruntersuchung / Wasserqualität
  - pH-Wert
  - Ammonium / Ammoniak
  - Sauerstoffgehalt
  - Nitrit
  - Carbonhärte

Geographie

- Kennenlernen fachspezifischer Methoden: Arbeit mit der Karte
- Kartierung von Arbeitsergebnissen: Langzeit-/Biotopkartierung
- Umweltprobleme z.B. Wasserverschmutzung, Müll in der Wohlstandsgesellschaft

Aus: Brietzke, Wilfried/Vaupel, Dieter: Schülerinnen und Schüler als Bachpaten. In: Unterricht in Hauptschulklassen Bd. 7 (Hessisches Institut für Bildungsplanung und Schulentwicklung) Wiesbaden 1991, S. 50.

»Wasser« sollte ihnen im Klassenraum zur Verfügung stehen, mit deren Hilfe sie sich weiter informieren können und aus denen sich Fragestellungen entwickeln lassen.[23] Die ersten Schülerprodukte können bei weiteren Erkundungen immer wieder herangezogen, besprochen und ergänzt werden. Sie können auch den Grundstock für eine am Ende stehende Bachdokumentation bilden.

Richtungweisende Schülerfragen

Bereits während des ersten Erkundungsganges tauchten bei meinen Schülern viele Fragen auf, die richtungweisend für die weitere Arbeit waren. Dazu einige Beispiele:

- Können wir jemanden anzeigen, der alte Autoreifen in den Bach wirft?
- Wie kriegen wir den ganzen Müll weg?
- Wie heißt die Pflanze da im Wasser?
- Wieso ist das Wasser an dieser Stelle so trüb?
- Von welchem Tier ist der Laich?
- Können wir dem Bauern verbieten, dass seine Kühe das ganze Ufer kaputttrampeln?
- Dürfen wir das Grundstück des Bauern überhaupt betreten?
- Kann man das Wasser trinken?
- Wie können wir feststellen, ob das Wasser sauber ist?
- Welche Lebewesen gibt es im Bach?
- Wie finden wir sie?
- Ist das ein Tausendfüßler? Ist das ein Egel?

Zur Beantwortung der meisten Fragen war es nötig, sich sachkundig zu machen, genauere Beobachtungen anzustellen, Aktionen durchzuführen und Untersuchungen zu planen.

Was ist eine Bachpatenschaft?

Für die Unterhaltung von Bächen sind in den meisten Fällen die Gemeinden zuständig. Doch im Einvernehmen mit diesen Unterhaltspflichtigen können Bachpaten Teilaufgaben übernehmen. Das eröffnet beispielsweise einer Schul-

---

23 Dazu einige Vorschläge zur Anschaffung für die Klassenbibliothek: Schächter, Markus (Hg.): Mittendrin. Ohne Wasser läuft nichts. Berlin 1988; Vester, Frederic: Wasser = Leben. Ein kybernetisches Umweltbuch mit 5 Kreisläufen des Wassers. Ravensburg 1987; Steinbach, Gunter: Wir tun was ... für naturnahe Gewässer. Stuttgart 1990; Veit, Barbara/ Wiebus, Hans-Otto: Umweltbuch für Kinder. Umweltverschmutzung und was man dagegen tun kann. Ravensburg 1991.

klasse (aber auch interessierten Bürgern, Vereinen usw.) die Möglichkeit, bedrohte Lebensräume zu schützen, zu gestalten und zu pflegen. Allein mit gutem Willen ist es jedoch nicht getan. Ohne etwas Fachwissen würde auch der beste Vorsatz »den Bach runtergehen«. Wasserwirtschaftsämter und Naturschutzverbände sind deshalb gern bereit, den Bachpaten zu helfen und ihr Wissen weiterzugeben. Einige Organisationen (z.B. das Naturschutzzentrum in Wetzlar) bieten an, Einführungs- und Fortbildungsveranstaltungen durchzuführen.

Bachpatenschaften[24] machen nur dann einen Sinn, wenn die Bachpaten zu kontinuierlicher Mitarbeit bereit sind. Wünschenswert ist ein Zeitraum von fünf Jahren, der natürlich auch verlängert werden kann. Will eine Schulklasse eine Patenschaft übernehmen, dann sollte im Vertrag die Schule selbst oder ein Lehrer als Bachpate auftreten. Die Anträge für solche Verträge sind bei der Gemeinde, in deren Gemarkung sich der Bach befindet, zu stellen. Hier sollte der Name des Baches bzw. Flusses, die Bezeichnung des Teilabschnittes, die Zielsetzung der Patenschaft, die geplanten Maßnahmen und natürlich auch die Angaben über die voraussichtliche Dauer der übernommenen Aufgaben mitgeteilt werden. Bei den Wasserwirtschaftsämtern ist ein Vertragsmuster zu haben, aus dem sich alle notwendigen Angaben ergeben.

Eine Patenschaft verleiht allerdings keine besondere Rechtsposition und Zuständigkeiten. Ein Bachpate ist noch lange keine Amtsperson. Seine Aktivitäten finden in Absprache mit den entsprechenden Unterhaltungspflichtigen (Gemeinde, Wasserverband), der unteren Naturschutzbehörde und dem Wasserwirtschaftsamt statt. Nützlich ist in jedem Fall ein gutes Verhältnis zu den Grundstücksanliegern und Inhabern von Fischerei- und Jagdrechten. Allerdings dürfen die Paten Anliegergrundstücke betreten, sofern sie sich vorher angemeldet haben. Materialkosten für anfallende Pflegearbeiten werden – nach vorheriger Absprache – in der Regel von den Unterhaltspflichtigen erstattet. Wenn Schülerinnen und Schüler im Rahmen einer von der Schule abgeschlossenen Bachpatenschaft tätig sind, sind sie über die Versicherung des Schulträgers gegen Unfall versichert.

Als Maßnahmen, die im Rahmen einer Bachpatenschaft durchzuführen sind, können genannt werden:

- Regelmäßige Beobachtung des Baches.
- Sammlung von Beobachtungsdaten zur Dokumentation von Zustand und Veränderungen des Baches samt seiner Flora und Fauna.
- Information des Unterhaltspflichtigen über wichtige Beobachtungen.

---

24 Tipps für Bachpaten enthält eine Broschüre des Hessischen Ministeriums für Umwelt: »In einem Bächlein helle ...« Naturnahe Gewässer in Hessen, Bachpatenschaften, Renaturierungsmaßnahmen. Wiesbaden o.J.

Bachpatenschaft

Die

Dr. Georg-August-Zinn-Schule Gudensberg   -Bachpate-
in 3505 Gudensberg, Schwimmbadweg 20

vertreten durch Herrn Lothar Hoffmann, StD

übernimmt für das Gewässer G o l d b a c h
ab 01.März 1992
für die Zeit von 5 Jahren

im Einvernehmen mit dem

Magistrat der Stadt Gudensberg, Rathaus,   -als Unterhaltspflichtigen-
3505 Gudensberg

die Bachpatenschaft.

Folgende Arbeiten werden von dem Bachpaten unentgeltlich geleistet:

- regelmäßige Beobachtung des Baches
- Dokumentation der Beobachtungsdaten
  und Information des Unterhaltspflichtigen
- Beteiligung an Pflege- und Reinigungsmaßnahmen.

Für den Gewässerabschnitt wird von dem Bachpaten unentgeltlich für die Dauer von 5 Jahren die Gehölzpflege und Beobachtung übernommen.

Das Ziel der Bachpatenschaft ist es, das Ökosystem des Baches einschließlich des Baches in seinem naturnahen Zustand zu erhalten bzw. soweit möglich, in einen naturnahen Zustand zurückzuversetzen.

Diesem Ziele sollen folgende Maßnahmen dienen:

1. **Maßnahmen im Rahmen der Bachpatenschaft**

   1.1 Regelmäßige Beobachtung des Baches durch Betreuer, die sich bereit erklären, diese Tätigkeit jeweils auf einem bestimmten Bachabschnitt über längere Zeit auszuüben.

   1.2 Sammlung von Beobachtungsdaten zur Dokumentation von Zustand und Veränderungen des Baches samt seiner Flora und Fauna über einen längeren Zeitraum.

   1.3 Information des Unterhaltspflichtigen über wichtige Beobachtungen im Rahmen der Bachpatenschaft und Einbringung von Vorschlägen für Ausgleichs- Schutz- und Pflegemaßnahmen.

   1.4 Mitwirkung bei der Aufstellung von Pflegeplänen für den vorhandenen Bewuchs der Uferzone nach ökologischen Gesichtspunkten und Mithilfe bei dessen Durchführung.

       1.4.1 Solche Pflegepläne haben das Ziel, den Gewässerlauf mit seinen natürlichen Ufer- und Sohlformen, mit dem Bewuchs der Ufer und der Talaue durch naturgemäße Pflegemaßnahmen und Ersatzpflanzungen zum Schutz des Gewässers und als Lebensraum für Tiere und Pflanzen zu erhalten und zu verbessern.

       Dabei soll die zusammenarbeit mit den direkten Bachanliegern einschließlich der Landwirtschaft gesucht und bei Interessenkonflikten eine ökologisch vertretbare Lösung angestrebt werden.

   1.5 Durchführung und Mithilfe bei Bachreinigungsaktionen.

   1.6 Informationen und Aufklärung der Mitbürger zur Förderung eines Bewußtseins für den besonderen ökologischen Wert des Baches und eines verantwortungsbewußten Verhaltens am Bach.

   1.7 Fortbildung der Betreuer für ihre Tätigkeit im Rahmen der Bachpatenschaft.

2. **ALLGEMEINES**

   2.1 Bei der Durchführung von Unterhaltungsarbeiten am Gewässer und am Ufer handeln die Mitglieder des Bachpaten gem. § 30 WHG, § 59 HWG als Beauftragte des Unterhaltungspflichtigen und sind daher befugt, im für die Unterhaltung notwendigen Umfang nach vorheriger Ankündigung Anlieger- und Hinterliegergrundstücke am Gewässer vorübergehend zu betreten und zu benutzen.

   2.2 Die Übernahme und die darauf erwachsenden Aktivitäten der Bachpatenschaft geschehen in Absprache mit der Stadt Gudensberg, ggf. außerdem mit der oberen und unteren Naturschutzbehörde, der zuständigen Wasserbehörde, dem Wasserwirtschaftsamt sowie den Fischereiberechtigten, erforderlichenfalls mit weiteren Trägern öffentlicher Belange.

   2.3 Die Bachpatenschaft ersetzt nicht die geltenden Unterhaltungsverpflichtungen.

   2.4 Der Unterhaltungsverpflichtete des Gewässers trägt in der Regel und nach vorheriger Absprache die Materialkosten für im Rahmen der Bachpatenschaft durchgeführte Pflegearbeiten.

   2.5 Alle Aktivitäten im Rahmen der Bachpatenschaft haben unter Beachtung des geltenden Rechts zu geschehen. Insbesondere sind das Wasserhaushaltsgesetz, das Hessische Wassergesetz, das Hessische Naturschutzgesetz und die Richtlinien für die naturnahe Gestaltung und die Unterhaltung von Fließgewässern zu beachten.

Ein Gewässerausbau kann nur nach Durchführung des dafür vorgeschriebenen Verfahrens erfolgen.

Gudensberg, den 19.Mai 1992   Gudensberg, den 19.Mai 1992

Für den Träger der Patenschaft: Für den Unterhaltspflichtigen:

Lothar Hoffmann   Dinges, Bürgermeister
                                       Berle, Erster Stadtrat

- Einbringung von Vorschlägen für Ausgleichs-, Schutz- und Pflegemaßnahmen.
- Aufstellen von Pflegeplänen (Mitwirkung) für den vorhandenen Bewuchs der Uferzone nach ökologischen Gesichtspunkten und Mithilfe bei dessen Durchführung.
- Bachreinigungsaktionen (Durchführung oder Mithilfe).
- Information und Aufklärung der Mitbürger zur Förderung eines Bewusstseins für den besonderen ökologischen Wert eines Baches und eines verantwortungsbewussten Handelns am Bach.

Petra und Martina beschreiben ihre Aufgaben als Bachpaten: »*Eine Bachpatenschaft bedeutet, die Verantwortung für einen Bach zu übernehmen. Unter Verantwortung versteht man, sich um den Zustand des Baches Gedanken zu machen, dazu gehört auch, den anfallenden Müll zu beseitigen und sich um die Reinhaltung des Wassers zu kümmern. Zu einer Bachpatenschaft braucht man: einen gesunden Menschenverstand und Ausdauer. Außerdem Freude an der Natur. Man braucht verschiedene Geräte, um den Zustand des Wassers festzustellen, man muss Informationen über die Lebewesen im Wasser und über die Pflanzen haben, um dieses Projekt durchführen zu können. Wenn man die Lebewesen nicht kennt, kann man nicht herausfinden, ob sie mehr im sauberen oder dreckigen Wasser leben und wie das Wasser beschaffen ist. An Geräten braucht man: einen Käscher, um die Lebewesen aus dem Bach zu fischen; Gläser, um für weitere Untersuchungen die Tiere und das Wasser zu transportieren; ein Thermometer, um die Wassertemperatur festzustellen; Lupe und Mikroskop, um sich einiges genauer zu betrachten; einen Untersuchungskasten, um chemische Gewässeruntersuchungen durchführen zu können, und vieles andere mehr.*«

Müllaktion

An den ersten Erkundungsgang und die Übernahme der Bachpatenschaft schloss sich eine Müllaktion an, mit der wir den Bach und seine Umgebung von dem dort wild abgelagerten Müll befreiten. Diese Aktion hatte eine wichtige Bedeutung zur Identifikation der Schüler mit »ihrem« Bach. Zwei Schülerinnen beschreiben die Müllaktion so:

»*Der Bach wurde von uns in 10 Abschnitte eingeteilt. Es gab Gruppen, in denen im Schnitt fünf Leute waren. Die Gruppen haben den Müll in und um den Bach beseitigt. In den unteren Bachabschnitten lagen riesige Mengen Autoreifen, sogar LKW-Reifen mit Felge waren darunter. Wir fanden außerdem Blechdosen, Batterien, Handwagen, Kühlschränke, Fernseher, Waschbecken, Plastiktüten, Plastiksäcke, einen Herd, eine Kaffeemaschine, ein Moped, Toilettenbecken, Staubsauger, Nachttopf, Papier, Dachziegel, Radio, Sessel ... Wir haben mehrere riesige Müllberge zusammengetragen und am Wegrand aufgestapelt. Die Stadtarbeiter transportierten den Müll dann mit einem LKW ab. Es war so viel, dass der Fahrer zweimal fahren musste.*

Die Leute, die den Müll dort hingeschmissen haben, haben sich anscheinend keine Gedanken darüber gemacht, wie sie ihrer Umwelt damit schaden. Die Müllsünder kümmern sich gar nicht darum, was mit dem Müll passiert. Die Leute sind sich nicht im Klaren, dass sich die Natur auf ihre Weise rächt. Sie haben überhaupt kein Verantwortungsgefühl der Natur gegenüber.«

Zur Müllaktion wurde von einer Kleingruppe unter den am Projekt beteiligten Schülern/innen eine Befragung durchgeführt. Auf die Frage »Wie fandest Du die Müllaktion?« gaben sie unter anderem folgende Antworten:

- *»Zuerst hatte ich keine Lust, aber als wir angefangen haben, fand ich es echt gut, denn man konnte mal sehen, was die Menschen so alles wegschmeißen.«*
- *»Und danach fühlte man sich auch für den Bach verantwortlicher, die Arbeit am Bach machte mehr Spaß.«*
- *»Man sieht erst mal, wie viel Arbeit das macht. Ich meine, hinschmeißen ist einfacher. Deshalb fand ich die Aktion gut.«*

Dass die Müllaktion auch Auswirkungen auf das Verhalten der Schülerinnen und Schüler hatte, wird aus den folgenden Aussagen deutlich:

- *»Jetzt habe ich erst richtig gemerkt, was es für Konsequenzen hat, wenn man den Müll in die Natur schmeißt.«*
- *»Man bricht sich keinen ab, wenn man den Müll mit nach Hause nimmt oder in die nächste Mülltonne schmeißt.«*
- *»Ich achte jetzt mehr auf Kleinigkeiten in der Natur. Ich sehe jetzt auch, was so rumliegt. Es fällt mir jetzt erst richtig auf, wie verschmutzt manche Gewässer sind.«*

Beobachtungsdaten sammeln

Anschließend versuchten wir zunächst Tätigkeiten zu finden, die noch keine speziellen Vorkenntnisse erforderten, aber dennoch die Schüler in ihrer Wahrnehmungs- und Beobachtungsfähigkeit schulten. Die Beziehung, die sie durch die Müllaktion zu »ihrem« Bach aufgebaut hatten, sollte dadurch intensiviert werden. Wir fanden in der Fachliteratur verschiedene Beobachtungsbögen, die zunächst durch einfaches Wahrnehmen oder bekannte Tätigkeiten bearbeitet werden konnten, aber bereits interessante Beobachtungsdaten liefern konnten. Aus der Fülle der Beobachtungsbögen entwickelten wir schließlich gemeinsam mit den Schülern einen eigenen, der unseren Bedürfnissen und Möglichkeiten

Hallo Goldbach, wie geht's?

BEOBACHTUNGSBOGEN

Beobachtungspunkt:

Datum: Uhrzeit:

Witterung:

Beobachtungsgruppe:

1. Wie sieht das Wasser aus?
   (Ist es durchsichtig und klar, schlammig, verfärbt, grün...?)

2. Welche Linienführung hat der Bach?
   (Schlängelt er sich durch die Talaue, fließt er in engen oder weiten Windungen, fließt er geradeaus...?)

3. Wie sieht das Bachbett aus?
   (Fließt das Wasser frei, ist das Bachbett betoniert, ist es zugewachsen, fließt der Bach durch eine Röhre, ist das Bachbett schlammig, ist es sandig, ist es steinig...?)

4. Wie sieht das Ufer aus?
   (Ist es sandig, schlammig, steinig, bewachsen, betoniert...?)

5. Wie sieht das Profil des Baches aus?
   (Fällt das Ufer steil ab, fällt es gleichmäßig ab, gibt es Uferabbrüche...? Beschreibt und zeichnet!)

6. Wie tief ist das Wasser?
   (Mißt die Wassertiefe in der Bachmitte!)

7. Wie schnell fließt der Bach?
   (Habt Du den Eindruck, daß das Wasser schnell fließt, langsam fließt, fast steht? Mißt die Geschwindigkeit mit einem Korken oder einem Rindenstück auf einer Entfernung von 5 Metern!)

8. Welche Temperatur hat das Wasser?

9. Welche Pflanzen gibt es am Ufer?
   (Gräser, Stauden, Kraut, Busche, Bäume...?)

   Rechtes Ufer:

   Linkes Ufer:

10. Wie wird die Talaue genutzt?
    (Ist sie bebaut durch Wohnhäuser, durch Industrieanlagen? Gibt es Wiesen und Weiden? Ist die Talaue ackerbaulich genutzt...?)

    Rechts:

    Links:

11. Gibt es Einleitungen in den Bach? Wie sieht der Bach davor und dahinter aus?

12. a) Welche Tiere gibt es im Bach?
    (Sucht die Kleinlebewesen im Schlamm, unter Steinen, an Pflanzen und Ästen!)

    b) Was kannst Du daraus über die Wasserqualität schließen?

13. Entnimm eine Wasserprobe, beschrifte sie (Ort und Datum)!

14. Sonstige Beobachtungen und Besonderheiten:

Das braucht Jede Gruppe

1 Sieb (feinmaschig) oder 1 Schale oder eine helle Frisbeescheibe – 1 Schraubglas – 1 Korken – 1 Bestimmungsblatt für Kleinlebewesen – 1 Thermometer – 1 Stoppuhr – 1 Zollstock – Schreibzeug und Schreibunterlage

am ehesten gerecht werden konnte. Darin enthalten waren Aufgaben zur Temperaturmessung, zum Feststellen der Fließgeschwindigkeit, der Wassertiefe, der Wasserfärbung, dem Aussehen des Bachbettes und des Ufers.

Wichtig ist es, die Schüler darauf hinzuweisen aufzupassen, dass sie bei Ihren Erkundungen am Bach nichts zerstören. Das Waten im Wasser muss auf das Notwendigste beschränkt werden, denn es wirbelt den Grund auf, am Ufer können Pflanzen niedergetreten werden. Steine und Äste sollten nach der Untersuchung wieder zurückgelegt werden, dem Bach entnommene Tiere werden wieder in das Fließgewässer zurückgekippt.

Ein paar »schlaue Köpfe« hatten natürlich schnell eine Methode parat, um die Fließgeschwindigkeit des Baches zu messen. Man musste nur die Zeit stoppen, in der das Wasser von einem Ort zum anderen floss, das war auch schon alles an Theorie. Daran, dass vielleicht auch einmal die Praxis schwieriger sein könnte als die sonst so ungeliebte Theorie, dachte keiner. Es sollte aber anders kommen: Der Wind blies unser Papierschiffchen bachaufwärts, ebenso die hoch gelobten Styroporquader. Stöckchen, denen der Wind nichts mehr anhaben konnte, blieben am Ufer hängen. Das in der Theorie vorkommende gerade Bachstück von exakt zehn Metern gab es höchst selten an unserem Bach. Der Korkball an einer Angel war oft schneller als der mitlaufende »Angler« am Ufer …

Es wurde probiert und probiert, und die Ergebnisse waren so unterschiedlich wie die ausprobierten Vorschläge. Eine Einigung auf eine Messmethode war dringend erforderlich und fand schließlich nach einigen »vermessenen« Versuchen auch statt:

- Unsere Messmethode: Im Abstand von mehreren Metern werden zwei Schnüre über den Bach gespannt. Der Abstand darf nicht zu groß sein, muss aber genau gemessen werden. Dann muss man einen Flaschenkorken oder ein Stück Rinde oberhalb der ersten Schnur in den Bach werfen und die »Fahrtzeit« zwischen den Schnüren messen. Soll die Geschwindigkeit genauer gemessen werden, muss ein Gegenstand gewählt werden, der nahezu gleiche Bedingungen gewährleistet. An Material für die Durchführung von Messversuchen wird gebraucht: Korken, zwei Schnüre, Messband, Stoppuhr, Taschenmesser und Gummistiefel.
- Erkenntnisse: Die Fließgeschwindigkeit des Wassers wird unter anderem vom Gefälle, vom Querschnitt und von der Ufervegetation des Baches beeinflusst. Begradigungen erhöhen die Fließgeschwindigkeit. Die Gewässer graben sich tiefer in ihr Bett ein und senken so den Grundwasserstand im Uferbereich ab. Feuchtgebiete können austrocknen, standortgebundene Tiere und Pflanzen können unter den veränderten Umweltbedingungen nicht überleben.

Kleinlebewesen im Bach

An einem Erkundungsvormittag untersuchten wir, welche Kleinlebewesen sich im Bach befinden, um daraus erste Rückschlüsse auf die Wasserqualität zu ziehen. Christine und Kerstin haben einen Bericht darüber geschrieben:

»Zuerst haben wir den Bach in einzelne Abschnitte aufgeteilt. In jedem Abschnitt waren 3 bis 4 Personen eingeteilt worden, die die Qualität des Wassers feststellen sollten. Jede Gruppe hatte die Aufgabe, zwei Bachabschnitte, die wir vorher mit Nummern gekennzeichnet hatten, zu untersuchen. Dazu haben wir zwei Fragebögen bekommen, um die Wasserqualität zu bestimmen, und ein Buch zum Nachschlagen. Mit dem haben wir dann die kleinen Wassertiere bestimmt und nachgesehen, unter welchen Bedingungen, welcher Wasserqualität die Tiere existieren können. So haben wir dann die Wasserqualität feststellen können. Außerdem haben wir die Linienführung, die Gewässersohle, das Profil, den Wasserstand und die Temperatur des Steinbaches untersucht. Wir schrieben auf den Beobachtungsbogen auch auf, was wir über den Zustand des Gewässerbettes, die Vegetation im und am Gewässer und die Nutzung der Talaue feststellen konnten. Dabei dachten wir darüber nach, welche Veränderungen und Pflegemaßnahmen wir in den nächsten Wochen noch vornehmen könnten.

Für die Abschnitte 1 bis 10 haben wir in der Schule eine Tabelle mit den gefundenen Kleinlebewesen zusammengestellt. Es war nicht leicht, die winzigen Tiere zu finden, die im Schlamm oder unter den Steinen sitzen. Aber nach einiger Zeit hatten wir schon etwas Übung.

Wir fanden mithilfe unserer Untersuchung heraus, dass die Wasserqualität des Steinbaches insgesamt nicht besonders gut zu sein scheint, denn in allen Abschnitten sind Kleinlebewesen, die auf bedenkliche Wasserqualität hindeuten: Schlammröhrenwürmer, Rattenschwanzlarve, rote Zuckmückenlarve und Wasserassel. Außerdem lassen sich aber Kleintiere finden, die eigentlich auf gute bis zufriedenstellende Qualität hinweisen, wie z.B. Eintagsfliegenlarve, Köcherfliegenlarve und Bachflohkrebs. Besonders belastet scheint der Abschnitt 4 zu sein. Wir müssen genau nach den Gründen für die bedenkliche Wasserqualität suchen, einige Vermutungen haben wir schon (z.B. ein Zufluss, der aus Richtung Föhren kommt und stinkt). Außerdem wollen wir ja das Wasser des Steinbaches noch chemisch untersuchen, um genauere Aussagen machen zu können.«

Hilfreich sind Listen und Übersichten, auf denen die Leitorganismen verzeichnet sind. Ich legte darüber hinaus gemeinsam mit meinen Schülern eine eigene Bestimmungskartei für Leitorganismen an, die wir dann mit Folie überzogen und für die praktische Untersuchungsarbeit mit an den Bach nehmen konnten. Die Erfahrung zeigt, dass die eigenständige Entwicklung der Bestimmungskartei, das Zeichnen und das Aufschreiben der wichtigsten Merkmale der einzel-

Die Bachpaten haben wieder Kleintiere entdeckt, die ihnen etwas über die Wasserqualität aussagen können.

Ein Schüler nimmt die Wasserprobe in Empfang und versucht herauszufinden, was da alles herumkrabbelt.

nen Leitorganismen nicht nur zum besseren Kennenlernen der Lebewesen beigetragen hat, sondern auch ein gewisses Maß an Identifikation mit »ihren Tierchen« hervorgerufen hat. Wenn genügend Zeit dafür bleibt, empfiehlt es sich, eine Kartenspiel als Quartett zu entwickelt. Zentrale Frage sollte dabei sein: Welche Leitorganismen gehören zusammen?

Weitere Untersuchungsschwerpunkte

Die chemische Untersuchung wurde eine Woche später durchgeführt.[25] Ein weiterer Schwerpunkt an einem Unterrichtstag war das Kennenlernen der Baum-, Strauch- und Krautvegetation entlang des Baches, wobei für dieses Vorhaben bewusst ein Zeitpunkt im späten Frühjahr ausgewählt wurde. Auch dabei war vor allem – zunächst noch unter Anleitung der Lehrer – Selbsttätigkeit der Schüler/innen mithilfe von Bestimmungsbüchern gefragt. Die Selbsttätigkeit der Schülerinnen und Schüler ist in allen Phasen des Erkundungsprojektes ein wesentliches Moment, denn »ohne Selbsttätigkeit ist keine Selbstständigkeit zu erreichen!«

Es bietet sich die Möglichkeit, eigene Bestimmungsbücher anzulegen: Ein Fotoalbum mit Abziehklebefolien wird als Klappbuch in drei Etagen mit einem Teppichmesser angeschnitten. In die obere Etage werden z.B. Bilder mit Baumsilhouetten oder Bilder von den Früchten der Bäume geklebt. Auf die mittlere Etage kommen die getrockneten und gepressten Blätter. Die untere Etage ist vorgesehen für die Bezeichnung der Baumart. Baumsilhuetten, Blätter und Bezeichnungen werden so durcheinander unter die Folien gesteckt, dass eine Zuordnungsaufgabe entsteht: Durch Vor- und Zurückklappen der Etagenseiten müssen die passenden Bilder gesucht werden. Ist ein Baum auf drei Etagen identifiziert, so wird umgeklappt. Auf der Rückseite befindet sich ein Bild vom Zweig des jeweiligen Baumes, das über alle drei Etagen geht.[27] Auch eine Vierteilung der Seiten des Fotoalbums ist möglich. Auf dem vierten Teil kann man dann noch einen Text zu dem jeweiligen Baum oder Strauch, der von den Schülern selbst formuliert sein sollte, unterbringen. Auch andere Ideen lassen sich umsetzten, wie etwa das Herstellen einer Bestimmungskartei oder das Entwickeln eines Bach-Vegetations-Memorys.[28]

---

25 Ausführlich dazu: Brietzke/Vaupel (1991), S. 41ff., siehe auch S. 55.
26 Meyer (1994), S. 418.
27 Vgl. Hagstedt, Herbert: Blätter-Baum-Bestimmungsbuch. In: Die Grundschulzeitschrift, 20/1988, S. 60.
28 Vgl. Hagstedt, Herbert: Wald-Memory. In: Die Grundschulzeitschrift, 20/1988, S. 60.

Chemische Gewässeruntersuchung

Welche Stoffe sollen gemessen werden?

Sauerstoff
Sauerstoff ist für alle Organismen lebensnotwendig. Organische Stoffe, z.B. Verunreinigungen, werden von Bakterien unter Sauerstoffverbrauch abgebaut. Das kann bei Überlastung zu Sauerstoffmangel und im Extremfall zum Absterben der Lebensgemeinschaft des Baches führen. Eine Sauerstoffmessung ist deshalb sehr wichtig, um die Gewässergüte zu bestimmen. Als schnelltest wird hierzu das etwas aufwendige Titrationsverfahren angeboten. Auf Sauerstoffmangel weisen auch schwarze Schlammanlagerungen z.B. unter Steinen hin.

Temperatur
Die im Wasser potentiell vorkommende Sauerstoffmenge ist temperaturabhängig. Je höher die Temperatur, umso weniger Sauerstoff kann im Wasser gelöst sein. Unglücklicherweise hat die Temperaturerhöhung aber auch verstärkten Sauerstoffbedarf der Bachorganismen zur Folge. Bei den käuflichen Sauerstofftests liegen Tabellen mit dem höchstmöglichen Sauerstoffgehalt bei jeder Temperatur, der sog. Sauerstoffsättigung, bei.

Stickstoffverbindungen
Organische Stoffe, vor allem Eiweiße werden letztlich zu Nitrat abgebaut. Dies ist nur bei ausreichender Sauerstoffversorgung möglich. Ist zu wenig Sauerstoff im Wasser gelöst, reichert sich das fischgiftige Ammonium und Nitrit an. Alle drei Stickstoffverbindungen (Nitrat, Nitrit, Ammonium) wiesen auf organische Verunreinigungen oder Abschwemmungen überdüngter Felder hin; Ammonium und Nitrit auch auf Sauerstoffmangel. Da Ammonium und Nitrit schnell zu Nitrat abgebaut werden, müssen sie unbedingt vor Ort gemessen werden. Zur Messung haben sich Meßküvetten mit Farbvergleich bewährt. Diese sind Teststäbchen wegen größerer Meßgenauigkeit vorzuziehen.

Phosphate
Phosphate zeigen ebenfalls Einleitungen an. Sie sind z.B. in Haushaltsabwässern vorhanden, da sie in Wasch- und Reinigungsmitteln vorkommen. Außerdem werden landwirtschaftliche Flächen mit phosphathaltigen Düngemitteln gedüngt und bei Überdosierung gelangen die Phosphate durch Abschwemmungsvorgänge ins Wasser. Auch zur Phosphatmessung sollte nach Möglichkeit eine Methode mit Farbvergleich gewählt werden.

Gesamthärte
Die Gesamthärte ist die Summe der Calcium- und Magnesiumsalze in einem Gewässer. Meistens sind Gewässer mit hoher Gesamthärte sehr kalkreich. Sie sind so gut gegen Schwankungen des pH-Wertes geschützt.

pH-Wert
Der pH-Wert zeigt an, wie sauer, neutral oder alkalisch ein Wasser ist. Zum Messen eignen sich pH-Stäbchen. Allerdings sollte eine nichtblutende Marke genommen werden. Vor allem bei Gewässern mit geringem Kalkgehalt muß nämlich das pH-Meßpapier lange ins Wasser gehalten werden und kann auslaufen, was die Messung unmöglich macht.

Messung der Wassertemperatur
Bindet das Thermometer an ein dünnes Seil und versucht so weit wie möglich in der Flußmitte die Temperatur zu messen. (Am Rand ist das Wasser meist wärmer) Die Temperatur sollte ungefähr an der Stelle gemessen werden, an der auch die Wasserprobe genommen wird.

Probenentnahme
Spült einen Eimer mit Bach-/ Flußwasser aus. Bindet den Eimer an ein Seil. Werft den Eimer ins Wasser (evtl mit Steinen beschweren), möglichst weit in die Flußmitte und zieht ihn am Seil wieder heraus. Auch Probengefäße sollten mit Bach-/ oder Flußwasser gespült werden. Probengläser (Marmeladenglas mit Deckel o.ä.) durch Eintauchen in dem Eimer bis zum Überlaufen füllen und sofort fest verschließen (möglichst ohne Luftblase).

Die Wasserproben, die dem Goldbach entnommen wurden, werden mithilfe unseres tragbaren Labors untersucht.

```
WASSER                                    UNTERSUCHUNGEN

              LEBEN IM SCHLAMM
              --------------------

Fasse mit der Hand in den Bach oder entnimm mit einem Glas
Schlammproben!

Du kannst Dir auch ein Sonde dafür bauen.

Zerteile den Schlamm mit den Fingern.
Schreibe auf oder zeichne, was Du siehst.

In einem Glas kannst Du Proben mitnehmen.
```

Aus: Erkundungskartei, Pädagogik-Kooperative, Bremen o.J. (Karten 1–3)

```
WASSER                                    UNTERSUCHUNGEN

              LEBEN UNTER STEINEN
              ----------------------

Drehe dickere Steine um!
Achte darauf, welche Tiere sich darunter verstecken.

Nimm Steine aus dem Wasser!
Findest Du Tiere oder Pflanzen auf ihnen?

Notiere Deine Entdeckungen!
```

```
WASSER                                    FRÜHER UND HEUTE

              WASSER ALS NATURKRAFT
              -------------------------

Suche alte Wassermühlen in Deiner Umgebung!
```

```
                    Wozu konnte die Wasserkraft genutzt
                    werden?

                    Schau Dir die Bilder an und erzähle!
```

```
                    STECKBRIEF
              GESUCHT WIRD: DER SCHLAMMEGEL

WO IST ER ZU FINDEN?                AUSSEHEN
Er lebt meist in ruhigem oder nicht zu    Schlammegel haben einen vorderen und
stark fließenden Wasser an der Unter-     einen hinteren Saugnapf, mit dem sie
seite von Steinen oder an Wasserpflanzen, sich wie Spannerraupen vorwärts bewegen.
aber selten tiefer als 0,5m unter der     Der vordere Saugnapf umschließt die
Wasseroberfläche. Den Winter überdauert   Mundöffnung. Ein Teil der Egel kann
er in Schlamm in Kältestarre.             die Haut größerer Tiere anschneiden und
                                          Blutsaugen.
WOVON ERNÄHRT ER SICH?
Er ernährt sich von Blut, z.B. von        BILD:
Fischen, Schnecken oder Würmern.
```

Dokumentation und Auswertung unserer Bacherkundung

Zum Schluss wurden die Ergebnisse unserer Erkundungen zusammengetragen und, soweit dies noch nicht in den zwischengeschalteten Unterrichtsphasen im Klassenraum geschehen war, den anderen Gruppen vorgestellt und mit ihnen diskutiert. Texte wurden geschrieben, Zeichnungen erstellt und formulierte Arbeitsergebnisse wurden z.T. noch einmal im Hinblick auf eine zu erstellende Dokumentation überarbeitet. Wichtig war es den Schülern, ihre Ergebnisse und Erfahrungen auch an andere weiterzugeben und damit anzuregen, etwas Ähnliches selbst zu machen. Zur Erstellung der Dokumentation wurde ein Redaktionsteam gebildet, Texte wurden ausgewählt und in Reinform geschrieben, Fotos, Tabellen und Schaubilder wurden ausgewählt und die Druckvorlagen für die einzelnen Seiten fertiggestellt. Man machte sich Gedanken über die Auflagenhöhe, holte Angebote für die Druck- bzw. Kopierkosten ein und verglich diese miteinander. Die Texte und Bilder unserer Dokumentation benutzten wir auch, um einige Schautafeln für eine Ausstellung zusammenzustellen, die wir in der Schule, in der örtlichen Sparkasse, im Kasseler Regierungspräsidium und an der Gesamthochschule zeigten.

Darüber hinaus waren die Erkundungen per Viedeoaufzeichnung dokumentiert worden. Diese Ausschnitte montierten wir zum Abschluss des Projektes zu einem kompletten Film, der vor allem anderen interessierten Schülergruppen einen Einblick geben sollte. Durch einen glücklichen Zufall konnten Kontakte zum Fernsehen geknüpft werden. Einige Schüler hatten die Möglichkeit, in einer Sendung des ZDF auftreten zu können und dort ihre Erfahrungen als Bachpaten wiederzugeben.

Auch die Lokalpresse spielte für die Veröffentlichung unserer Ergebnisse eine nicht unbedeutende Rolle. Bereits bei der Müllaktion hatte man Kontakte zur Presse geknüpft, die nun, zum Projektabschluss noch einmal fortgeführt wurden und in einen ausführlichen Pressebericht über die Erkundungsergebnisse der Schüler mündeten.

2. Praxisbeispiel

Be-greifendes Lernen in der Fahrradwerkstatt

Schulmeisters »Rad«schlag – eine Geschichte zur Einführung

Es war einmal vor gar nicht allzu langer Zeit ein Lehrer, der die Kunst des Lehrens eifrig studiert hatte und seiner Zunft zur Ehre gereichte. Er bemühte sich jahrein, jahraus seinen Schülern die neuesten wissenschaftlichen Erkenntnisse in den von ihm studierten Fächern nahe zu bringen. Er reduzierte, didaktisierte und methodisierte, formulierte fleißig seine operationalisierten Lernziele und hakte dieselben ein ums andere Jahr ab. Er kam immer durch mit seinem Stoff, ganz gleich, welche Schüler er vor sich hatte.

Einiges hatte er sich zum Prinzip gemacht: »Nicht im Leben, sondern in der Schule lernen wir«, und: »Verlasse nie den Klassenraum, Erfahrungen sind unwichtig, mit dem Kopf muss gelernt werden«, oder: »Mit Tafel, Kreide und Schulbuch hast du Arbeitsmittel gefunden, die dich bis an dein Lehrersende begleiten können«, aber auch: »Schüler wissen nichts, du weißt alles!« Nach solchen und einigen anderen Prinzipen entfaltete er sich ein ums andere Jahr. Schülergenerationen kommen und gehen – Prinzipien bleiben bestehen.

Doch eines Tages ging ihm ein Licht auf. Sollte es vielleicht eine noch viel höhere Kunst des Lehrens sein, dass nicht nur »er« mit »seinen« Zielen durchkam, sondern die ihm anvertrauten Kinder mehr als nur abstraktes Wissen dabei erwarben, vielleicht sogar etwas lernten, was er, der ein Meister seines Faches war, vorher nicht berechnen konnte? Doch es machte ihm Angst. »Die Zügel werden dir aus der Hand gleiten«, schrie es tief aus seiner kleinen Pädagogenseele.

Aber von nun an rumorte und bohrte es in ihm. Des Nachts träumte er von einem Land, in dem die Unterrichtsinhalte nicht aus den Schulbüchern wuchsen, sondern aus dem Leben, einem Land, in dem es weder Arbeitsblatt noch Kreide gab, aber die Kinder trotzdem (oder vielleicht gerade deshalb) besonders weise wirkten. »Ein Pfund Erfahrung ist wichtiger als eine Tonne Theorie«, sang der Schlaraffen-Lehrerchor.

Als er erwachte, ging ihm dies nicht aus seinem verwissenschaftlichten Lehrerkopf. Er holte sein Fahrrad aus dem Keller, musste hinaus in die Welt, um zu klaren Gedanken zu kommen. Aber – oh je, das Rad war platt, der Lenker wackelte, die Lampe fehlte schon lange. Er erinnerte sich an seinen Werkzeugkasten. Wie viel wundersame Dinge sich darin doch befanden, er kannte sie alle genau bei ihrem Namen, wusste um die Aufgaben, die sie erledigen konnten.

Früher hatte er mit Begeisterung Radtouren unternommen und am Drahtesel gebastelt und gewerkelt. Aber seit er gelernt hatte, dass der Geist und nur der Geist den Menschen erst zum Menschen macht, hatte er davon Abstand genommen. Doch nun dieser Traum ... »Könnte er nicht etwas mit meinem Drahtesel zu tun haben«, schoss es ihm durch den Kopf. »Was kann man nicht alles für Erfahrungen mit dem Rad machen: Man kann seinen Körper spüren, kann die Natur genießen, ohne sie zu verschmutzen, man kann ein Fahrrad reparieren, kann es umbauen, kann erproben, wie ein Stromkreis funktioniert, erfährt etwas über Geschwindigkeit, über Roll- und Luftwiderstand ...« Die Gedanken, die ihm durch den Kopf schossen, nahmen gar kein Ende, verschlugen ihm fast die Luft.

Warum nicht im Leben für das Leben lernen? »Nein, Schulmeisterlein, du bist nicht von Sinnen«, schrie er nun tief in seine alte, lernzielorientierte Seele hinein, »du hast erkannt, dass man mit allen Sinnen lernen muss, dass sogar die dir anvertrauten Schüler nicht nur einen Kopf, sondern auch noch Herz und Hand haben.«

Von nun an versuchte er Tag um Tag, Jahr für Jahr sich von dem alten Ballast zu befreien, der auf ihm lastete. Zunächst war es das Fahrrad, aber erst einmal angefangen, schossen ihm und seinen Schülern immer neue Ideen durch den Kopf. Von nun an tastete er sich täglich ein Stückchen weiter ins Schul-Schlaraffenland vor. Ob er es wohl je erreicht hat?

Was eine Fahrradwerkstatt leisten kann

Eine Fahrradwerkstatt in der Schule bietet den Schülerinnen und Schülern Möglichkeiten zu ganzheitlichem, begreifendem Lernen:

- In einer Fahrradwerkstatt können Theorie und Praxis miteinander verbunden werden.
- Eine Fahrradwerkstatt fordert zu interdisziplinärem Arbeiten heraus. Unterschiedliche Aspekte beim Umgang mit dem Rad lassen sich integrieren: verkehrserzieherische, technische, ökologische und ökonomische.
- Eine Fahrradwerkstatt bietet die Möglichkeit, von frontalen Unterrichtsstrukturen weg- und zu einem schüleraktiven, handlungsorientierten Unterricht hinzukommen.
- Eine Fahrradwerkstatt kann dazu beitragen, ökologische Perspektiven zu entwickeln.
- Eine Fahrradwerkstatt kann eine wichtige Rolle bei der Berufsvorbereitung spielen. Sie bietet Schülerinnen und Schülern Gelegenheit, ihre Fähigkeiten und Fertigkeiten handelnd zu erproben und weiterzuentwickeln.
- Arbeit in der Fahrradwerkstatt kann helfen, traditionelle Rollenstrukturen zu durchbrechen. Mädchen haben die Möglichkeit, Erfahrungen in einem

traditionellen Männerbereich zu machen. Dadurch können exemplarisch neue Perspektiven für die eigene Berufsorientierung eröffnet werden.

Mit allen Sinnen lernen

Beim Unterricht, in dem das Fahrrad im Mittelpunkt steht, bieten sich handlungsorientierte Arbeitsweisen und projektorientierte Verfahren geradezu an. Die Schülerinnen und Schüler sind im handlungsorientierten Unterricht Ausgangspunkt des Unterrichts und bestimmen den Lernprozess aktiv mit. Die materiellen Tätigkeiten, die in Handlungsprodukte münden, kennzeichnen den Unterricht. Sie werden gemeinsam vereinbart und erarbeitet. Die Schülerinnen und Schüler gehen handelnd mit den Unterrichtsgegenständen um, das bedeutet, dass sie »mit allen Sinnen«[29] am Geschehen beteiligt sind. Die Trennung von Kopf und Hand wird aufgehoben und ersetzt durch das Miteinander und Zusammenwirken. Die Schülerinnen und Schüler lernen anhand der Dinge und mit den Dingen im handelnden Umgang mit ihnen. Sie bekommen nicht mehr nur Material zur geistigen Erfassung vorgesetzt, sondern gehen aktiv – »begreifend« – mit den Lerngegenständen um. Sie entwickeln selber Wege der Erfassung und der Problemlösung. Also: »Statt darbietenden Unterrichts – problemlösendes, selbst entdeckendes Lernen.«[30] Denken und Handeln werden nicht als getrennte Vorgänge angesehen, sondern es geht um deren wechselseitige Verbindung. »Denken ist verinnerlichtes Handeln. Die didaktische Konsequenz lautet ›Learning by doing‹ (John Dewey).«[31] »Handlungsorientierter Unterricht meint also nicht bloßes manuelles Tun an Dingen, er ist kein praktischer Aktivismus, sondern betont den Zusammenhang von Denken und Tun!«[32]

So liegt bei dem im Folgenden beschriebenen handlungsorientierten Unterricht in der Fahrradwerkstatt ein ganz zentraler Aspekt darin, dass die Schüler beispielhaft die handgreifliche Erfahrung machen können, wie es möglich ist – hier durch Fahrradrecycling –, den Müllberg zu verringern. Sie lernen handelnd (»Learning by doing«, s.o.) nicht nur technische Dinge zu verstehen (Funktion eines Dynamos, eines Kugellagers, einer Übersetzung ...), sondern gleichzeitig, dass Dinge, die achtlos weggeworfen werden, durchaus noch brauchbar, benutzbar oder umfunktionierbar sein können.

---

29 Ausführlich dazu: Beck, Johannes/Wellershoff, Heide: Sinneswandel. Die Sinne und die Dinge im Unterricht. Frankfurt a.M. 1989.
30 Gudjons (1987), S. 10.
31 Gudjons (1987), S. 10.
32 Gudjons (1987), S. 10.

Planungsraster zum Projekt »Fahrradwerkstatt«

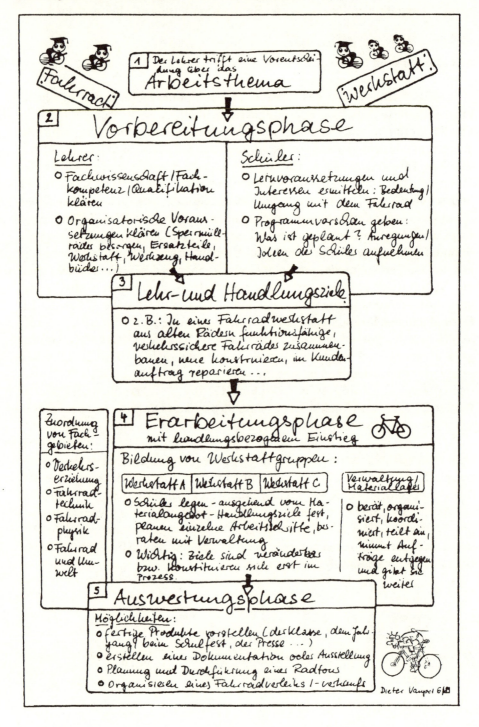

Selbstorganisation und Selbstverantwortung

Handlungsorientierter Unterricht bricht mit der offensichtlich zur schulpädagogischen Tradition gehörenden Geringschätzung der Kompetenz der Schülerinnen und Schüler, Unterricht in »Selbstorganisation und Selbstverantwortung«[33] durchführen zu können. Oft spricht man den Lernenden grundsätzlich die Kompetenz ab, über Unterrichtsinhalte (mit)zuentscheiden; die Ermittlung von Schülerinteressen ist ein schwieriges Problem.

Von daher gesehen erscheint es legitim, so zu verfahren, wie wir dies beim Projekt »Fahrradwerkstatt« im 10. Hauptschuljahr der Gesamtschule in Hessisch Lichtenau taten: Wir trafen als Lehrer zunächst die Entscheidung über die Themenwahl, wobei auch die eigene Affinität zur Thematik (ein oft unterschätzter Faktor für das Gelingen von (Projekt-)Unterricht!) eine wichtige Rolle spielte. Die Interessen der beteiligten Schülerinnen und Schüler sollten sich, so unsere Absicht, im konkreten Lernprozess und am konkreten Lerngegenstand »Fahrrad« konstituieren und entwickeln können. Dies machte es notwendig, im Verlauf der Arbeit immer wieder Phasen der Reflexion einzuschalten und den Schülerinnen und Schüler Möglichkeiten zu eröffnen, Anregungen und Ideen einzubringen und dem offen angelegten Unterricht in seinem Ablauf die eigentliche Struktur zu geben. Die Methoden- und Planungkompetenz der Schülerinnen und Schüler sollte also im Laufe der Zeit (weiter)entwickelt werden. Die vorausgehende Planung sollte in einem solchen Unterricht »immer offen und revisionsbedürftig sein«.[34]

Vorbereitungsphase

Das Unterrichtsprojekt »Fahrradwerkstatt« wurde zunächst über einen Zeitraum von insgesamt 6 Wochen durchgeführt. Die Arbeit an einem wöchentlichen »Projekttag« wurde ergänzt durch die projektbezogene Bearbeitung von Teilthemen in unterschiedlichen Fächern: Sicherheitsaspekte des Verkehrs wurden neben dem Thema »Fahrrad und Umwelt« in Gesellschaftslehre bearbeitet, Fahrradtechnik und Fahrradphysik standen im Mittelpunkt des Physikunterrichts, und in Deutsch bearbeiteten wir Texte zu Verkehrsproblemen, führten Erkundungen und Befragungen durch. Der interdisziplinäre Ansatz ermöglicht es, immer wieder Querverbindungen zu ziehen und neue Impulse für die Arbeit zu bekommen.

---

33 Gudjons, Herbert: Handlungsorientiert Lehren und Lernen. Projektunterricht und Schüleraktivität. 4. Aufl., Bad Heilbrunn 1994, S. 60.
34 Gudjons (1994), S. 61.

Das gesamte Vorhaben gliederte sich in eine Vorbereitung-, Erarbeitungs- und Auswertungsphase. In der Vorbereitungsphase war es notwendig, neben dem »Abklopfen« der eigenen Fachkompetenz die organisatorischen Rahmenbedingungen für die Einrichtung einer Fahrradwerkstatt zu klären. Dazu gehörten folgende Fragen:

- Wo bekomme ich das notwendige Arbeitsmaterial (hier: alte Fahrräder) her?
- Gibt es im Ort oder in Nachbarorten in nächster Zeit eine Sperrmüllabfuhr, bei der ich gemeinsam mit Schülern auf Materialsuche gehen kann?
- Haben Kollegen/innen/Eltern/Schüler/innen alte Räder oder Fahrradteile, die sie zur Verfügung stellen können?
- Wo bekomme ich günstig Ersatzteile her, die ich im Verlaufe des Projektes benötige?
- Gibt es einen Fahrradhändler am Ort, mit dem ich ein Abkommen treffen kann?
- Wo bekomme ich das für den Ankauf von Ersatzteilen nötige Geld her?
- Wie sind die Räumlichkeiten an der Schule beschaffen?
- Habe ich genügend Platz, um die Fahrräder und Fahrradteile zu lagern?
- Welche Werkzeuge brauche ich?
- Was muss ich mir beim Fahrradhändler an Spezialwerkzeug beschaffen?
- Was kann ich bei ihm (er verdient ja schließlich am Verkauf der Ersatzteile auch etwas) eventuell für die Dauer des Projektes ausleihen?

Nach Klärung dieser Voraussetzungen wurde den am Projekt beteiligten Schülerinnen und Schülern eine vorläufige, auf der Planung des Lehrers basierende »Programmvorschau« gegeben. Auch in einem handlungs- und schülerorientierten Unterricht ist die Planung und Organisation des Lernprozesses durch den Lehrer notwendig. Dewey fordert für Projektunterricht nicht nur Planung gemeinsam im Lernprozess mit den Schülerinnen und Schülern, sondern auch vorausgehende Planung durch die Lehrerinnen und Lehrer. Diese haben »die Pflicht einer viel intelligenteren, konsequenteren und schwierigeren Planungsarbeit … Die Planung muss geschmeidig genug sein, um noch freies Spiel der Individualität zu ermöglichen, und doch fest genug, um die Richtung auf fortgesetzte Entwicklung der Kräfte zu geben.«[35]

Von großer Bedeutung waren in der gemeinsamen Planungsbesprechung mit den Schülerinnen und Schülern die Fragen: Was ist (durch den Lehrer) geplant? Welche interessanten Aspekte könnte das Thema sonst noch bieten? Was ha-

---

35 Dewey, John: Erfahrung und Erziehung. Übersetzt von Werner Correll. München und Basel 1974.

Im Kriechkeller unter der Schule: Alträder aus der Sperrmüllsammlung. Sie werden zu neuem Leben erweckt oder ausgeschlachtet.

Fertig zusammengebaute Fahrräder aus dem Fahrradpool der Schule. Sie sind in einer nicht benutzten Toilette »zwischengelagert«.

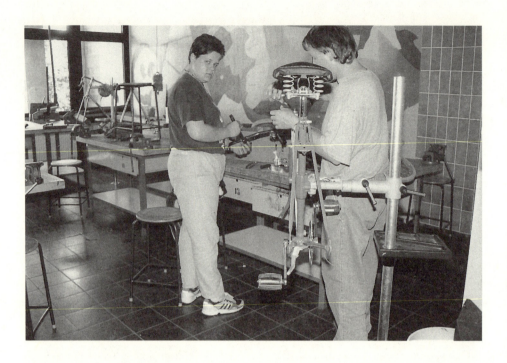

Arbeiten in der Fahrradwerkstatt.
Oben: Altes Hollandrad, unten: Mountainbike.

ben die Schülerinnen und Schüler bisher mit der Thematik zu tun gehabt? Welche Anregungen können sie geben? Wie sieht die daraus gemeinsam entwickelte Planung aus?

Für das Fahrradprojekt ergab sich schon an dieser Stelle eine wesentliche Veränderung. War von mir zunächst nur beabsichtigt, in der Fahrradwerkstatt aus alten Velos funktionstüchtige und verkehrssichere Fahrräder zusammenzubauen, so wurde von den Schülerinnen und Schüler angeregt, auch etwas neu zu konstruieren und in einer späteren Arbeitsphase – wenn man sich mit der Materie auskennt – Fahrräder im Kundenauftrag zu reparieren.

Arbeit in Werkstattgruppen

Der Einstieg in die eigentliche Arbeit erfolgte handlungsorientiert: Drei Werkstattgruppen wurden gebildet, zusätzlich eine Gruppe, die für den Bereich »Verwaltung, Organisation, Materiallager« zuständig war. Jede Werkstattgruppe arbeitete von nun an weitgehend autonom, die Zielsetzung für alle lautete: Herstellung eines verkehrssicheren Fahrrades. Die Gruppen legten, ausgehend vom Materialangebot – einer breite Palette von Fahrrädern aus dem Sperrmüll –, ihre eigenen Handlungsziele fest, planten einzelne Arbeitsschritte, organisierten die Verteilung der Arbeit. Die Verwaltungs- und Organisationsgruppe hatte dabei die Aufgaben alle Gruppen zu beraten, dort, wo dies notwendig war, zu organisieren (z.B. den Einkauf von Ersatzteilen), zu koordinieren, Kundenaufträge entgegenzunehmen und nach Absprache mit den Werkstattgruppen weiterzureichen bzw. zu verteilen.

Wie die Arbeit in den Werkstattgruppen ablaufen konnte, beschreibt beispielhaft ein am Projekt beteiligter Schüler: *»Angefangen hat alles mit der Idee im Polytechnikunterricht, alte Fahrräder wieder zu reparieren und verkehrssicher zu machen. Welch ein Glück, dass unser erster Fahrrad-Montag auch mit dem Tag der Sperrmüllabfuhr zusammentraf. So konnten wir noch viele Fahrräder und diverse Ersatzteile retten. Nach der kurzen Bestandsaufnahme wurde beschlossen, dass man auch ein Tandem bauen könne. Nun zum Arbeitsablauf: Als Erstes wurden die alten Fahrräder auseinander gebaut, um anschließend die Rahmen, Felgen, Lampen und die anderen Teile zu reinigen und eventuelle Rostschäden auszubessern. Danach grundierten und strichen wir die Teile und Rahmen. Nachdem einzelne Teile so weit fertig waren, konnte mit dem Zusammenbau begonnen werden, wobei auch einige Teile neu gekauft werden mussten. Bei dem Tandem war die große Schwierigkeit, den Rahmen, bestehend aus zwei alten Herrenrädern, so zusammenzuschweißen, dass die Spur stimmte. Die nächste Hürde, das Spannen der ca. 2,30 m langen Kette, wurde mithilfe zweier selbst entwickelter Kettenspanner, die zwischen dem ersten und dem zweiten Ritzel die Kette jeweils nach oben bzw. nach unten drücken, gelöst. Auf Verkehrssicherheit wurde beson-*

derer Wert gelegt. Alles in allem waren wir, trotz ölverschmierter und manchmal verschrammter Hände, stolz auf unsere Endprodukte.«

Den Lehrern kam in der zentralen Phase des Unterrichts die Rolle des Beraters und Helfers bei »kniffligen Dingen« zu. Die Demontage, die Reparaturarbeiten, das Entrosten, das Lackieren und der Zusammenbau erfolgten weitgehend unabhängig von ihnen. Dies wurde dadurch ermöglicht, dass den Schülerinnen und Schülern ein nach Sachthemen gegliederter Werkstattordner bzw. eine Arbeitskartei zur Verfügung stand. Dort waren die entsprechenden Arbeitsschritte genau beschrieben (siehe weiter unten).

Eine wichtige Funktion kam darüber hinaus dem Ausprobieren und dem Lernen durch »trial and error« zu. Mancher »Umweg« erwies sich dabei als der »richtige« Lernweg, der letztlich zum Erfolg führte. Wesentlich war es, dass der Lehrer den Gruppen den nötigen Raum für selbst verantwortliches Lernen ließ, bis hin zur gründlichen Sicherheitsüberprüfung des reparierten bzw. neu zusammengebauten Rades anhand einer gemeinsam erarbeiteten Checkliste. Die empörte »Kundin«, die sich lauthals beschwert, weil nach einer Reparatur ihre Felgenbremse nicht richtig zieht oder das Licht nicht brennt, hat hier mehr bewirkt hier als alle noch so gut gemeinten Ermahnungen des Lehrers!

Mädchen und Technik – wie Feuer und Wasser?

Vor allem die Mädchen hatten zu Anfang große Probleme, sich in der Thematik wiederzufinden. Erfahrungen im Elternhaus, im sozialen Umfeld und in neun Jahren schulischer Sozialisation hatten bei vielen von ihnen zu der Selbsteinschätzung geführt: Technische Dinge überlässt man am besten den Jungen/Männern. So war zu Beginn eine massive Sperre der Mädchen gegen die Arbeit in der Fahrradwerkstatt zu spüren. Sie fand ihren Ausdruck zunächst im generellen Protest dagegen, überhaupt in einer Fahrradwerkstatt zu arbeiten. Die Lehreräußerung, »ihr sollt Gelegenheit haben, neue Erfahrungen zu machen«, zeigte zu diesem Zeitpunkt noch keine Wirkung. Sie war eher aufgesetzt und ließ das dahinter stehende pädagogische Konzept für die Schülerinnen nicht transparent werden, konnte es zu diesem Zeitpunkt noch nicht.

Die Haltung der Mädchen führte schließlich dazu, dass sich fast alle für die Gruppe »Verwaltung/Organisation/Materiallager« bewarben. Dies schien ihnen eine »mädchentypischere« Beschäftigung zu sein, die am ehesten mit den eigenen Berufs- bzw. Zukunftsvorstellungen korrespondierte. Denn noch immer ist die Vorstellung verbreitet – verstärkt in Arbeiterfamilien und ländlichen Gebieten –, der Beruf müsse dem »weiblichen Wesen« entsprechen. Pross stellte bereits 1969 fest: »Diese Wesensvorstellung, Widerschein der tatsächlichen Verhältnisse, legen Frauen vor allem auf erzieherische, pflegende, dienende Ar-

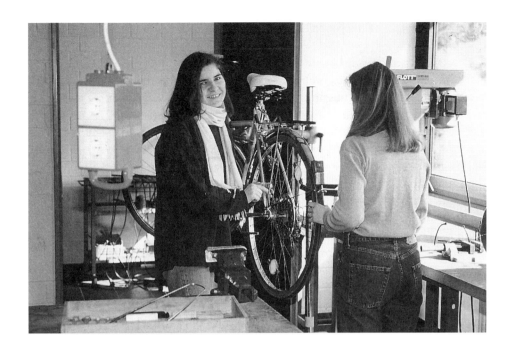

Zwei Schülerinnen montieren Einzelteile an ein von ihnen zuvor »restauriertes« Fahrrad.

beiten fest. Insofern Mädchen sich an ihnen orientieren, haben sie nur scheinbar frei gewählt.«[36]

Dieses Verständnis des »weiblichen Wesens« zu verändern, der Wahlfreiheit einen Teil ihres Scheines zu nehmen und den Schülerinnen eine Chance zu geben, beim handelnden Umgang mit dem Fahrrad positive Erfahrungen mit sich selbst zu machen, war ein wesentlicher Ansatz des Unterrichts. Die praktische Arbeit am Fahrrad sollte den Mädchen exemplarisch neue Perspektiven aufzeigen und eröffnen, sollte dazu führen, sich zuzutrauen, auch in traditionelle Männerbereiche einzudringen und wegzukommen von dem Vorurteil: »Mädchen und Technik – das ist wie Feuer und Wasser«. Dass es Hauptschülerinnen besonders schwer fällt, sich von diesem Muster zu lösen, hat die Praxis vielfach nachgewiesen.

Im Verlaufe der Arbeit war es, auf diesem Hintergrund, interessant zu beobachten, wie sich das zunächst ausgeprägte geschlechtsspezifische Verhalten in den einzelnen Gruppen (Mädchen putzten die Speichen, Jungen lösten schwierige technische Aufgaben) immer mehr anglich, nachdem die Schülerinnen erst einmal gemerkt hatten, dass sie vieles genauso gut wie die Jungen konnten bzw. auch die Jungen nicht jedes auftauchende Problem in souveräner Manier lösen konnten. Männer waren für sie plötzlich nicht mehr so »unersetzlich«, wie dies viele von ihnen geglaubt hatten. Auch den Mädchen wuchs im Verlaufe der Arbeit technische und handwerkliche Kompetenz zu. Sie waren mit wachsendem Spaß bei der Arbeit, trauten sich an komplizierte Aufgaben heran, wie etwa das Auseinanderbauen eines Steuersatzes, und scheuten sich nicht vor schmutzigen Händen – Mutters Warnung: »Ein Mädchen macht sich nicht schmutzig!«, zog plötzlich nicht mehr. Einige Jungen mussten nun natürlich mit bisher ungewohnten und unbeliebten Putzarbeiten vorlieb nehmen.

In Reflexionphasen, die wesentlicher Teil eines solchen Unterrichtskonzeptes sind, ist es wichtig, über die beschriebenen Prozesse mit der gesamten Klasse zu sprechen. Diese Gespräche liefen im konkreten Fall nicht ohne Konflikte ab. Einige Mädchen verteidigten mit neu gewonnenem Selbstvertrauen ihre erarbeiteten Positionen, andere agierten eher zurückhaltend, besonders diejenigen aus der Verwaltungsgruppe, die keine vergleichbaren Erfahrungen sammeln konnten. Mehrere Jungen wehrten sich zunächst vehement gegen die neue Konkurrenz, wobei immer wieder altes Klischeedenken durchkam: Putzen sei Mädchenarbeit, und sie, die Jungen, würden von den Mädchen oft gebraucht, weil sie halt mehr Kraft hätten. – Eine Aussage, die sich angesichts des Unterrichtsverlaufes eher als Wunschdenken denn als Realität entpuppte. Insgesamt wurde das Gespräch darüber aber, je länger die Arbeit in der Fahrradwerkstatt dauerte, immer offener.

---

36 Pross, Helge: Über die Bildungschancen von Mädchen in der Bundesrepublik. 2. Aufl., Frankfurt a.M. 1969, S. 39.

Die Fahrradwerkstatt, so lässt sich zu diesem Aspekt resümieren, hat viele Anstöße zum Überdenken tradierter Muster gebracht, ein Prozess, der im Verlauf des weiteren Schuljahres noch seine Fortsetzung fand. Eine Schülerin fasst ihre Erfahrungen zusammen: »Ich habe im Polytechnikunterricht erst einmal gemerkt, welche praktischen Arbeiten mir eigentlich Spaß machen!« Gerade solche sozialen Lernprozesse – die eigene und die Rolle der anderen überdenken, mit anderen zusammenarbeiten, angemessen kommunizieren, Interessen ausgleichen usw. – sind es, die den handlungsorientierten Unterricht gegenüber dem traditionellen Unterricht herausheben. Die Tatsache, dass hier nicht nur kognitive Lernprozesse ablaufen, sondern Lernen durch Handeln passiert, Stoff »begreifbar« wird und der Prozess durch die Schüler weitgehend selbst organisiert wird, schafft die dazu notwendigen Freiräume.

Auswertungsphase

Den letzten Teil des Projektes – die Auswertungsphase – bildete die Planung und Durchführung einer Radtour, bei der die selbst zusammengebauten Räder erprobt werden sollten. Die wochenlange Arbeit unterzog man nun einem echten »Härtetest«. Dabei will ich nicht verschweigen, dass einige technische Schwierigkeiten auftauchten, die z.T. während oder auch nach Abschluss der Tour behoben werden konnten. Doch gerade aus diesen Fehlern, die in einem Fall dazu führten, dass das Rad kilometerweit geschoben werden musste, hat man sicherlich viel gelernt.

Nach der Radtour überlegte man gemeinsam, wohin mit den Fahrrädern, schließlich sollte die investierte Mühe ja auch einen langfristigen Effekt haben. Man knüpfte Kontakte mit der Stadtverwaltung, um eine kommunale Fahrradausleihe zu organisieren, was leider zunächst scheiterte. So wurden die recycelten Sperrmüllräder mit neuem Design schließlich beim Schulfest und auf dem örtlichen Weihnachtsmarkt verkauft. Der Erlös diente der Finanzierung einer Klassenfahrt.

Auch andere Möglichkeiten sind denkbar, wie etwa das Anlegen eines »Fahrradpools«, der von Klassen, die Radtouren unternehmen wollen, genutzt werden kann. Ist ein solcher Bestand verkehrssicherer und funktionstüchtiger Fahrräder an einer Schule erst einmal vorhanden, so kann man diesen vielfältig gebrauchen:

- Wege zu außerschulischen Lernorten können zurückgelegt werden,
- Verkehrserziehung kann praktisch (z.B. auf dem Schulhof) durchgeführt werden, auch wenn nicht alle Schüler ihre eigenen Fahrräder dabeihaben,
- man kann schnell mal ein Rad in den Physikunterricht holen, um einen Ver-

such zu machen, eine Hypothese zu überprüfen, etwas zu erkunden, erforschen (z.B. wenn es um Reibungswiderstand, Luftdruck, Stromkreis ... geht),
• im Biologieunterricht kann erprobt werden, welche Auswirkungen unterschiedliche Radtypen, Sattelhöhe oder Lenkerstellung auf die Körperhaltung bzw. den Bewegungsapparat haben,
• man kann eine Radrallye zur Erkundung der Geschichte des Ortes o.Ä. durchführen.

Kurz: Mit einem Radpool haben sich die Möglichkeiten, handlungsorientiert an der Schule zu lernen, erheblich verbessert!

Fahrrad-Selbstlern- und -Arbeitskartei

Bei der Arbeit in einer »Fahrradwerkstatt« können Karteikarten eine wichtige Funktion erfüllen. Die Anlage einer halb fertigen »Selbstlern- und Arbeitskartei«, die in unserem Projekt zum Thema »Fahrradreparatur« entstanden ist, ermöglichte es den Schülerinnen und Schülern im Unterricht, weitgehend unabhängig vom Lehrer zu arbeiten. Tauchten etwa beim Auseinander- oder Zusammenbau einzelner Fahrradteile Schwierigkeiten auf, so ging der erste Weg der Schülerinnen und Schüler nicht zum Lehrer, sondern zum Karteikasten. Man suchte die entsprechende Arbeitskarte heraus, auf der genau die einzelnen Arbeitsschritte z.B. beim Zerlegen eines Steuersatzes oder beim Einstellen einer Handbremse beschrieben ist, und versuchte diese handelnd umzusetzen. Die Arbeitskarten unterstützten auf diese Weise den handlungsorientierten Unterricht, indem sie »Selbstständigkeit durch Selbsttätigkeit« ermöglichten. Schülerinnen und Schüler können selbstständig, ohne direkte Hilfe des Lehrers, ein in der Handlungssituation auftauchendes Problem lösen.
    Herbert Hagstedt hat in seinem Plädoyer »Karteien wachsen lassen«[37] zu Recht davor gewarnt, als Lehrer der Versuchung zu erliegen, mit vorgefertigten Karteien, die in den letzten Jahren in großer Fülle von Verlagen angeboten werden, zu arbeiten. Oft werden diese Karteien, die gar nicht auf die spezielle Situation einzelner Gruppen abgestimmt sein können, wenig benutzt und landen schon bald als »didaktische Leichen«[38] neben anderen Unterrichtsmaterialien im Wandschrank. Eine »Fahrrad-Selbstlern- und Arbeitskartei« soll keinesfalls zur Ergänzung dieses Wandschrankbestandes beitragen. Daher ist es wichtig, sie gezielt auf die Gruppensituation abzustimmen und immer wieder Anregungen an die Schülerinnen und Schüler weiterzugeben, sie zu verändern

---

37 Hagstedt, Herbert: Karteien wachsen lassen. Ein Plädoyer zur Öffnung von Arbeitskarteien. In: Die Grundschulzeitschrift, 1/1987, S. 37.
38 Hagstedt (1987), S. 27.

Schalthebel ersetzen

Zunächst muß das Schaltseil entfernt und danach wieder instelliert werden. Je nach Ausführung wird der Schalthebel mit eigener Schelle am Umterrohr (Abb.) oder Lenker bzw. direkt an Gewindebüchsen befestigt, die am Rahmen montiert sind (Foto). Wählen Sie möglichst einen Schalter des gleichen Fabrikats wie das des Umwerfers, weil die Teile aufeinander abgestimmt sind. Bei Lenkerendmodellen, die anstelle der Lenkerenstopfen des Rennlenkers montiert werden, wird die Außenspirale des Schaltseils unter das Lenkerband verlegt. Dieses Modell wird mit einem Klemmbolzen am Lenkerinneren gehalten (Abb.). Der Klemmbolzen wird vom Ende aus erreicht, indem man zunächst den Querbolzen entfernt, um den sich der Hebel dreht. Der Klemmbolzen wird mit einem Inbusschlüssel nach rechts gelockert bzw. nach links festgezogen.

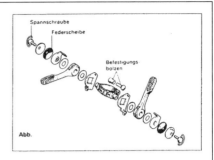
Abb.

Abb.

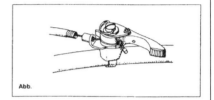
Abb.

Felgenbremse einstellen

Die Hinterbremse muß auf trockener Felge beim Fahren im Schrittempo so fest angezogen werden können, daß das Rad blockiert. Die Vorderbremse muß unter den gleichen Umständen so viel Verzögerung bringen, daß das Fahrrad anfängt nach vorne zu kippen. Falls die Bremse nachläßt oder anfängt zu schleifen, zu quietschen oder zu „rubbeln" muß zuerst die Felge gereinigt oder der Befestigungsbolzen der Bremse festgezogen oder die Bremse eingestellt werden. Sollte auch das nichts nutzen, muß sie überholt oder ersetzt werden.

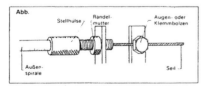

Erforderlich:
Manchmal gar kein Werkzeug; für Punkt 5: Schraubenschlüssel und Zange.

Arbeitsgang:
1. Stellhülse suchen (bei Seitenzug und Parapullbremse direkt an der Bremse, bei Mittelzug- und Crossbremse an der Ankerung der Außenspirale).
2. Stellhülse (Abb.) halten und Rändelmutter lockern.
3. Stellhülse einschrauben, um die Bremse zu lockern; auschrauben, um sie fester zu stellen.
4. Stellhülse halten und Rändelmutter gegen die Halterung festschrauben.
5. Falls der Einstellbereich der Stellhülse nicht ausreicht, diese ganz einschrauben (d.h. die Bremse lockern); wo vorhanden, Schnellspanner vorher lockern. Bremszugeinklemmung lockern. Bremsseil lockern oder anziehen und in neuer Position festsetzen.
6. Prüfen und nötigenfalls nachstellen.

Karteikarten zusammengestellt nach: Plas, Rob van der: Fahrrad Reparaturen. Niedernhausen 1986/87.

Speichenschlüssel

Schüler entnehmen Informationen aus der Lern- und Arbeitskartei ...

... und setzen diese Informationen handelnd um.

Häufig anfallende Arbeiten: Timo beim Richten eines Laufrades und Darius beim Einstellen der Schaltung

bzw. zu ergänzen. Ein Teil der Karteikarten kann zunächst am Schreibtisch des Lehrers entstehen. Die leeren oder unvollständigen Karteikarten sind dabei aber mindestens genauso wichtig wie die bereits beschriebenen. Sie sollen Aufforderungscharakter für die Schülerinnen und Schüler besitzen, selbst etwas darauf zu notieren. Eine so verstandene Kartei kann also nie etwas Abgeschlossenes, sondern muss immer etwas Prozessuales sein.

Auf Perfektion sollte in der Anfangsphase noch kein allzu großer Wert gelegt werden. Es geht ja erst einmal darum, Erfahrungen mit diesem Arbeitsmittel zu sammeln. Karteikarten können dazu benutzt werden, um zunächst einmal unstrukturiert Ideen festzuhalten, sei es über eine Fahrradrallye, über die Anlage eines Radweges oder über die Funktion des Dynamos. Auch das Sammeln von Zeitungsausschnitten zum Thema Fahrrad oder das Kopieren von Auszügen aus der Fahrradliteratur kann in die Anlage einer Kartei münden. Sinnvolle Ordnungen der Arbeitskarten können – im Gegensatz zum Schulbuch – ständig neu gefunden und der Klasse bzw. dem Umfeld angepasst werden. Man kann eine einmal erstellte Kartei immer wieder aktualisieren und ergänzen, Karten überarbeiten, neu schreiben oder einzelne Karten, weil sie bedeutungslos geworden sind, einfach herauslassen.

So ist nicht nur das Arbeiten mit den Karteikarten selbst ein wichtiger Lernprozess, sondern ebenso die Arbeit an der Verbesserung und Erweiterung der Arbeitskartei. Gerade zum Thema »Fahrrad« sind aufgrund der interdisziplinären Struktur des Gegenstandes vielfältige Möglichkeiten dazu gegeben. Die Bandbreite der auf die Karten aufgenommen Handlungsvorschläge kann hier von der Vorgangsbeschreibung im Deutschunterricht (»Beschreibe, wie du einen Fahrradschlauch flickst«) bis hin zur Erkundung von Gefahren des Radfahrens (»Gehe zur örtlichen Polizeibehörde, und erkundige dich nach Radunfällen und ihren Ursachen«) gehen.

Hat man mit der Arbeitskartei erste Erfahrung gemacht, ist es wichtig, gemeinsam mit den Schülerinnen und Schülern auch daranzugehen, Kriterien für die Gestaltung der Arbeitskarten zu entwickeln, hier sollten die durch den Lehrer vorgegebenen Karten schon zu Beginn Vorbildcharakter haben. Einige der mir wesentlich erscheinenden Kriterien seien hier aufgeführt[39]:

- Karteikarten sollten eindeutig identifizierbar sein (z.B. nummeriert, Fachhinweis Themenschwerpunkt, Unterrichtseinheit, Symbol, Quellen, Querverweise u.Ä.).
- Sie sollten ästhetisch ansprechend gestaltet sein (Schrift, räumliche Aufteilung, Ansprache der Schüler, Druckqualität, Bilder).

---

39 Ich orientiere mich hier im Wesentlichen an den von Meyer (1994), S. 309 vorgeschlagenen Kriterien für die Gestaltung von Arbeitsblättern; siehe zur Arbeit mit Karteikarten auch: Vaupel (1995), S. 88ff.

- Das angebotene Material sollte möglichst viele Sinne der Schülerinnen und Schüler ansprechen bzw. aktivieren und abwechslungsreich dargeboten werden (Bilder, Fotos, Zeichnungen, Texte, Kreuzworträtsel, Versuchsbeschreibungen, Spiele ...).
- Die Arbeitsaufträge müssen kurz, eindeutig und verständlich formuliert sein. Eine Gliederung in einzelne überschaubare Arbeitsschritte ist wichtig.
- Arbeitskarten sind dazu da, die Selbsttätigkeit der Schülerinnen und Schüler zu fördern. Sie müssen daher möglichst häufig eigenständige Lösungen zulassen.

Eine Radtour durch die Unterrichtsfächer

Gerade die Arbeit mit dem Fahrrad zeigt, dass eine fachbezogene Organisation des Unterrichts oft nicht sinnvoll ist. Man stößt sehr schnell an traditionelle Fächergrenzen. Handlungs- und projektorientiertes Lernen, das die Grenzen des einzelnen Faches sprengt, bietet sich an. Es ist aber auch möglich, in einem einzigen Fach am Unterrichtsgegenstand »Fahrrad« zu arbeiten. Zum Thema »Fahrrad« lassen sich auch weniger komplexe, fachbezogene Unterrichtsvorhaben durchführen, es muss nicht immer ein Unterrichtsprojekt sein. Wichtig ist es dabei allerdings, handlungsorientierte Elemente in den Unterricht aufzunehmen und den Schülerinnen und Schülern Handlungsräume zu eröffnen.

Die den Abschluss dieses Kapitels bildende kleine »Radtour durch die Unterrichtsfächer« ist als eine Ideensammlung und gleichzeitig als eine Zukunftsvision zu verstehen. Es geht nicht um Vollständigkeit und auch nicht darum zu postulieren, alle aufgeführten Themenschwerpunkte in ihrer ganzen Komplexität zu berücksichtigen. Die jeweils sehr unterschiedlichen schulischen Möglichkeiten sollten aufgegriffen werden, um einzelne Bausteine eines Fahrradcurriculums umzusetzen. Die »Radtour« soll dabei helfen, auch Querverbindungen zwischen den Fächern wahrzunehmen. Wenn immer möglich, sollte man auch in einem nach dem Fachprinzip organisierten Unterricht die Gelegenheit nutzen, problemorientiert und nicht ausschließlich fachorientiert zu arbeiten.

Der Beginn der »Radtour« könnte im Arbeitslehreunterricht liegen. Aber auch ganz andere Ansätze und Zugangsmöglichkeiten sind natürlich denkbar. Doch ist Arbeitslehre in der Regel das Kernfach beim Unterricht in der Fahrradwerkstatt.

Oft wird die Arbeit in diesem Fach zu eng gesehen: Arbeitslehre bedeutet eben nicht nur werkeln und basteln am und mit dem Fahrrad. Arbeitslehre heißt vielmehr auch: Markterkundungen durchzuführen, Verbrauchererziehung zu betreiben, eine Fahrradwerkstatt aufzubauen und zu verwalten, Berechnungen durchzuführen, einen Fahrradverleih zu organisieren, das Radwegenetz zu erkunden, Briefe an die Stadtverwaltung zu formulieren, Texte zu

ANREGUNGEN FÜR FÄCHERÜBERGREIFENDEN UND FACHBEZOGENEN UNTERRICHT

Soz/Ek/Gesch
- Arbeit mit fachspezifischen Methoden: Karteiarbeit, Arbeit mit Sachtexten, Interviews/Befragungen durchführen und auswerten
- Fahrrad und Umwelt
- Müllproblematik exemplarisch: Fahrradrecycling
- Verkehrserziehung
- Entwicklung des Verkehrswesens
- Verkehrswege/Verkehrsplanung
- Untersuchung der Radwege/Radwegenutzung
- Planung/Entwürfe erstellen
- Modelle bauen
- Planung von Radtouren
- Fahrrad im Vergleich zu anderen Verkehrsmitteln; Kosten-Nutzen-Analyse
- Rollenspiele; Kreativ- und Techniktraining; Vom Tourenrad zum Mountainbike
- Angebote beim Fahrradlauf
- Fahrrad als Prestigeobjekt
- Geschichte des Radfahrens

Mathematik
- Messungen und Berechnungen
- Daten ermitteln/statt darstellen
- Übersetzungstabellen/Entfaltung
- Radumdrehung und Wegstrecke
- Rechnen mit Längenmaßen
- Preiskalkulation (Reparatur/Verkauf)
- Preisvergleiche

Physik
- Reibungs-, Roll- und Luftwiderstand
- Bremsen
- Luftdruck
- Stromkreis/Beleuchtung
- Geschwindigkeit/Beschleunigung
- Hebelwirkung
- Gleichgewicht/Trägheit/Fliehkraft

Sport
- Fahrrad als Sportgerät
- Ausdauertraining/Radtour

Deutsch
- Textarbeit zum Thema „Fahrrad-Umwelt-Urlaub"
- Vorgangsbeschreibungen: Reparaturanweisungen, Pflegeanleitungen
- Erlebnisbericht: Radtour
- Werkstattprotokolle
- Sprache in der Werbung am Beispiel Fahrrad
- Dokumentation und Veröffentlichung von Projektergebnissen
- Presseartikel und Reportagen verfassen „wachsen lassen"

FAHRRADWERKSTATT

Polytechnik
- Technik des Fahrrads
- Wartung und Pflege
- Reparatur von Fahrrädern
- Fahrradbau
- Fahrradrecycling
- Konstruktion (Tandem, Liegerad, Anhänger, Lastenrad, Trikrad...)
- Organisation und Verwaltung eines Fahrradwerkstatt
- Aufbau und Verwaltung eines Materiallagers
- Werkzeug- und Materialkunde
- Organisation eines Fahrradverleihs
- Fahrradlauf/Marktorientierung (Preis/Qualität Band.)

Biologie
- Bewegungsabläufe
- Körperhaltung u. Radfahren
- Herz-Kreislauf-System und Ausdauersport

Kunst
- Design und Farbgestaltung
- Fahrradwerbung: frei od.
- Entwürfe v. Werkplakaten
- Kunst aus Sperrmüll

Jan 12/91

schreiben und die Ergebnisse projektorientierten Unterrichts zu dokumentieren.

Wer die Arbeit in einer Fahrradwerkstatt allerdings als ausschließliche Angelegenheit des Arbeitslehreunterrichts begreift, beraubt sich vieler Möglichkeiten, die in der Einbeziehung des Fahrrads in den Unterricht liegen.

Radeln wir weiter in die Gesellschaftslehre (Sozialkunde, Erdkunde, Geschichte) hinein, so begegnen wir Themen wie »Fahrrad und Umwelt«, »Entwicklung des Verkehrswesens«, »Verkehrsplanung«, »Werbung und Vermarktung«. Wir können, wenn auf dieser Etappe Zeit dafür bleibt, einen Abstecher zur »Geschichte des Fahrrads« machen und etwas über die soziale Bedeutung des Fahrrads im Wandel der Zeiten erfahren. Aber auch Untersuchungen des Radwegenetzes können durchgeführt, Planungsentwürfe erstellt, Modelle gebaut werden. Die Entwicklung vom Tourenrad zum Mountainbike kann man ebenso wie Sicherheitsprobleme im Verkehr thematisieren. Das Fahrrad hilft dabei, mit fachspezifischen Methoden zu arbeiten: Kartenarbeit, Arbeit mit Statistiken, Durchführung und Auswertung von Interviews/Befragungen. So lässt sich die Methoden- und Planungskompetenz der Schülerinnen und Schüler weiterentwickeln – eine unabdingbare Voraussetzung für handlungsorientierten Unterricht.

Auf der nächsten Etappe befinden wir uns mitten im Deutschunterricht. Textarbeit zum Thema »Fahrrad – Verkehr – Umwelt« könnte ein Schwerpunkt sein. Aber auch Erörterungen (z.B. »Pro und Kontra Radfahren«), Vorgangsbeschreibungen (Reifenflicken, Reparaturanweisungen, Pflegeanleitungen, Instruktionen für Zusammenbau u.ä.), Erlebnisberichte (z.B. über eine Radtour) und Protokolle (z.B. über die Arbeit in der Werkstatt) lassen sich ausgezeichnet am Thema Fahrrad festmachen. Nicht zuletzt kann der Deutschunterricht einen Beitrag zur Dokumentation und Veröffentlichung von Projektergebnissen leisten, Presseberichte und Reportagen können geschrieben werden.

Die Erkenntnis, dass ein hohles Rahmenrohr stabiler als Vollmetall ist, stammt aus der Physik, die außerdem Erklärungen zum Luftdruck, zum Fahrradantrieb, zur Kraftübertragung, zur Hebelwirkung, zu Gleichgewicht, Trägheit, Fliehkraft und zum Reibungs-, Roll- und Luftwiderstand liefert. Auch beim Installieren der Lichtanlage am Fahrrad kommt man ohne die Physik nicht aus.

Auf die Mathematik-Etappe unserer »Radtour durch die Fächer« begeben wir uns, wenn wir etwas über Sinn und Zweck unterschiedlich großer Zahnkränze wissen wollen. Hier lassen sich Daten ermitteln, Messungen und Berechnungen durchführen und statistisch darstellen. Ohne Dreisatz- und Prozentrechnung kommen wir auf der Mathematik-Etappe nicht aus. Wir rechnen mit Längenmaßen, führen Preiskalkulationen und Preisvergleiche durch und legen Übersetzungstabellen an.

Matheaufgaben „Rund um das Fahrrad"

1. Eine Gruppe Jugendlicher macht in den Sommerferien eine Radwanderung. Abends notieren sie die gefahrenen Strecken:

Montag	76 km
Dienstag	35 km
Mittwoch	84 km
Donnerstag	17 km
Freitag	53 km
Samstag	68 km
Sonntag	27 km

Wie viele Tage werden sie für die Reststrecke von 294 km noch einplanen, wenn sie ihren Schnitt beibehalten wollen?

2. Timm und Sebastian haben gemessen, wie weit ihre Räder bei einer Umdrehung rollen: Timms Rad 1,88 m und Sebastians 1,57 m. Wie weit fahren Timm und Sebastian bei 10 (100, 1000) Umdrehungen?

3. Markus hat den Kilometerstand an seinem Tacho zu Beginn der Ferien aufgeschrieben: 5873. Am Ende der Ferien liest er ab: 6127. Wie viele Kilometer legte er durchschnittlich in einer Stunde zurück?

4. Die heutige Etappe der Tour de France ging über 230 km. Der Sieger benötigte dafür 5 h. Wie viel Kilometer legte er durchschnittlich in einer Stunde zurück?

5. Ralf sagt: „Das Rad hat den Durchmesser 70 cm. Mit einer Umdrehung fahre ich mindestens 2 m." Kai ist anderer Meinung: „Niemals! Höchstens 1,5 m." Was meinst du, wer Recht hat? Schätze: Wie oft passt der Durchmesser in die Strecke? Überprüfe bei einem Rad, ob du richtig vermutet hast.

Auch der Kunstunterricht kann sich unsere Fahrradwerkstatt zunutze machen. Fachlicher Rat zu Design und Farbgestaltung unserer Räder werden gegeben, das Thema »Fahrradwerbung« kann untersucht und Werbeaktionen für die selbst zusammengebauten Räder aus der Fahrradwerkstatt können durchgeführt werden. Aus den Sperrmüllrädern lassen sich darüber hinaus auch eigene Kunstobjekte zusammenbauen bzw. zusammenschweißen.

Wollen wir die Entfernung pro Kilokalorie berechnen, so sind wir direkt in die Biologie hineingeradelt, die uns auch Auskunft über die Bewegungsabläufe, über die richtige Körperhaltung beim Radfahren, die Auswirkung der Sattelhöhe auf den Einsatz der Muskulatur und über die Wirkung des Radfahrens auf das Herz-Kreislauf-System gibt.

Befinden wir uns erst einmal beim Herz-Kreislauf-System, so ist die Teilstrecke zur nächsten Etappe, dem Sportunterricht, nicht mehr weit. Das Fahrrad als Sportgerät zur Schulung von Kraft, Ausdauer und Kondition kann hier, unter Anknüpfung an die Fitness- und Breitensportbewegung, genutzt werden.

Die Radtour durch die Fächer kann uns noch auf weitere Teiletappen führen, etwa die Chemie, die uns etwas über die Reinigungs-, Pflege- und Schmiermittel und deren Umweltverträglichkeit sagt.

Ich möchte die Tour aber hier beenden und denke, eine ganze Reihe von Anknüpfungspunkten aufgezeigt zu haben, die es ermöglichen, zum einen interdisziplinär mit dem Fahrrad zu arbeiten, zum anderen Anknüpfungspunkte in einem nach Fächern organisierten Unterricht zu finden. Wie bei der Planung jeder Radtour ist es natürlich auch bei einer »Radtour durch die Fächer« wichtig, eigene Strecken zu finden, die Etappenziele so abzustecken, dass sie erreichbar sind und – um dem Muskelkater vorzubeugen – sich selbst (als Lehrer/in) und die Schülerinnen und Schüler nicht zu überfordern.

3. Praxisbeispiel
Lila Mäuse laufen gut

Schüler/innen gründen eine Aktiengesellschaft

»Wenn Produktionstag ist, dann müssen alle ran. Die Mausfigur aussägen, Holzräder produzieren, Ohren aus Leder schneiden, nach Schablonen lila und weiß lackieren, den Schwanz anbringen. Denn die Lila-Laune AG soll florieren, der Aktienkurs nach und nach steigen. Die Jungen und Mädchen der Klasse 7a an der Gudensberger Gesamtschule sind voll engagiert, denn die Aktiengesellschaft ist ihre Firma, die Lila-Laune-Maus ihre Erfindung. Die Geschäfte laufen bisher gut, denn in der vergangen Woche standen auf der Vorbestellungsliste bereits 26 Interessenten. Es macht den Schülern Spaß, einmal selbst zu planen und zu kontrollieren, um am Ende wenn möglich einen Gewinn für die Klassenkasse zu erwirtschaften.« – So beschreibt die Reporterin einer Lokalzeitung ihre Eindrücke beim Besuch einer Schülerfirma, die ich zwei Wochen zuvor mit 20 Schülerinnen und Schülern an unserer Schule ins Leben gerufen hatte.

13-Jährige als Unternehmer – keine Utopie

Im Gesellschafts- und Arbeitslehreunterricht arbeitete ich mit den Schülern/innen zum Thema »Kaufen oder Selbermachen«. Über dieses Thema sollte nicht nur theoretisiert, sondern den Schülern/innen sollten realitätsnahe Erfahrungen im Wirtschaftsleben ermöglicht werden. Was lag da näher, als die Möglichkeit zu ergreifen, eine eigene Firma zu gründen, selbst etwas zu produzieren und anschließend zu vermarkten? Meine Skepsis, ein solches Unterfangen mit 13-Jährigen zu realisieren, war schon ein halbes Jahr zuvor gründlich zerstreut worden, als ich mit der Parallelklasse ein ähnliches Projekt durchführte.[41] Schon nach kurzem hatten damals die engagiert arbeitenden Schüler/innen meine anfänglichen Bedenken völlig zerstört, sodass ich gestärkt und mit der Zuversicht, »es wird schon klappen«, in diese neue Unternehmenserfahrung mit Schülern/innen gehen konnte. Vor allem Selbstständigkeit, Eigeninitiative, Entscheidungsfreudigkeit, Verantwortungsbewusstsein und Teamfähigkeit soll-

---

41 Das Projekt ist ausführlich beschrieben in: Vaupel, Dieter: »Entenpower auf Aktien«. Schüler/innen gründen ein Miniunternehmen. In: Pädagogik, Heft 2/1996, S. 10–13.

ten im Rahmen des Projektes gefördert werden – Zielsetzungen, die für alle Jahrgangsstufen besondere Bedeutung haben.

Durch den Hinweis eines Kollegen war ich darauf gestoßen, dass vom Institut der Deutschen Wirtschaft für die Oberstufe ähnlich strukturierte Projekte gefördert werden. Für das Projekt »JUNIOR« (Junge Unternehmer initiieren – organisieren – realisieren) werden Zielsetzungen formuliert, die auch für uns Gültigkeit hatten: »Die Schüler lernen wirtschaftliche Zusammenhänge und die Bedingungen für unternehmerische Entscheidungen kennen, unternehmerisches Denken und Handeln wird angeregt – durch unmittelbaren Praxisbezug. Die Miniunternehmen dienen damit auch der Orientierung für das spätere Erwerbsleben.«[42]

Gründung der Lila-Laune-Maus-AG

Bevor es zur eigentlichen Firmengründung kommen konnte, galt es zunächst, eine Fülle von Aspekten vorzuklären und den Schülerinnen und Schülern entsprechende Informationen bzw. Erfahrungen zu vermitteln. In dem vom Betriebsleiter unserer Schülerfirma angefertigten »Geschäftsbericht« liest sich dieser Teil unseres Projektes so: »*Zu den notwendigen Vorbereitungen gehörten u.a.:*

○ *grundlegende Informationen über die Funktionsweise von Firmen (Gesellschaftsformen und ihr Aufbau, Rechte und Pflichten, Risiken etc.) durch Fachbücher, Aufgabenbearbeitung oder praktische Anwendung, wie Preisvergleiche in Supermärkten u.Ä.,*
○ *Versuche zu verschiedenen Produktionsverfahren (Einzelfertigung und Fließbandfertigung) und Auswertung der Ergebnisse.*«

Im nächsten Schritt wurde die Entscheidung über das herzustellende Produkt getroffen. Einige Schüler/innen und ich brachten verschiedene Gegenstände mit, die in der Holzwerkstatt der Schule mit den vorhandenen Möglichkeiten hergestellt werden könnten. Bei der Auswahl des zu produzierenden Gegenstandes wollten wir von vornherein ausschließen, dass es zu Urheberrechtsproblemen kommen würde, wie dies beim schon erwähnten Projekt mit der Parallelklasse ein halbes Jahr zuvor der Fall war. Gegen die Produktion von Janosch-Tigerenten hatte es damals rechtliche Einsprüche durch die Lizenzfirma bzw. ihren Anwalt gegeben, was für einigen Wirbel sorgte.[43]

---

42 Projekt »JUNIOR«. Junge Unternehmer initiieren – organisieren – realisieren. Institut der deutschen Wirtschaft. Gustav-Heinemann-Ufer 84–88, 50968 Köln.
43 Siehe dazu HNA vom 16.12.94: »Enten in beschränkter Auflage«, und HNA vom 27.1.95: »Janosch hat nichts dagegen«; ausführlich dokumentiert sind diese rechtlichen Probleme in: Vaupel (1996), S. 12f.

»Kaufen oder Selbermachen«

Schülerinnen und Schüler gründen ein Miniunternehmen

Die Idee

Schülerinnen und Schüler gründen ein Miniunternehmen an ihrer Schule – und machen alles was dazugehört selbst. Dabei werden sie von einem Lehrer unterstützt und beraten. Sinnvoll ist es, Kontakte zur örtlichen Wirtschaft aufzubauen und dort Ratgeber bzw. »Paten« für das Projekt zu gewinnen. Kaufmännischer Direktor, Produktionsleiter, Technischer Leiter, Aktionär oder Geschäftsführer einer (Schüler-)Firma, all das ist keine Utopie. In einem solchen Miniunternehmen geht es (fast) wie im richtigen Wirtschaftsleben zu. Es bietet Schüler/innen Gelegenheit, die Unternehmenswelt zu entdecken und vielfältige theoretische und praktische Kenntnisse und Fertigkeiten zu erwerben.

Die Ziele

Ein solches Projekt dient in erster Linie der Förderung von Selbständigkeit, Entscheidungsfreudigkeit und Verantwortungsbewußtsein sowie der Entwicklung von Teamfähigkeit. Schülerinnen und Schüler lernen wirtschaftliche Zusammenhänge und die Bedingungen unter denen unternehmerische Entscheidungen zustandekommen kennen. Zielgerichtetes ökonomisches Denken und Handeln wird durch unmittelbaren Praxisbezug angeregt. Jugendliche haben durch die ganz unterschiedlichen Aufgaben, die sich in einem Miniunternehmen stellen, die Möglichkeit, ihre Fähigkeiten in unterschiedlichen Praxisfeldern des Betriebes in einer dem Ernstcharakter angenäherten Situation zu erproben. Die Schülerfirma dient damit in besonderer Weise auch der Orientierung für das spätere Berufsleben.

Der Ablauf

Eine Schulklasse entwickelt eine Geschäftsidee und gründet eine Schülerfirma. Um die Kapitalbeschaffung müssen sich die Schülerinnen und Schüler selbst bemühen – entweder durch die Aufnahme eines Bankdarlehens (der Lehrer/die Lehrerin muss hier als Bürge fungieren) oder durch den Verkauf von Aktien als Anteilscheine an dem Unternehmen. Hier gilt es, die Geschäftsidee bzw. das für die Herstellung vorgesehene Produkt möglichst überzeugend zu präsentieren. Der Unternehmensaufbau wird von den Schülern beraten und die verschiedenen Positionen bzw. Verantwortungsbereiche in der Firma werden von den Schüler/innen selbst besetzt. Die Schülerfirma produziert einfache Güter oder übernimmt Dienstleistungen, die sie zu Marktpreisen verkaufen. Die Schüler/innen müssen sich dabei, ganz wie im richtigen Wirtschaftsleben an vorgegebene Regeln und Abläufe halten. Die Schülerfirma ist in der Regel von vornherein auf einen bestimmten Zeitraum begrenzt (z.B. ein halbes Jahr). Danach wird sie aufgelöst und das Kapital einschließlich des möglicherweise erzielten Gewinns nach den vorher festgelegten Richtlinien an die Anteilseigener ausgeschüttet.

Zu dieser Projektidee vgl. a. Institut der Deutschen Wirtschaft: Projekt JUNIOR (Junger Unternehmer initiieren-organisieren-realisieren).

Das Ausgangsprodukt: die Natur-Holzmaus mit einem massigen Körper, vier Holzrädern und einem langen Schwanz.

Aus der Natur-Holzmaus entwickelten die Schülerinnen und Schüler ihr eigenes Produkt: die Lila-Laune-Maus.

Lila–Laune–Maus AG

Aktien-Gesellschaft zur Produktion und Vermarktung von Lila-Mäusen

Aktie
Fünf Deutsche Mark

Der Inhaber dieser Aktie ist an der Lila–Laune–Maus AG, Gudensberg, nach Maßgabe ihrer Satzung als Aktionär beteiligt.
Gudensberg, im Mai 1995

Der Aussichtsrat   Der Vorstand

Aktie: Wertpapier mit bestimmten Nennwert, verbrieft ein Teileigentum an einem Unternehmen, Stimmrecht und Gewinnbeteiligung (Dividende).
Aktiengesellschaft (AG): Kapitalgesellschaft, deren Grundkapital durch Ausgabe von Aktien aufgebracht wurde.
Aus: Das große Lexikon in Farbe. Zweiburgen Verlag: Weinheim 1985.

Durch den Verkauf von Aktien läßt sich das Eigenkapital der jeweiligen (Schüler-)Firma erhöhen. Gleichzeitig bewirkt sie eine finanzielle und oft auch eine ideelle Bindung des Aktienbesitzers an die Firma. Die Schaffung einer finanziellen Basis ist bei der Gründung von schulischen Miniunternehmen immer nötig, da Materialien bzw. Rohstoffe für die Produktion eingekauft werden müssen. Bei unserem "Lila-Laune-Maus-Projekt" wurden von den Schülerinnen und Schülern 50 Aktien zu einem Stückpreis von 5,- DM zum Verkauf angeboten. Auf einer Betriebsversammlung waren zuvor Vor- und Nachteile des Aktienkaufes ausführlich diskutiert worden. Damit alle Interessenten die Möglichkeit hatten, Aktien zu erwerben, wurde die Höchstzahl der direkt zu erwerbenden Aktien auf drei pro Person festgelegt. Der Weiterverkauf ist dann natürlich untereinander möglich. Die aktuellen Aktienkurse müssen regelmäßig ermittelt und den Aktionären mitgeteilt werden. Die Aktie einer Schülerfirma kann, wie im realen Wirtschaftsleben, nur dann an Wert gewinnen, wenn entsprechender Umsatz erwirtschaftet wird. Um dies zu erreichen ist es notwendig, Waren zu produzieren, die bestimmten Kriterien entsprechen: Sie müssen qualitativ hochwertig, marktorientiert und preiswürdig sein. Auch wenn eine Ware all diese Kriterien erfüllt, ist es nicht leicht, Kaufinteressenten zu finden; dazu ist die Entwicklung von Vermarktungsstrategien nötig.

Wir wollten aber trotzdem versuchen, ein Produkt zu finden, bei dem es möglich ist, einen schon vorhandenen Werbeeffekt auszunutzen. Einer der mitgebrachten Gegenstände war eine Natur-Holzmaus, einfach gebaut, ähnlich konstruiert wie die Tigerente. Sie hat einen massigen Holzkörper, läuft auf Holzrädern und ist mit einem langen Schwanz aus einem Lederstreifen versehen. Diesen Produkt fand das Interesse der Schülerinnen und Schüler. Nur, so »langweilig« wie unser Ideengeber sollte die Maus nicht aussehen. Also veranstalteten wir einen kleinen Wettbewerb, der eine erstaunliche Variationsbreite unterschiedlicher Mäuse – verschieden in Form und Farbe – zutage brachte. Zwei Schülerinnen hatten sich die aus der Werbung bekannte Milka-Kuh als Vorbild für ihren Entwurf genommen und eine lila-weiß gefleckte Maus kreiert. Das war die Idee! Ähnlichkeiten mit einem schon vorhandenen Produkt waren da, d.h., ein Bekanntheitsgrad für unsere Maus war schnell herzustellen. Wir waren uns sicher: Zu der Maus würde sofort die Milka-Kuh assoziert werden, was wir als einen zusätzlichen Werbeeffekt nutzen könnten. Gleichzeitig hatten wir ein völlig neuartiges Produkt entwickelt, sodass wir nicht mit rechtlichen Problemen rechnen mussten. Ganz im Gegenteil, vielleicht würde auch die Schokoladenfirma irgendwann auf unser Produkt aufmerksam und sogar Gefallen daran finden. Das von den Schülern/innen formulierte Firmenziel, mit einem interessanten und kostengünstig herzustellenden Produkt einen möglichst großen Gewinn zu erzielen, schien nun erreichbar zu sein. Auch ein zugkräftiger Firmenname war mit diesem Produkt schnell gefunden: »Lila-Laune-Maus-AG« sollte die Firma heißen.

Als Nächstes stand die Entscheidung über die Gesellschaftsform der Firma an. Zwei Möglichkeiten diskutierten wir alternativ: einen Kredit für eine Kapitalgesellschaft aufnehmen oder eine Aktiengesellschaft gründen. Einstimmig votierten die Schüler/innen für eine Aktiengesellschaft, bei der sie selbst als Aktionäre einsteigen konnten. Das Grundkapital war auf diese Weise verhältnismäßig schnell aufzubringen und gleichzeitig konnte noch ein Gewinn für den Einzelnen abfallen. Die Zahl der Aktien mit einem Nennwert von 5 DM sollte auf 50 begrenzt werden, was ein Startkapital von 250 DM bedeuten würde. Der mögliche Gewinn sollte – so wurde von der »Betriebsversammlung« beschlossen – zu 50% als Dividende an die Aktionäre ausgeschüttet werden, die andere Hälfte im Betrieb, also bei der Klasse, verbleiben. Einen etwaigen Verlust hätten die Aktionäre zu tragen.

Übrigens fanden die Aktien reißenden Absatz, nicht nur bei den Schülern/innen der Klasse 7a, auch bei Eltern und Lehrern/innen. Außerdem bemühte sich eine 8. Klasse – die den Erfolg des Tigerenten-Projektes noch in Erinnerung hatte – darum, möglichst viele Aktien zu erwerben. Die Schüler/innen hatten von ihrem Klassenlehrer den Hinweis bekommen, dass sie bei einer Aktienmehrheit über die Aktionärsversammlung den gesamten Betrieb kontrollieren und Einfluss darauf nehmen könnten. Doch die Schüler der 7a »rochen«, dass etwas »faul« war, und konnten die Mehrheit der Aktien in der Klasse halten.

Betriebsabteilungen

Um effektiv arbeiten zu können, teilten wir die Firma in drei Abteilungen ein: Neben der Produktionsabteilung wurde eine kaufmännische Abteilung und eine technische Abteilung ins Leben gerufen. Die Aufgaben für die einzelnen Abteilungen waren zuvor genau festgelegt worden. Außerdem brauchten wir eine Geschäftsleitung. Nur kurz war dabei in der Klasse 7a die Diskussion darüber, ob man mehrere gleichberechtigte Personen haben wollte, die die Geschäftsleitung bildeten, oder einen einzelnen Unternehmensleiter. Klar fiel die Entscheidung aus: Einer sollte die Geschicke des Unternehmens bestimmen. In anderen Gruppen hatte ich bisher die Erfahrung gemacht, dass es schwierig ist, einen einzelnen Schüler/eine Schülerin zu finden, der/die grundsätzlich bereit ist, die Verantwortung für einen solchen Posten zu übernehmen. In der 7a bewarben sich gleich drei Schüler/innen um diese Position: Jessica, Heiko und Jan. Aus der geheimen Wahl ging Heiko als klarer Sieger hervor.

Es zeigte sich in der Folgezeit, dass man die richtige Person für diese Aufgabe ausgewählt hatte: Heiko wurde von den meisten Mitschülern als »Autorität« akzeptiert, war enorm fleißig, arbeitete sich in wirtschaftliche Zusammenhänge ein und war bereit, Verantwortung zu übernehmen. Er nahm seine Aufgabe sehr ernst, ich hatte manchmal sogar das Gefühl, dass er zu schwer an seiner Verantwortung für den Gesamtbetrieb trug, und versuchte ihn durch meine Beratung zu entlasten, ohne seine Autorität dabei infrage zu stellen. Sein Aufgabenfeld beschreibt Heiko selbst folgendermaßen: »*Der Betriebsleiter regelt zusammen mit der kaufmännischen Abteilung jeglichen Geld- und Schriftverkehr inklusive Aktienangelegenheiten. Er organisiert die Arbeit der kaufmännischen und technischen Abteilung und bearbeitet Streitfälle, Vorschläge, Kritik u.Ä. und versucht diesbezügliche Probleme zu lösen. In der Produktionsabteilung kontrolliert er die Ergebnisse und sorgt für die unverzügliche Auslieferung an die Kunden, die sich auch direkt bei ihm informieren können.*« Trotz der grundsätzlich erfolgreichen Arbeit hat der Betriebsleiter zum Abschluss des Projektes auch Kritisches anzumerken: »*Die Loyalität der Mitarbeiter war jedoch manchmal nur begrenzt, d.h., es gestaltete sich schwieriger als erwartet, von den Mitarbeitern bestimmte Arbeiten zu verlangen.*«

Auch für die Positionen der drei Abteilungsleiter/innen gab es jeweils mehrere Kandidaten, die dann ebenfalls von der Klasse gewählt wurden. Wie im »richtigen Leben« kamen auch hier wieder einmal die Mädchen in den Leitungsfunktionen zu kurz, nur ein Mädchen wurde Abteilungsleiterin. Nicht einfach gestaltete sich die Einteilung der einzelnen Abteilungen. Zunächst gab es

Lila-Laune-Maus-AG

Aktiengesellschaft zur Produktion und Vermarktung von lila Mäusen

Unternehmensleiter: *Heiko*
Aufgaben: Organisation-Planung-Kontrolle

Technischer Leiter	Kaufmännische Leiterin	Produktionsleiter
Jessica	*Jan*	*Johannes*

Technische Abteilung

Zuständig für:

- Arbeitsablauf
- Arbeitsvorbereitung
- Fertigungsprüfung
- Verbesserung der Produkte
- Entwicklung neuer Produkte
- Feststellung der Produktionsergebnisse

Beschäftigte in der Abteilung:

Gaylord
Christina

Kaufmännische Abteilung

Zuständig für:

- Einkauf von Werkstoffen und Maschinen
- Verkauf/Vermarktung der hergestellten Produkte
- Firmenimage
- Werbung/Marketing
- Personalbüro
- Finanzwesen

Beschäftigte in der Abteilung:

Sebastian
Ingo
Julia
Anke

Produktionsabteilung

Zuständig für:

- Produktion
- Qualitätskontrolle
- Wartung der Maschinen
- Lagern von Betriebsmitteln und Rohstoffen
- Lagern von Fertigwaren

Beschäftigte in der Abteilung:

Lydia
Christina
Christian
Sarah
Andrea
Leonie
Heike
Jens
Rainer

Checklisten: Woran die einzelnen Betriebsabteilungen noch denken müssen

1. Kaufmännische Abteilung
☐ Werbeplakate entwerfen.
☐ Plakate aufhängen.
☐ Handzettel entwerfen.
☐ Handzettel verteilen.
☐ Gesamtes Personal auf Listen und Arbeitskarten erfassen.
☐ Arbeitszeiten und Tätigkeiten jedes einzelnen Mitarbeiters feststellen.
☐ Einnahmen und Ausgaben genau feststellen.
☐ Alle benötigten Werkstoffe in einer Liste erfassen.
☐ Alle Werkstoffe beschaffen.
☐ Kosten für die Herstellung des Produktes ermitteln.
☐ Den Verkaufspreis kalkulieren.
☐ Die Firma muss nach außen durch ein Logo (z. B. auf Briefköpfen, Plakaten ...) vertreten werden.
☐
☐

2. Technische Abteilung
☐ Genaue Planungsskizzen für das herzustellende Produkt anfertigen.
☐ Planungsskizze für den Arbeitsablauf erstellen.
☐ Schablonen herstellen.
☐ Exakte Maße aller herzustellenden Einzelteile festlegen.
☐ Maschinen für den Herstellungsprozess (z. B. Stichsägen) beschaffen und in einer Liste erfassen.
☐ Produktionsprozess regelmäßig überprüfen und evtl. umorganisieren.
☐ Produktionsergebnisse ermitteln.
☐ Entwicklung des Warenabsatzes dokumentieren.
☐ Ersatzprodukte müssen bei evtl. Verkaufsproblemen konzipiert werden.
☐ Über Verbesserungen des Produktes nachdenken.
☐ Größenvariationen des Produktes planen.
☐
☐

3. Produktionsabteilung
☐ Produkte möglichst rationell herstellen.
☐ Der Arbeitsablauf muss möglichst reibungslos erfolgen.
☐ Ständig an der Verbesserung des Produktionsablaufes arbeiten.
☐ Qualität der Produkte kontrollieren.
☐ Ein Überblick über die gelagerten Werkstoffe muss vorhanden sein.
☐ Materialengpässe an die Verkaufsabteilung melden.
☐ Produktionsergebnisse feststellen.
☐ Das Lager muss verwaltet werden.
☐ Die Maschinen müssen gewartet werden.
☐
☐

Jede Abteilung teilt jedem Mitarbeiter bestimmte Verantwortlichkeiten bzw. Zuständigkeiten zu, hängt sich einen großen Plan mit den einzelnen Aufgaben an die Wand und schreibt jeweils dazu, wer zuständig ist.

einen enormen »Run« auf die wenigen Jobs der kaufmännischen Abteilung. Nur wenige hatten sich bei der ersten Wahl für eine Tätigkeit in der Produktionsabteilung entschieden. Allerdings war die Größe der Abteilungen zuvor genau festgelegt worden: Zwei Schüler/innen wurden in der technischen Abteilung gebraucht, vier in der kaufmännischen und neun in der Produktionsabteilung.

Das Missverhältnis zwischen Wünschen und Möglichkeiten war offensichtlich. Ohne große »Härtefälle« zu erzeugen, schafften es die Schüler/innen schließlich, sich in einer zweiten Runde auf das Arbeitsplatzangebot einzustellen. Die Auswertung einer Befragung am Ende des Projektes ergab, dass dabei die meisten Schüler/innen im Nachhinein mit ihrer Zuordnung zufrieden waren, sie hatten sich mit ihrer Tätigkeit arrangiert. So schrieb eine Schülerin, die eigentlich in der kaufmännischen Abteilung arbeiten wollte, aber dann doch in der Produktion landete: »*Ich habe es auch nicht bereut, dass ich in die Produktionsabteilung gegangen bin.*« Und Jessica, eine der Abteilungsleiterinnen, die zunächst nach noch »Höherem« gestrebt hatte, stellt fest: »*Am Anfang wäre ich gern Betriebsleiterin geworden. Jetzt bin ich froh, dass es nicht geklappt hat.*« Doch auch negative Stimmen gab es vereinzelt. Gaylord – der erst während des Projektes neu in die Klasse kam: »*Warum ich diese Arbeit hatte, dafür gibt's keine Erklärung. Gefallen hat mir daran nichts.*«

»Lean Production« ist angesagt

Nachdem die ersten Aktien verkauft waren und damit die Finanzierungsfrage geklärt war, konnte der Materialeinkauf beginnen. Von der Produktionsabteilung war der Bedarf schon kalkuliert und der kaufmännischen Abteilung mitgeteilt worden. Die technische Abteilung hatte den Produktionsablauf durchgeplant, die Maße für die Maus festgelegt und Schablonen, die zum Aussägen, zum Bohren und zum Anmalen des Mäusekörpers notwendig waren, bereits hergestellt. Die einzelnen Abteilungen setzten sich zu Besprechungen zusammen, und der Betriebsleiter erklärte sich – nach einem Gespräch mit seinen Abteilungsleitern – mit der geplanten Vorgehensweise einverstanden. An drei Produktionstagen, jeweils sechs Stunden hintereinander, lief dann die Produktion der Lila-Laune-Maus-AG an. In dem schon erwähnten »Geschäftsbericht« kann man über den Bereich der Produktion folgendes Lesen: »*In der Produktionsabteilung wurden die Mäuse sorgfältig angefertigt. In einem zur Verfügung stehenden Werkraum im Untergeschoss der Schule wurden mit Stichsägen ›Rohmäuse‹ ausgesägt, die sofort durch Schüler, die für das Feilen und Schleifen zuständig waren, bearbeitet wurden. Parallel dazu stellte man die Räder und Achsen her, welche die Arbeiter vorsichtig an Bandsäge und Schleifmaschine einbaufähig machten. Nach diesen zeitraubenden Feinarbeiten übernahmen andere das An-*

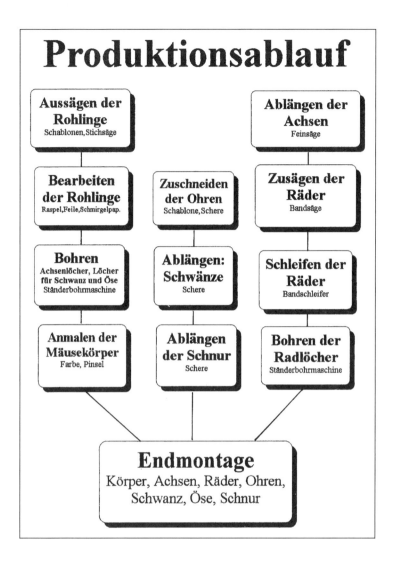

streichen mit Acryllack, dessen lange Trockendauer (50 Min.) bei warmen Temperaturen in der Sonne auf 5 Minuten reduziert werden konnte. Die anschließende Endmontage wurde vom Abteilungsleiter selbst vorgenommen. Der Mäusekörper wurde mit Ohren, Schwanz, Schnur zum Ziehen und Rädern versehen. Der Abteilungsleiter führte auch noch einmal eine kritische Qualitätskontrolle durch, ehe die Mäuse zum Verkauf bereitgestellt werden konnten.«

Bei der Organisation des Produktionsprozesses versuchten wir von Beginn an von starren Strukturen wegzukommen. Bei einem Versuch zur Fließbandarbeit vor der eigentlichen Firmengründung – es ging um die Herstellung von Briefumschlägen – hatten wir festgestellt, dass es bei der Fließbandfertigung an verschiedenen Stellen zu Problemen kommen kann: Entweder häufte sich die

Nachdem die Mäusekörper mit einer Schablone aufgezeichnet worden sind, werden sie mit einer Stichsäge ausgesägt.

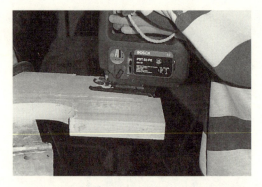

Im nächsten Schritt wird der Rohling mit einer Raspel bearbeitet ...

... und anschließend, so lange, bis er sich ganz glatt anfühlt, geschmirgelt.

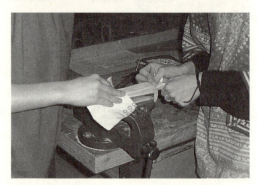

Lydia bohrt mit der Ständerbohrmaschine die Löcher für die Achsen in den Mäusekörper.

Andrea malt mit viel Sorgfalt die Lila-Laune-Maus an, zunächst mit der Grundfarbe Weiß, anschließend werden die lila Flecken aufgebracht.

Rainer konzentriert sich auf das Schleifen der Räder mit dem Bandschleifer. Ohrenschutz und Schutzbrille bei seiner Arbeit unabdingbar.

Arbeit an bestimmten Arbeitsplätzen, oder es gab an anderen Arbeitsplätzen Leerlauf. Also organisierten wir den Produktionsprozess neu: Wer Leerlauf hatte, begab sich an eine Stelle, an der sich die Arbeit häufte. Dort half er so lange mit, bis der »Berg« an Arbeit abgetragen war, und orientierte sich dann neu. Diese Erfahrung kam der Klasse bei der Organisation des Arbeitsablaufes in der Lila-Laune-Maus-AG zugute.

Nach einer Einweisung für alle an den Maschinen (Stichsäge, Ständerbohrmaschine, Bandschleifer) fanden wir eine vorläufige Einteilung der Arbeitsplätze. Im Verlaufe der Zeit sollte jeder sich selbst an verschiedenen Arbeitsplätzen ausprobieren können und schließlich das tun, was er besonders gut kann. Das führte dazu, dass nach einiger Zeit nahezu alle Mitarbeiter an verschiedenen Arbeitsplätze einsetzbar waren und gleichzeitig Leerlauf in der Abteilung ausblieb, sodass – wie es eine Schülerin ausdrückt – »*in der Produktion immer auf Hochtouren gearbeitet*« wurde. Wie vielseitig die Tätigkeiten der einzelnen Schüler/innen waren, wird aus Arbeitsplatzbeschreibungen deutlich. Ein Beispiel dafür, welche unterschiedlichen Tätigkeiten eine Schülerin ausübte: »*Mäuse gebohrt, Achsen ausgesägt, die Mäuse gefeilt, sie angemalt, Ohren ausgeschnitten, Schwänze geschnitten und die Schnur zum Ziehen geschnitten.*«

In zwei Produktionsbereichen bildeten sich Teams heraus, die eng kooperierten und die auch für Materialbeschaffung bzw. -ergänzung selbstständig sorgten:

- beim Bearbeiten der Rohlinge mit Raspel, Feile und Schmirgelpapier und
- beim Streichen der Körper.

Für bestimmte Tätigkeiten bildete sich aber, trotz der grundsätzlichen Flexibilität im Produktionsprozess, ein gewisses Spezialistentum heraus. Das betrifft insbesondere jene Bereiche, in denen sich Geschick und das richtige »Feeling« erst im Laufe der Tätigkeit und nach viel Übung entwickelt:

- beim Schleifen der Räder an der Bandschleifmaschine,
- beim Aufmalen der Muster auf die Mäusekörper und
- beim Aussägen der Rohlinge.

Christian, der mit zwei abgebrochenen Sägeblättern zunächst »Lehrgeld« an dem letztgenannten Arbeitsplatz zahlen musste, blieb »eisern« bei dieser Tätigkeit. Seine Arbeit während vieler Stunden, in denen er mit bewundernswerter Ausdauer rund 50 Rohlinge aussägte, beschreibt er so: *»Beim Aussägen der Rohlinge musste ich zuerst das Holz holen und mit einer Schraubzwinge am Tisch befestigen. Dann malte ich die Form der Maus auf und sägte sie aus.«*

Ein weiterer wichtiger Aspekt bei der Organisation des Produktionsablaufes war die Qualitätsprüfung. Diese war zunächst ausschließlich für den Abschluss des Produktionsprozesses, nach der Endmontage, vorgesehen. Nachdem es erste Beanstandungen gab, die z.T. auf die ersten Stufen im Produktionsprozess zurückzuführen waren – z.B. auf ungenaues Arbeiten beim Sägen, beim Raspeln bzw. Schmirgeln der Körper oder auf falsche Bohrungen –, setzte der Abteilungsleiter eine Besprechung mit seinen Mitarbeitern an. Es wurde nun festgelegt, dass jeder für die Qualität des Produktes an seinem Arbeitsplatz selbst verantwortlich ist. Die nachfolgende Bearbeitungsstufe sollte die vorherige noch einmal kontrollieren, bevor das Produkt weiter bearbeitet wird. Die Qualitätskontrolle war damit zum Bestandteil des Produktionsprozesses geworden.

Die Lila-Laune-Maus-AG hatte sich mit ihrem Produktionsverfahren zu einem absolut modernen Unternehmen, in dem »Lean Produktion« praktisch umgesetzt wurde, entwickelt:

- Die Mitarbeiter in der Produktion bekamen für ihren Bereich die volle Verantwortlichkeit übertragen.
- Leerlauf in der Produktion wurde durch ständige Flexibilität ausgeschaltet. War an einem Arbeitsplatz nichts zu tun, orientierte sich der Mitarbeiter dorthin, wo viel Arbeit zu verrichten war.

Lean Produktion

Von der japanischen Industrie ausgehend, haben sich heute auch in Deutschland die verschiedenen Bereiche der Lean Production durchgesetzt. Unter Lean Production werden veränderte Produktionskonzepte verstanden, die nach dem Prinzip der Verschlankung arbeiten und neben dem Fertigungsbereich auch alle anderen Abteilungen eines Unternehmens betreffen (z.B. Lean Management, Just in time). Organisation, Personal und Technik sollen so weit aufeinander abgestimmt werden, dass eine optimale betriebliche Leistungsfähigkeit entsteht. Hierbei werden die größten Verbesserungsmöglichkeiten in der Qualifizierung und damit der Stärkung und dem richtigen Einsatz der individuellen und sozialen Fähigkeiten der arbeitenden Menschen gesehen. Lean Konzepte gibt es auch für den Handel, die Verwaltung und andere Dienstleistungsbereiche.

Kernelemente der Lean Production

1. Die unmittelbar in der Produktion Beschäftigten bekommen ein Maximum an Aufgaben und Verantwortlichkeiten übertragen.
2. Es werden Teams gebildet, die sämtliche in ihrem Bereich anfallenden Arbeiten zu erledigen haben (auch Materialbestellung, Einsatzplanung, Reparatur).
3. Dazu gehört ein umfassendes, allen zugängliches Informationssystem, das es gestattet, auf alle Änderungen und Probleme sofort zu reagieren.
4. Auch die Qualitätskontrolle ist in den Produktionsprozess integriert. Mängel werden sofort erkannt und behoben.
5. Voraussetzung ist ein Vertrauensverhältnis zwischen Belegschaft und Management, das vertraglich klar abgesichert ist: Entlohnung auch nach Innovationsleistung, Einflussrechte, Arbeitsgarantie.

Zusammengestellt nach: Klieven, Gert u.a.: Arbeitslehre. Frankfurt am Main: Verlag Moritz. Diesterweg 1995

- Teams erledigten alle in ihrem Bereich anfallenden Tätigkeiten, sorgten selbst für einen zügigen Ablauf des Produktionsprozesses und die Bestellung von fehlendem Material.
- Die Qualitätskontrolle stand nicht am Ende, sondern war in den Produktionsprozess integriert.

Für mich war es spannend, diesen Prozess – die innerbetriebliche Entwicklung – zu beobachten. Aber vor allem eines war dabei zu erkennen: Die Schüler/innen hatten den Betrieb mittlerweile wirklich zu ihrer eigenen Sache gemacht. Nahezu alles lief unabhängig von mir, ich fungierte als »Unternehmensberater« – so auch meine »offizielle« Rolle im Betrieb – und gab Tipps bei besonders kniffligen Dingen. Die Schüler/innen identifizierten sich voll mit »ihrem« Betrieb, was sicherlich auch dadurch gefördert wurde, dass sie nicht nur Arbeiter in der Firma, sondern gleichzeitig Aktionäre waren. Die »Sache« motivierte sie, viele waren regelrecht begeistert bei der Arbeit. Sie waren sogar bereit, auch die eine oder andere Überstunde zu machen und in den Pausen durchzuarbeiten.

Organisation und Planung: technische und kaufmännische Abteilung

Während sich die Produktionsabteilung ganz auf die Herstellung des Produktes konzentrierte, war die technische Abteilung nun vor allem mit der Auswertung des Produktionsprozesses beschäftigt. Gaylord hatte dabei die Aufgabe übernommen, die einzelnen Phasen des Herstellungsprozesses genau zu beobachten und die Zeiten, die für einzelne Arbeitsschritte gebraucht wurden, zu stoppen und aufzulisten. Dabei gab er immer wieder auch Tipps, was noch zu verbessern wäre. Diese Tipps und überhaupt die Rolle, die Gaylord als »Kontrolleur« übernommen hatte, stieß bei den Mitarbeitern der Abteilung auf wenig Gegenliebe – eine Erfahrung, die ähnlich in vielen Industriebetrieben gemacht wird: Wer kontrolliert und überwacht, wird nicht gern gesehen. Man hielt Gaylords Position schlichtweg für überflüssig. Die anderen meinten, er solle sich aus ihrer Arbeit heraushalten, er habe doch keine Ahnung davon. Gaylord selbst war zunächst verunsichert, versuchte aber dann seine Rolle zu modifizieren, ohne die »Patentlösung« gefunden zu haben. Seine Verunsicherung wird auch in der Beschreibung seiner Tätigkeit deutlich: »*Ich habe den Produktionsablauf genauestens kontrolliert, was am Anfang der Firma ein dummes Bild auf mich warf. Danach lernte ich aus diesen Fehlern und wurde ruhiger, dennoch hatte ich einige Probleme.*«

Spannungen gab es zeitweise auch zwischen der Produktionsabteilung und der kaufmännischen Abteilung. Manche Dinge, wie z.B. der Einkauf fehlender Materialien, kamen nur schleppend in Gang, weil die Koordination zwischen beiden Abteilungen nicht klappte. Im Verlaufe der Zeit entwickelte sich ein typisches Ingroup-Outgroup-Verhalten, besonders ausgeprägt in der Produktionsabteilung. Obwohl man in viele Dinge, die die kaufmännische Abteilung erledigen musste, keinen Einblick hatte, wusste man angeblich ganz genau, dass die nur auf der faulen Haut lagen, während sie sich abrackerten. Ein Schüler aus der Produktionsabteilung formuliert vorsichtig: »*Leider hatten nicht alle in ihren Abteilungen was zu tun und hielten es auch nicht für notwendig, uns zu helfen.*«

Wie vielfältig die Tätigkeiten gerade in der kaufmännischen Abteilung waren, ist dem Geschäftsbericht zu entnehmen: »*Die kaufmännische Abteilung war für den Druck unserer Aktien zuständig, die im Lauf der Arbeitstage von ihnen verkauft wurden. Auf einem Personalcomputer erstellten die Mitarbeiter Listen der Aktionäre und Bestelllisten. Außerdem entwarf die Abteilung mithilfe eines Grafikprogramms Plakate und Handzettel. Über Einnahmen und Ausgaben führte man genau Buch, damit der Betriebsleiter den Saldo jederzeit prüfen und den Aktienkurs kalkulieren konnte. Nach Fertigstellung der ersten Produkte leitete die Abteilung den Verkauf, d.h., sie nahm Bestellungen entgegen und lieferte die Mäuse zu einem vorher kalkulierten Preis (12,95 DM) aus.*«

Vermarktungsstrategie ging voll auf

Rund 70 Mäuse wurden schließlich von der Lila-Laune-Maus-AG produziert und verkauft. Mit einer solch großen Nachfrage hatte man nicht gerechnet – viele Interessenten mussten sogar noch auf eine Warteliste gesetzt werden. Auch das Sondermodell »Natur-Maus«, das man noch kurz entschlossen mit in das Angebot aufgenommen hatte, nachdem es aufgrund eines Zeitungsberichtes Anfragen gab[44], lief gut, sogar ohne dass dafür eine spezielle Werbung betrieben worden wäre.

Für ihr Produkt »Lila-Laune-Maus« hatten die Schüler/innen eine mehrschrittige Vermarktungsstrategie entwickelt:

- Ein Pressebericht sollte das Produkt zunächst in der Öffentlichkeit bekannt machen.
- Handzettel und Plakate in der Gudensberger Innenstadt wurden flankierend zur Unterstützung eingesetzt.
- Unter Schülern/innen und Lehrern/innen der Schule betrieb man Werbung für das Produkt durch direkte Ansprache von möglichen Käufern. Außerdem

---

44 HNA vom 8.6.95: »Lila Mäuse hoch im Kurs«. Dort war zu lesen: »Überlegt wird zur Zeit, ob man mit einem Sondermodell ›Natura‹ auf den Markt kommen will: Eine Maus ohne Farbe, Holz Natur, vielleicht gewachst. Das passt, so meinen die jungen Übungsunternehmer ganz professionell, zum Trend für natürliche Materialien.«

Werbeaktionen:
Mit Handzetteln und Plakaten macht die Schülerfirma auf ihr Produkt aufmerksam.

wurden auch hier Handzettel und Plakate eingesetzt. Schüler/innen zogen darüber hinaus während der großen Pause die Lila-Laune-Mäuse an einer Schnur hinter sich her, um Aufmerksamkeit und Interesse zu wecken.
- Bei besonderen Anlässen in Gudensberg und Umgebung (Feste und Feierlichkeiten) warben die Schüler/innen für und mit ihrem Produkt und nahmen Bestellungen entgegen.
- Der Verkauf selbst fand auf verschiedenen Wegen statt:
  - Es wurde direkt an Kunden (z.B. Eltern und Verwandte) durch einzelne Schüler/innen verkauft.
  - Telefonische Bestellungen wurden an der Schule entgegengenommen. Die Mäuse lieferten die Schüler/innen dann entweder direkt, oder sie konnten in der Schule abgeholt werden.
  - Vor dem Klassenraum der 7a wurde ein Verkaufstisch aufgestellt, an dem man die Mäuse direkt kaufen oder sich in eine Vorbestellungsliste eintragen konnte.

Zufrieden konnte die kaufmännische Abteilung schließlich feststellen, dass ihre Vermarktungsstrategie voll aufgegangen war. Die »Lila-Laune-Maus« war in Gudensberg und Umgebung in aller Munde, vor allem die vielen telefonischen Bestellungen, die an der Schule eingingen, machten dies deutlich. Bedauert haben es die »Werbefachleute« der Firma, dass sie nicht noch mehr in die Offensive gehen konnten, da die Produktionsabteilung mit der Produktion nicht so schnell nachkommen konnte, wie die Nachfrage für das Produkt stieg. Im Grunde genommen hätte man neue Mitarbeiter für die Produktion noch anwerben müssen, doch das war, angesichts der begrenzten Kapazität der Klasse – alle Schüler hatten ja ihre Aufgaben –, nicht möglich. Lediglich betriebsintern konnten Umsetzungen vorgenommen werden: Einzelne Mitarbeiter/innen der kaufmännischen und der technischen Abteilung mussten stundenweise an den Produktionstagen bei der Herstellung der Maus helfen.

Besonders erfreut waren alle, die eine der 50 begehrten Aktien besaßen, über die Entwicklung der Aktienkurse im Verlaufe der Zeit. Diese Entwicklung wurde wöchentlich dokumentiert. Wie im richtigen Wirtschaftsleben, hatte das Unternehmen zunächst eine Talsohle zu durchschreiten, denn es mussten Materialien für die Produktion angeschafft werden, ohne dass man bereits Einnahmen durch den Verkauf gehabt hätte. Der Aktienkurs sackte in den Keller, von 5 DM ging es bis auf 1,32 DM herunter. Einige Schüler/innen dachten schon ernsthaft über den Verkauf ihrer Aktien nach. Doch dies hätten sie wenige Wochen später sicher heftig bereut, denn nachdem der Verkauf des Produktes begann, war das Ansteigen der Kurse nicht mehr aufzuhalten. Ein erstes Aufatmen gab es, als der Kurs wieder bei 5 DM stand. Doch hier war noch nicht das Ende erreicht, bald wurde der Betrag zweistellig, bis die Lila-Laune-Maus-Aktie mit fast 13 DM den absoluten Höchststand erreicht hatte.

Die Schülerinnen und Schüler der »Lila-Laune-Maus-AG« präsentieren stolz das von ihnen entwickelte Produkt.

Viel Wert legten die Jugendlichen bei ihren Verkaufsaktionen auf die ansprechende Präsentation der Lila-Laune-Maus.

Schüler machen Mäuse mit lila Mäusen

Eine Klasse für sich: die 8 a der C. August Zinn-Schule Gudensberg

Tolles Projekt von Gudensberger Schülern: die 21 Mini-Unternehmer der Klasse 8 a gründeten eine Aktiengesellschaft – Lila-Laune-Maus heißt das Projekt, mit dem die smarten Schüler auch beim Bundeswettbewerb „Schule des Jahres" ganz vorn dabei sein werden. **Seite 2.**

Leonie präsentiert die Maus, die Mäuse bringt.
Foto: Schachtschneider

Titelseite des Extra Tipp vom 24.1.96

50 Prozent des erwirtschafteten Gewinns bekamen die Aktionäre anteilig als Dividende ausgeschüttet, die andere Hälfte bleibt als Kapital in der Firma – Startkapital für ein nächstes, weiterführendes Projekt. Ob und wie es mit der Firma weitergeht, ist noch ungewiss. Das im Pflichtunterricht angesiedelte Arbeitslehre-Projekt ist nun erst einmal ausgelaufen. Im nächsten Schuljahr müssen andere Unterrichtsschwerpunkte gesetzt werden. Allerdings haben die Schüler/innen eine ganz andere Idee: Sie würden die Firma als freiwillige Arbeitsgemeinschaft gern weiterführen und dafür auch einige Stunden zusätzlich zur Schule kommen – dies ist das Ergebnis einer schriftlichen Befragung. Das drückt sicher am besten aus, mit welchem Engagement sie bei der Sache waren. Eine Schülerin stellt stellvertretend für andere fest: *»Ich fände es sehr gut, wenn wir im nächsten Schuljahr das Projekt weiterführen könnten, weil ich finde, dass es sehr viel Spaß macht. Ich wäre dafür auch bereit, ein oder zwei Stunden länger in der Schule zu bleiben.«* Ein Mitschüler ergänzt: *»Ich würde die Firma gern weiterführen. Wir sind erfolgreich: Die Aktienkurse sind gestiegen, und alles hat gut hingehauen. Außerdem wollen wir eine neue Strategie entwickeln.«* Im gleichen Sinne ergänzt ein anderer *»Wir könnten alles noch mehr perfektionieren.«* Genügend Ansätze, die weiterzuführen sind, gibt es ja. Auch Themen und Aspekte, die das Projekt bisher noch überfrachtet hätten, könnten dann Schritt für Schritt einbezogen werden, wie etwa »Arbeitsbewertung und Entlohnung«, »Arbeitsbelastung und Arbeitsschutz« oder »Interessenvertretung der Arbeiter«. Perspektiven sind also da. Ich bin selbst gespannt darauf, wie es weitergeht.

Schülermeinungen zum Projekt

Mir hat gut gefallen, daß man eigne Vorschläge bringen konnte, daß sie meistens auch angenommen wurden. Mir hat auch gut gefallen, daß man auch auf eigene Faust mal was machen kann. Man mußte auch viel Verantwortung übernehmen. Mir hat nicht gefallen, daß an einem Projekttag die Kaufmännische- und Technischeabteilung in einem Raum waren.

An diesem Projekt hat mir besonders gut die Erfahrung in einer Firma gefallen. Natürlich hat auch das Malen Spaß gemacht. Im großen und ganzen hat mir alles gut gefallen, außer daß man sozusagen immer in Hektik arbeiten mußte.

Was mir wirklich gut gefallen hat war, daß alle so gut zusammen gearbeitet haben. Mir hat nicht so gefallen, daß manche Leute ihre Arbeit nicht so ganz ernstgenommen haben.

Ich fand es gut, daß wir mal was anderes gemacht haben. Es war interessant, daß wir eine Aktiengesellschaft gegründet haben. Jeder trug die Verantwortung seiner Arbeit. Jetzt haben wir ein besseres Bild von der Marktwirtschaft. Leider hatten nicht alle an ihren Abteilungen was zu tun und hielten es auch nicht für notwendig uns zu helfen.

In der Produktion hat man genau gesehen, wie so eine Maus hergestellt wird.
In den anderen Abteilungen gab es manchmal gar nichts zu machen, währenddessen haben die anderen in der Produktion auf Hochtouren gearbeitet.

Man muß solch ein Projekt erleben, um Fehler zu erkennen. Bei einer Wiederholung würde ich einiges verändern. Trotzdem hat man einen tollen Einblick in die Welt des Wirtschaftslebens bekommen.

Gut gefielen mir die Computerarbeit und die Verkaufsaktionen. Weniger gut fand ich die Behauptung, daß die kaufmännische Abteilung unterfordert war, denn das stimmt überhaupt nicht.

Mir hat gefallen, daß wir selbstständig arbeiten konnten und das wir gelernt haben wie man eine Firma aufbaut.

Mir hat besonders gut gefallen, daß wir alle gut zusammen ausgekommen sind, und es keine größeren Streit gab. Außerdem gingen die Mäuse gut weg und so hat es auch Spaß gemacht, wenn man gesehen hat, daß so viele Käufer da waren.

Ich habe einen guten Einblick in das Wirtschaftsleben gewonnen. Wir machten uns auch mit dem Handeln von Aktien vertraut und lernten die Herstellung eines Produktes ordentlich zu bewältigen.

Es hat mir gefallen, daß wir selbstständig arbeiten konnten. Die Aktiengesellschaft war sehr interessant und ein zusätzlicher Ansporn für alle Beteiligten.

Mir hat es gefallen, wie gut wir in der Produktion zusammengearbeitet haben. Außerdem hat es mir gefallen mitzuerleben, wie gut bzw. schlecht der Verkauf lief.

Mir hat alles gut gefallen. Besonders Werbung machen, Plakate aufhängen, Mäuse zu verkaufen, einkaufen gehen eigentlich auch. Gefallen hat mir nicht so toll, daß wir eine Zeitlang nichts zu tun hatten und wir von hier oben runter in die Produktionsabteilung mußten, wenn wir nichts zu tun haben.

Ich habe einen guten Einblick in die Wirtschafts-
welt gewonnen. Die Sache mit den Aktien hat uns
auch für das spätere Leben genützt.

Mir hat es gefallen, daß die Aktienkurse immer
mehr stiegen.
Mir hat aber nicht gefallen, daß manche aus
anderen Abteilungen rüberkamen
und rumgenervt haben, aber das hat
sich dann zum Schluß geändert.

Ich habe gelernt, wie man mit Aktien umgehen muß
und, daß es nicht immer sinnvoll ist, einen Kredit aufzunehmen.
Man hat gesehen, wie es in einer Firma vor sich geht, wie
die einzelnen Arbeitsplätze aussehen

Mir hat gefallen, daß die Aktienkurse gestiegen
sind, und daß sich die Mäuse so gut verkaufen
ließen.

Wir lernten etwas über:
- Die freie Marktwirtschaft.
- Das Leben im Beruf.
- Die Spekulation mit Aktien.
- Den Papierkrieg am Schreibtisch

Wir haben gelernt mit schwierigen Situationen umzugehen.
Wir haben auch einen Einblick in das Firmenleben bekommen.
Etwas ohne Fehler herzustellen war auch wichtig.

4. Praxisbeispiel

Schüler/innen bringen einen Stein ins Rollen

Lokale Spurensicherung zur NS-Geschichte

Noch immer ist die Bereitschaft zur direkten Auseinandersetzung und Konfrontation mit den Geschehnissen der Nazizeit innerhalb der Bevölkerung vielerorts eher gering zu nennen. Vor allem dann, wenn es sich nicht um Aktionen und Ereignisse auf Staatsebene handelt, sondern auf einmal kleine Städte und Gemeinden, wie z.B. Hessisch Lichtenau, 20 Kilometer östlich von Kassel, im Mittelpunkt des Interesses stehen.

Relikte der NS-Zeit

Die Relikte des dunkelsten Kapitels der deutschen Geschichte sind noch heute in Hessisch Lichtenau zu finden: Im Wald von Hirschhagen befinden sich die Überreste einer der ehemals größten Sprengstofffabriken im gesamten Deutschen Reich. Die »Gesellschaft mit beschränkter Haftung zur Verwertung chemischer Erzeugnisse«, eine Tochterfirma der Dynamit (Nobel) A.G., stellte auf dem 350 ha großen Gelände in den fast 400 Produktionsgebäuden mit Trinitrotoluol (TNT) bzw. Pikrin gefüllte Bomben, Granaten, Tellerminen und Kartuschen her. Die meisten der Werksgebäude auf dem Gelände sind bis heute mehr oder weniger erhalten geblieben und werden vor allem von örtlichen Gewerbetreibenden, aber auch zu Wohnzwecken genutzt. Von 1938 bis 1945 mussten dort tausende von Freiwilligen, Dienstverpflichteten und Zwangsarbeiter aus vielen Nationen unter gefährlichen Bedingungen teilweise bis zur völligen Erschöpfung arbeiten.[45]

Gegen Kriegsende kam es dann noch zum Einsatz von KZ-Gefangenen als letzte Arbeitskraftreserve. Im August 1944 wurden 1000 als »arbeitseinsatzfähig« eingestufte ungarische Jüdinnen aus dem KZ Auschwitz dem Sprengstoffwerk als Rüstungsarbeiterinnen »überstellt«. Die Zwangsarbeiterinnen litten

---

45   Ausführlich zur Geschichte der Sprengstofffabrik und den Arbeitsbedingungen: Espelage, Gregor: »Friedland« bei Hessisch Lichtenau. Bd. II: Geschichte der Sprengstofffabrik Hessisch Lichtenau. Hrsg. von der Stadt Hessisch Lichtenau. Hessisch Lichtenau 1994; König, Wolfram/Schneider, Ulrich: Sprengstoff aus Hirschhagen. Vergangenheit und Gegenwart einer Munitionsfabrik. (= Nationalsozialismus in Nordhessen, Bd. 8.) (Gesamthochschulbibliothek) 2. Aufl., Kassel 1987.

unter erbärmlichen Lebens- und Arbeitsbedingungen: Unterernährt, die Körper von giftigen Dämpfen gelb verfärbt, mussten sie Tag für Tag bis zu zwölf Stunden arbeiten. Die Jüdinnen lebten unter elenden Verhältnissen im Barackenlager »Vereinshaus« am Rande von Hessisch Lichtenau, ständig in der Angst – wie 206 ihrer Leidensgenossinnen –, nach Auschwitz zurückgeschickt zu werden.[46]

Schüler legten erste Spuren frei

Dass die Sprengstofffabrik und das dazugehörige KZ-Außenkommando nicht völlig in Vergessenheit gerieten, sondern schlagartig in den Blickpunkt des öffentlichen Interesses gerückt wurden, ist vor allem einer Gruppe von engagierten Schülerinnen und Schülern der örtlichen Gesamtschule zu verdanken. Im Rahmen einer Projektwoche fragten diese Schüler danach: »Was hat sich eigentlich in den Jahren 1933 bis 1945 in unserem Ort abgespielt?« Zunächst wurde versucht, durch Befragung von Zeitzeugen eine Antwort darauf zu bekommen. Doch es zeigte sich schon in ersten Vorbesprechungen sehr schnell, wie stark die NS-Vergangenheit im Ort tabuisiert wurde. Es war zu Beginn sehr schwierig, Zeitzeugen zu finden, die bereit waren, einzelnen Schülern oder Schülergruppen detailliert Auskunft zu geben. Immer wieder wurde ausweichend geantwortet. Die Schüler/innen merkten dabei, dass eine Aufarbeitung der Thematik in Hessisch Lichtenau nie stattgefunden hatte. Die NS-Geschichte der Stadt war sowohl von lokalpolitischer wie auch lokalhistorischer Seite liegen gelassen worden.

Diese Ausgangslage war jedoch für die Schülerinnen und Schüler, die sich in der Projektgruppe zusammengefunden hatten, eine zusätzliche Motivation zur Auseinandersetzung. Schließlich gelang es auch durch persönliche Kontakte, einige Zeitzeugen ausfindig zu machen. In den Zeitzeugengesprächen tauchte ein Zusammenhang zwischen Hessisch Lichtenau und den Konzentrationslagern Auschwitz bzw. Buchenwald auf, ein für die Schüler/innen und viele Lichtenauer damals völlig neuer Gesichtspunkt. Vom Internationalen Suchdienst des Roten Kreuzes in Arolsen wurde die Existenz eines KZ-Außenkommandos in Hessisch Lichtenau auf unsere Anfrage hin bestätigt, und daraufhin wurden weitere Zeitzeugen befragt. Ablehnung schlug dabei den Schülern/innen und mir als Lehrer und Projektleiter noch mehr als zuvor entgegen. »Davon will ich nichts wissen« oder »Ich weiß nichts über ein KZ-Außenkommando« – solche

---

46 Ausführlich zum Außenkommando Hessisch Lichtenau: Vaupel, Dieter: Das Außenkommando Hessisch Lichtenau des Konzentrationslagers Buchenwald. (= Nationalsozialismus in Nordhessen, Bd. 3.) (Gesamthochschulbibliothek) Kassel 1984; Vaupel, Dieter: Spuren, die nicht vergehen. Eine Studie über Zwangsarbeit und Entschädigung. (= Nationalsozialismus in Nordhessen, Bd. 12.) (Gesamthochschulbibliothek) Kassel 1990.

Spurensuche vor Ort: Schülerinnen und Schüler erkunden das Gelände der ehemaligen Sprengstofffabrik Hessisch Lichtenau, auf dem noch viele der ehemals fast 400 Produktionsgebäude erhalten geblieben sind.

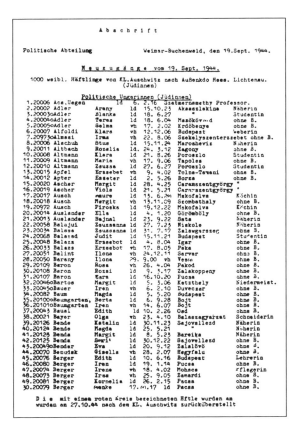

Archiv der Gedenkstätte Auschwitz-Birkenau

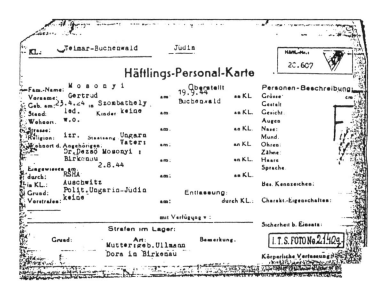

WG-Amt Saarburg

und ähnliche Antworten bekamen wir häufig. Dennoch konnten mosaiksteinartig Informationen zusammengetragen werden.

Im Stadtarchiv erhielten die Schülerinnen und Schüler die Auskunft, dass über die NS-Zeit kein Material vorhanden sei, da der damalige Bürgermeister alle Unterlagen bei Kriegsende vernichtet hätte. Dass dies so nicht zutrifft, zeigte sich eineinhalb Jahre später, als geschulte Historiker ihre Arbeit aufgenommen hatten und umfangreiches Material sicherstellen und archivieren konnten. Erfolgreicher war dagegen ein Besuch mit der Schülergruppe im Hessischen Staatsarchiv in Marburg. Es war überhaupt einfacher – dies zeigte sich auch verstärkt in der Folgezeit –, an Informationen von außerhalb heranzukommen als an Informationen über die NS-Zeit aus dem Ort selbst.

Eine besondere Motivation für die Schüler/innen ging von dem Gelände der ehemaligen Sprengstofffabrik aus.[47] Hier wurde bei einer Erkundung der z.T. leer stehenden oder gesprengten Produktionsbunker echte »Spurensuche« und »Spurensicherung« betrieben – Planskizzen wurden gezeichnet, Berichte und Beschreibungen angefertigt und die Eindrücke fotografisch festgehalten. Es wurde deutlich, dass dieses Gelände die Schüler/innen zur weiteren Arbeit und zu weiter gehenden Fragestellungen herausforderte, z.B. zum Arbeitseinsatz und den Arbeitsbedingungen, zur Produktion, zur Errichtung der Fabrik und zum Rüstungsprogramm der Nationalsozialisten.

Am Ende der Projektwoche wurden die ersten zusammengetragenen Ergebnisse an einem »Tag der offenen Tür« der Öffentlichkeit vorgestellt. Was damit alles in Gang gesetzt wurde, war weder mir noch den beteiligten Schülerinnen und Schülern zu diesem Zeitpunkt klar.

Der Stein kommt ins Rollen ...

Die von der Projektgruppe ansatzweise freigelegten Spuren wurden auch im Anschluss an die Projektwoche weiterverfolgt. Zunächst geschah dies noch gemeinsam mit Schülern/innen aus der Projektgruppe, später im Rahmen des Gesellschaftslehreunterrichts in unterschiedlichen Klassen. Die Ergebnisse der weiter gehenden Untersuchungen wurden regelmäßig zunächst in der Lokalzeitung und bald auch in den überregionalen Medien aufgegriffen.[48] Sie lös-

---

[47] Siehe dazu: Vaupel, Dieter: »Steinerne Zeugen« der NS-Zeit entdecken und entschlüsseln. Zum Beispiel: Die Geschichte einer ehemaligen Rüstungsfabrik. In: Geschichte lernen, Heft 53/Juni 1996.

[48] Dies spiegelt sich in der bundesweiten Presseberichterstattung wider; beispielhaft seien hier genannt: Riedel, Anne: Nachhilfe in Geschichte. In: Frankfurter Rundschau vom 7.10.1986; Kohl, Christiane: Die Giftbombe von Hirschhagen. In: Stern Nr. 48/1984; Schäfer, Herbert: Altlasten. Sprengstoff im Kaffee. In: Die Zeit vom 14.2.1986; Pross, Christian: Die Spur des Gifts. In: taz vom 20.10.1986.

Gebäudegruppe einer ehemaligen Füllstation. Die Arbeit, die dort verrichtet werden musste, gehörte zu der gefährlichsten und gesundheitsschädlichsten im gesamten Werk.

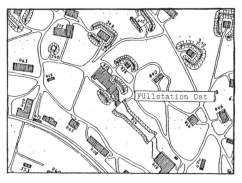

Ausschnitt aus einem Werksplan. In den Füllstationen wurde der Sprengstoff TNT in Granaten, Bomben und Tellerminen abgefüllt.

Im Gießhaus wurde der flüssige Sprengstoff TNT mit Gießgefäßen in die Rohlinge eingefüllt. Diese gesundheitsschädigende Arbeit wurde von den jüdischen Zwangsarbeiterinnen ohne Schutzkleidung durchgeführt.

Eine weitere Arbeit in der Füllstation war das manuelle Offenhalten der Bomben. Die heiße Masse musste mit einem Messingstab sorgfältig umgerührt werden, damit keine Luftblasen entstanden. Die Frauen waren dabei schutzlos den giftigen Dämpfen ausgesetzt. Beim Hochspritzen des heißen TNT konnte es zu schmerzhaften Verletzungen kommen.

ten eine zunächst sehr kontrovers geführte öffentliche Diskussion in Hessisch Lichtenau und Umgebung aus.

Das breite Echo, das diese Berichte hervorriefen, dokumentierte sich auch in einer Fülle von Anrufen und Briefen, die mich erreichten. Diese bestätigten z.T. unsere bisherigen Untersuchungen oder lieferten gar neue und ergänzende Informationen. Daneben gab es auch Anrufer und Briefschreiber, die uns vorwarfen, wir wollten den Lichtenauern »am Zeug flicken«, und fragten, warum wir denn noch in der Vergangenheit herumwühlten, alles sei doch vergangen und vergessen. Es gab Anrufer, die versuchten, mich einzuschüchtern und offene Drohungen aussprachen: Ich solle mich da raushalten, sei ein »*Rotzjunge*« und solle aufpassen, dass mir nichts passiert. Auch Karten, wie diese, erreichten mich: »*Da Sie als Lehrer geltungsbedürftig sind, sollten Sie für Ihr gutes Gehalt lieber entsprechenden Schülern Nachhilfeunterricht geben und sich nicht um Sachen kümmern, die Sie nur vom Hörensagen wissen, nicht aber selbst gesehen haben oder dabei waren.*«

Verstärkt wurde die Auseinandersetzung dadurch, dass parallel zu unseren Untersuchungen zwei Kasselern Architekturstudenten im Rahmen ihrer Diplomarbeit die Geschichte und Gegenwart der Sprengstofffabrik erforschten und dabei interessante Ergebnisse zutage förderten.[49] Zu einer Versachlichung der Diskussion führte eine von mir vorgelegte Dokumentation über das KZ-Außenkommando in Hessisch Lichtenau.[50] Diese ist in einer Auflage von über 4000 Exemplaren verbreitet und wird, insbesondere an den nordhessischen Schulen, für den Geschichtsunterricht eingesetzt.

Die Schülerinnen und Schüler hatten – nach jahrzehntelangem Schweigen, Verdrängen und Vergessen – einen Stein ins Rollen gebracht. Ihr mutiges Aufgreifen eines ungeliebten Themas zeigte in der Folgezeit auch lokalpolitische Auswirkungen:

- Der Hessisch Lichtenauer Bürgermeister erklärte schließlich: »*Wir können die historische Wahrheit nicht unter den Teppich kehren*«, und regte an, dass sich die Stadt an den Nachforschungen beteiligen soll. Kurze Zeit darauf wurde vom Magistrat der Stadt eine Arbeitsgruppe eingesetzt, die sich mit der Aufarbeitung der Geschichte der Sprengstofffabrik und der NS-Geschichte der Stadt befasste. Durch die Arbeitsgruppe wurde die Einstellung von zwei Historikern initiiert, die Material zur NS-Geschichte sammelten, archivierten und wissenschaftlich auswerteten. Ihre Forschungsergebnisse wurden zwischenzeitlich in zwei Bänden veröffentlicht.[51]
- Auf dem Gelände des ehemaligen Lagers »Vereinshaus«, dem Lager der jüdischen KZ-Gefangenen, auf dem sich heute die Schule und der Kindergar-

---

49 König/Schneider (1985).
50 Vaupel (1984).
51 Espelage (1992) und (1994).

ten befinden, wurde nach langen Diskussionen ein Gedenkstein aufgestellt. Sein Text lautet: »Zum Gedenken an die ungarischen Jüdinnen, die hier vom 2.8.1944 bis zum 29.3.1945 als Häftlinge im Außenkommando Hessisch Lichtenau des Konzentrationslagers Buchenwald leiden mussten.«

Briefe Überlebender aus Israel

Im Laufe der Zeit gelang es auch, Kontakte zu einigen überlebenden KZ-Gefangenen aufzunehmen. In zwei Briefen aus Israel, die bei den Schülern/innen große Betroffenheit hervorriefen und die für sie die Schrecken und Greuel der Konzentrationslager in die eigene Stadt holten, berichten die Frauen über ihre Lebens- und Arbeitsbedingungen. Hier einige Auszüge:[52]

Sabina G.: »*Im Juni 1944, als ich 40 Jahre alt war, wurde ich vom Ghetto Satmar nach Auschwitz transportiert. Von SS-Männern wurde ich nackt ausgezogen, und mit einer elektrischen Rasiermaschine wurden alle Kopf- und Körperhaare abgeschnitten. Dann durfte ich ein paar alte Kleider, die nur noch Fetzen waren, anziehen, aber ohne Unterwäsche.*

Wir Frauen wurden mit Stöcken geschlagen und mit Füßen getreten, mussten stundenlang Appell stehen. Wir bekamen so wenig und so schlecht zu essen, dass wir alle immer hungrig waren und schrecklich abgemagert und ganz von Kräften waren.

Nach der Überführung nach Hessisch Lichtenau ... mussten wir täglich lange zu Fuß bergauf und bergab zur Arbeit gehen ... Von zeitig früh bis 4 Uhr nachmittags musste ich schwere Betonstücke tragen. Von alldem sind meine Beine so geschädigt, dass ich Invalidin bin, und an meinem Rücken sieht man noch heute die Narben vom Tragen der Betonstücke.

Gegen Januar 1945 war es sehr kalt. Trotzdem mussten wir so wie immer zur Arbeit marschieren. Meine linke Gesichtshälfte ist mir gefroren, und ich bekam eine Nervenentzündung, die bis heute unheilbar ist. Man musste mir alle Zähne ziehen.

Das Essen bestand aus einer dünnen Scheibe sehr schlechtem Brot und einigen Scheiben Kartoffel. Dies musste sowohl für Frühstück als auch für Mittagessen reichen. Nach Rückkehr von der Arbeit bekamen wir eine dünne, schlechte Suppe.

Anschließend mussten wir Appell stehen. Bis 7 Uhr abends, dann wurden wir in die feuchte und kalte Baracke entlassen, und da gab es viele Ratten ...«

Esther F.: »*Nach 40 Jahren ist es schwer und bitter, darüber nachzudenken. Von meiner Familie mit neun Kindern sind nur vier am Leben geblieben. Der Faschis-*

---

52 Die Briefe sind vollständig abgedruckt in: Vaupel (1984), S. 13ff.

mus hat nach der Einlieferung in das KZ Auschwitz unsere Seelen getötet. Als hätten wir keine Namen und keine Familie gehabt, haben sie uns den Namen ›Saujude‹ gegeben! Ja, so hat das angefangen ...

Im Lager war ein Lagerführer namens Willi, er hat den täglichen Appell gemacht und uns mit verschiedenen Dingen geplagt. Stundenlang hat er uns in Regen, Kälte und Wind stillstehen lassen. Die SS-Wachmannschaft und die SS-Aufseherinnen haben uns geschlagen, beschimpft und geplagt. Einmal wollte der genannte Willi jede Zehnte von uns totschießen lassen. Er hat gesagt, dass ein Wachmann ein Stückchen Fleisch gefunden hat, dass wir saujüdischen Huren klauen wollten, ob es wahr ist, weiß ich nicht. Hauptsache, dass er uns seelisch foltern konnte. Die SS-Wachmannschaft zusammen mit den SS-Aufseherinnen waren Sadisten, grob, und haben jeden Moment ausgenutzt, uns zu foltern, zu prügeln und zu beschimpfen. Die haben einen Sport daraus gemacht, wer grober und unmenschlicher ist.

... Die Arbeitsstellen waren ... in der Munitionsfabrik und im Wald. Im Wald haben wir einen Wasserauslass gegraben und Holz gehackt und gestapelt. In der Munitionsfabrik haben wir Granaten gestapelt und gepackt. Einmal ist mir eine Granate auf den Fuß gefallen, aber ich musste weiterarbeiten ohne ärztliche Hilfe, bis die Wunde von selbst geheilt war.

Im Oktober sind fremde SS-Männer in unser Lager gekommen und haben zusammen mit der SS-Wachmannschaft und den SS-Aufseherinnen aus dem sogenannten Krankenrevier alle Kranken herausgejagt. Danach sind sie noch ins Lager gekommen und haben dort noch viele gemeinsam mit den Kranken weggeschleppt. Wohin, das wussten wir nicht. Wir haben nur gehört, dass damals 206 Frauen selektiert und liquidiert wurden. Die sogenannte Selektion hat die SS ohne Arzt und Untersuchung gemacht, mit Prügeln und Foltern, unmenschlich und sadistisch.«

Ein Treffen nach über 40 Jahren

Von einer Lichtenauer Bürgerinitiative wurde schließlich die Idee geboren, ein Treffen ehemaliger Arbeiter und Arbeiterinnen der Sprengstofffabrik zu organisieren. Nach mühsamer und zeitaufwendiger Vorbereitung wurde ein solches Treffen mit Unterstützung der Stadt durchgeführt. Gut 100 ehemalige Dienstverpflichtete, Zwangsarbeiter, Kriegsgefangene und KZ-Gefangene aus Deutschland, Holland, Frankreich, Ungarn und Israel waren zu diesem Treffen gekommen.

Beteiligt an dem Treffen waren auch einige Schülerinnen und Schüler der örtlichen Gesamtschule. Ein Schüler der Projektgruppe sprach dabei auch zu den anwesenden ehemaligen Arbeiterinnen und Arbeitern. Nicht ohne stolz auf das, was er gemeinsam mit anderen in Gang gesetzt hatte, sagte er vor den

Versammelten: »*Besonders möchte ich mich bei Ihnen bedanken, dass Sie hierher gekommen sind. Das ist für mich auch eine Genugtuung. Ich gehöre zu den ›Spätgeborenen‹ und finde es einfach toll, dass hier endlich auch die Leute sitzen, von denen ich bisher nur gehört habe: die ungarischen Jüdinnen, von denen ich bisher nur einen Bericht kannte. Ich habe das gelesen, es hat mich tief erschüttert. Ich habe mich auch geschämt dafür, dass ich hier in der Stadt gelebt habe, so lange Jahre und nichts davon wusste. Niemand hat etwas darüber gesagt. Mehr oder weniger zufällig sind wir Schüler ja darauf gestoßen. Ich habe die Reaktionen in der Stadt erlebt, und gerade deshalb freue ich mich besonders, dass jetzt hier so etwas wie dieses Treffen zustande gekommen ist.*«

Zum Programm gehörte auch eine Rundfahrt durch das Gelände der ehemaligen Sprengstofffabrik. Die Frankfurter Rundschau schrieb darüber:[53]

»*Vor allem die Jüdinnen schwiegen und wirkten dabei ruhig und gefasst, als die Busse in den Wald von Hirschhagen einbogen. Andere Frauen – aber auch Männer – schienen eher freudig erregt in Erwartung dessen, was sie in wenigen Minuten wieder sehen würden …*

Viele hatten in der Nacht vor der Besichtigung durch das Gelände der ehemaligen Sprengstofffabrik ›wegen der schweren Erinnerungen‹ und der ›Emotionen, die hochkommen‹, schlecht geschlafen, waren nervös und ergriffen. Ein großer Teil aber schien das Treffen mehr als eine Art verspäteten Betriebsausflug zu betrachten. Der Vorschlag, während der Busfahrt ein Lied anzustimmen, wurde dann doch verworfen. Die Bürgerinitiative hatte auch mehr zur ›menschlichen Aufarbeitung‹ eingeladen, zu einem Treffen, bei dem ›keiner angeklagt werden‹ sollte …

Das Füllen der Sprengkörper, das überwiegend von Frauen ausgeführt wurde, gehörte zu den gefährlichsten Arbeiten im ganzen Werk, nicht zuletzt wegen der extrem hohen Explosionsgefahr. Durch den Umgang mit den Chemikalien verfärbten sich Haut und Haare der Frauen gelb bis grün: ein Umstand, der ihnen den Namen ›Kanarienvögel‹ einbrachte …

Heute, nach über 40 Jahren, hat sich ein Teil der Erinnerungen schon verwischt: ›Klar mussten wir schwer arbeiten und waren zum ersten Mal von zu Hause weg. Aber wir haben auch viel gelacht‹, erzählt eine Frau. ›Schließlich waren wir 19, 20 Jahre alt und haben hier ein Stück unserer Jugend verbracht.‹ Vor allem diejenigen, die in den Büros arbeiteten, haben sogar eine angenehme Erinnerung. ›Wäre kein Krieg gewesen, ich hätte nichts auszusetzen gehabt‹, erzählte eine andere Frau. Andere hatten es schwerer: Eine Französin erzählt, wie deutsche Frauen über ihr, als sie 1942 in Hirschhagen ankam, einen Eimer mit schmutzigem Putzwasser ausschütteten. Sie als ›Dreckfranzose‹ sollte sauber werden …

Am menschenunwürdigsten wurden die jüdischen Zwangsarbeiterinnen behandelt … ›Trotzdem war es für uns ein Glück, nach Hirschhagen zu kommen.

---

53 Lietz, Sabine: Wo Frauen Sprengkörper füllen mussten. In: Frankfurter Rundschau vom 7.10.1986.

In Auschwitz wären wir wahrscheinlich ebenso wie unsere Familie vergast worden‹, sagt eine Ungarin. ›Wir waren erst 20 Jahre alt, deshalb haben wir es wohl überhaupt nur ausgehalten‹, meint sie. Heute ist es ihr ein ›inneres Bedürfnis‹, an diese Stätten, an die sie nur schreckliche Erinnerungen hat, zurückzukehren.

Jeglicher Kontakt der deutschen Frauen mit den ausländischen Zwangsarbeiterinnen war ... damals strengstens verboten. Gleichwohl bekamen die Jüdinnen ab und zu etwas Essbares zugesteckt oder wurden angesprochen. Auf der Fahrt und beim Gang durch das Gelände der ehemaligen Fabrik im Hirschhagener Wald, als die warme Herbstsonnen fast versöhnlich schien, sprachen sie allerdings noch immer kaum miteinander.«

»Es ist gut, dass gerade die Jugend etwas getan hat«

Am nächsten Tag besuchte ich mit den ungarischen Jüdinnen das ehemalige Lagergelände und den Gedenkstein. Die ausführlichen Gespräche mit diesen Frauen habe ich mithilfe von Tonbandaufnahmen festgehalten, um sie auch für den Unterricht verwenden zu können.

Beim Anblick des Gedenksteines war von den Frauen zu hören:

Henriette S.: »*Wir sind stark berührt, wenn wir diesen Gedenkstein sehen. Der Gedenkstein ist für uns gemacht, die, die diese schweren Monate überlebt haben als Häftlinge hier in Lichtenau. Wir werden unseren Kameradinnen erzählen, was wir gesehen haben. Ich hoffe, dass wir noch einmal hierher kommen mit vielen anderen Kameradinnen.«*

Ibolya M.: »*Ich hätte niemals gedacht, dass so etwas hier für uns gemacht wird. Dass ein Denkmal für uns in Lichtenau steht, hätte ich nie gedacht.«*

Henriette S.: »*Nein, das hätten wir nicht gedacht.«*

Ibolya M.: »*An sehr vieles hätte ich nicht gedacht, hätte ich nicht erwartet. Alles das, was wir in den letzten Tagen erfahren haben.«*

Henriette S.: »*Wenn man das erste Mal nach so einer traurigen Zeit wieder hier ist, glaube ich, dann ist es selbstverständlich, dass man stark berührt ist. Es ist gut, dass gerade die Jugend hier etwas getan hat. Der Gedenkstein steht vor einer Schule. Die Kinder sehen ihn jeden Tag, und sie können auch lesen, und dann wissen sie, was hier war. Das weckt Interesse.«*

Ibolya M.: »*Ja, die Jugend hat dann Interesse zu erfahren, was in dieser Stadt war in 1944/45. Sie fragen danach, was hier im Lager gewesen ist.«*

Eine Gruppe ehemaliger jüdischer KZ-Gefangener besuchte nach über 40 Jahren erstmalig das Gelände des ehemaligen Lagers, auf dem sich heute ein Gedenkstein befindet (links), und die früheren Produktionsanlagen im Wald von Hirschhagen.

Eine frühere Gefangene notiert sich den Text des Gedenksteines.

Der Stein rollt weiter

Für die Fortführung des Unterrichtsprojektes hatten sich durch das Treffen Möglichkeiten zur vielfältigen Kontaktaufnahme mit ehemaligen Arbeiterinnen und Arbeitern der Sprengstofffabrik ergeben. Die anfangs vorhandenen Probleme, Zeitzeugen zu finden, die bereit waren, ausführlich zu berichten, existierte damit nicht mehr, ja hat sich sogar in das Gegenteil verkehrt. Nun ist es möglich, von direkt betroffenen »erlebte Geschichte« aus jeweils sehr unterschiedlichem Erfahrungshintergrund dargestellt zu bekommen und damit das begonnene Spurensicherungsprojekt auf dieser Ebene intensiv fortzuführen.

Für noch wichtiger halte ich allerdings eine Erfahrung, die Schülerinnen und Schüler hier in Hessisch Lichtenau gemacht haben: Es war zwar mit großen Schwierigkeiten verbunden, die Aufarbeitung der lokalen NS-Geschichte in Gang zu setzen, aber nachdem dies geschehen war, hat sich so viel »bewegt«, dass damit auch anderen Schüler- und Jugendgruppen Mut gemacht werden kann. Bedeutungsvoll ist auch die Erfahrung, wie notwendig es ist, die Bearbeitung der Thematik konsequent über einen längeren Zeitraum voranzutreiben und bei Schwierigkeiten und Auseinandersetzungen nicht gleich zu resignieren. In diesem Sinnen ist Hessisch Lichtenau sicher ein »Lehrstück« über die Auswirkungen einer von Schülern angeregten und betriebenen regionalgeschichtlichen Spurensicherung.

Das Beispiel Hessisch Lichtenau hat mittlerweile so viel Resonanz gefunden, dass Schulklassen und außerschulische Gruppen aus der näheren und weiteren Umgebung sich mit der Geschichte des Sprengstoffwerkes und des KZ-Außenkommandos auseinander setzen. Regelmäßige Führungen und Geländeerkundungen werden organisiert und durchgeführt, denn Hirschhagen drängt sich als Thema geradezu auf, weil sich hier auch die Beziehungen zwischen der Geschichte und unserer heutigen Zeit aufzeigen lassen. Der Stein, der in Hessisch Lichtenau durch Schülerinnen und Schüler der Gesamtschule ins Rollen gebracht wurde, rollt also weiter. Das überregionale Interesse und die vielfältigen Ansätze zur einer weiteren Bearbeitung der Thematik sowohl von schulischer als auch von kommunalpolitischer Seite machen dies deutlich.

Ein Rundgang durch die Geschichte der Rüstungsfabrik

Eine heute fast schon alltäglich gewordene Szene in Hessisch Lichtenau: Schüler/innen durchstreifen im Ortsteil Hirschhagen das 250 Hektar große Gelände der heute als Industriegebiet genutzten ehemaligen Sprengstofffabrik, in der bis Kriegsende Bomben, Granaten und Minen für den »Endsieg« Hitler-Deutschlands produziert wurden. Eine Karte, in der ein Rundweg eingezeichnet ist,

Die Reste der ehemaligen Sprengstofffabrik begegnen einem im heutigen Hessisch Lichtenauer Ortsteil auf Schritt und Tritt – hier das Gerippe eines Kesselhauses.

An der ehemaligen Verladerampe wurden Bomben, Granaten und Tellerminen in Eisenbahnwaggons verladen.

Im Inneren eines Pressengebäudes: Anweisung an den Pressenführer.

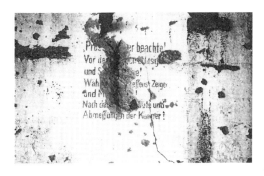

Vor einer ehemaligen Füllstation versuchen die Schülerinnen und Schüler, die Produktionsabläufe anhand der noch vorhandenen Gebäude nachzuvollziehen. Informationen über die Arbeitsbedingungen und Auswirkungen von Explosionen bekommen sie durch die in einem Erkundungs-Leitfaden abgedruckten Zeitzeugenberichte.

Arbeitsbedingungen in der Füllstation

In der Füllstation waren die ungarischen Jüdinnen in alle Stufen des Arbeitsprozesses einbezogen. Sie waren zuständig für die Anlieferung der Rohlinge auf Wagen, die Füllung der Hülsen mit dem heißen, flüssigen Sprengstoff TNT, das Versiegeln der Bomben, das Verschrauben, das Einstempeln von Nummern, die Verpackung, die Verladung auf Wagen und für den Transport. Hajdu P.: »[Die]Granate[n] wurden aus den Waggons geladen, auf heißem, flüssigen Sprengstoff (welcher uns Haut und Haare gelb färbte) gefüllt, mit Nummern versehen und die gefüllten Granaten in Waggons verladen. Sämtliche Arbeiten wurden ohne jede technische Einrichtung ausgeführt, die Häftlinge hierzu in drei Schichten eingeteilt und abwechselnd zu den verschiedenen Arbeiten bestimmt.«

Über die einzelnen von den Zwangsarbeiterinnen durchzuführenden Tätigkeiten in der Füllstation liegen detaillierte Beschreibungen der Arbeitsplatzsituation vor, aus denen auch die Gefahren und Belastungen deutlich werden, denen sie sich täglich aussetzen mussten.

Gertrud D.: »Die Arbeit bestand darin, die Mischung für die Granaten oder in einem anderen Teil des Werkes für die Minen herzustellen. Dann mussten wir die Mischung in Hülsen füllen, dann wurden die Hülsen auf ein Band gestellt und in verschiedenen Phasen versiegelt. Schließlich wurden die Granaten auf flache, vierrädrige Eisenwagen geladen und auf Schienen durch ein Eisentor gebracht; diese Schienen führten etwa 100 Meter hügelab, wo sich eine weitere Eisentür nach draußen öffnete, die aber immer geschlossen war und jedesmal geöffnet werden musste. Der Wagen kam in den Lagerraum, wo er entladen wurde; dann, ein paar Tage später, wurden die Eisenbahnwaggons beladen. Alles musste in großer Schnelligkeit erledigt werden. Eine Granate wog 20 Kilo, und wir mussten lernen, zwei zur gleichen Zeit zu handhaben.«

Blanka P.: »Dort [in der Füllstation] musste ich den in die Granaten zu füllenden heißen Sprengstoff mit Messingstäbchen sorgfältig rühren, damit eine gleichmäßige Abkühlung erfolgt, wodurch im Sprengstoff keine Luftblasen entstehen. Auf der Oberfläche bildet sich eine harte, eisenartige Haut. Diese musste man mit dem Stäbchen aufbrechen. Ich habe den bitterlich schmeckenden, ungesunden Dampf einatmen müssen, das hat mich betäubt, und ich bin oft dann zur Besinnung gekommen, als mir der heiße Sprengstoff ins Gesicht spritzte, dadurch wurde mein Gesicht mit Brennwunden voll. Manchmal musste ich am Ende des Laufbandes die zusammenmontierte beinahe 30 kg schwere Granate ergreifen. Bei dieser Arbeit habe ich meine Hände oft schwer verletzt und habe meine vereiterten Wunden immer wieder versteckt.«

Sarah A.: »[...] musste ich von einem großen Kessel die kochende chem. Masse mit einem primitiven Eimer entnehmen und so vorsichtig einfüllen. Etliche Male litt ich unter Verbrennungen, wenn es zurückspritzte, denn Lederschürze bekam ich nicht, so wie die Arbeiter sie bekamen. Aber meine Schmerzen und Wunden musste ich verheimlichen, ich wusste zu genau, wenn ich mich beklage, werde ich ›arbeitsuntauglich‹ erklärt. Ich wusste auch die Folgen. [...] Nach einer Zeit färbte sich die Haut von den Giften grün-gelb, auch nahm die Übelkeit, von dem stark riechenden Dampf, ständig zu. Sicher sind auch all diese Zustände auf den Hunger und meine leeren Magen zurückzuführen. [...] Weitere Arbeit, die ich verrichten musste, war, nachdem die Füllung der Granaten hart und kalt geworden war, sie mit einer Bohrmaschine zu durchbohren. Später war meine Arbeit bei der Stanzmaschine, wo man die noch leeren Granaten mit Daten bezeichnen musste. Dies bedeutet, die Stanze mit dem Datum hineinzupressen. Voll waren meine Hände mit Eisensplittern, zumal ich auch hier weder Handschuhe noch Lederschürze bekam. Man riet mir, die Splitter sollen sich alleine ausstoßen, um jede Infektion zu vermeiden. Auch dies war mit viel Schmerzen verbunden.«

Rosalia V.: »Am Anfang musste ich in der Fabrik eine heiße, dicke Masse in Granaten füllen. Diese schrecklich anstrengende Arbeit hat in meinem linken Arm, meiner Schulter und meinem Rücken schließlich unerträgliche Schmerzen verursacht (deren Spuren bis heute da und nachweisbar sind), und ich hatte das Gefühl, dass mir nichts Schlimmeres mehr passieren könnte.«

Aufgaben:
1. Versucht, die Gebäude, in denen sich die beschriebenen Arbeitsabläufe abspielten, auf der Karte zu finden. Welche Nummern trugen sie, und wie war die Funktionsbezeichnung?
2. Welche Gebäude dieser Gebäudegruppe könnt ihr heute noch im Industriegebiet Hirschhagen finden?
3. In welchem Zustand sind die Gebäude, und was befindet sich heute darin?
4. Beschreibt, welche Arbeiten dort von den ungarischen Jüdinnen 1944/1945 verrichtet werden mussten und welche Arbeitsbedingungen herrschten.

Aus: Vaupel, Dieter: Spuren, die nicht vergehen. Kassel 1990, S. 106 f.

der sie zu den wichtigsten Stationen führt, erleichtert es ihnen, sich in dem – auf den ersten Blick chaotisch erscheinenden – Gebiet zurechtzufinden.

Die Karte ist Teil eines von Studenten der Gesamthochschule Kassel mittlerweile entwickelten »Leitfadens« zur Erkundung der ehemaligen Sprengstofffabrik.[54] Treffpunkt mit den Jugendlichen ist am ehemaligen Haupteingang des Werkes. Das Verwaltungsgebäude und die gegenübergelegene Hauptwache stehen noch heute. In der Wache befindet sich heute die Post, das Verwaltungsgebäude dient jetzt als Unterkunft für Aussiedler. Die Schüler erhalten hier zunächst kurze Informationen über den Aufbau der zur Dynamit AG gehörenden Fabrik, erfahren, dass erste Planungen bereits auf das Jahr 1935 zurückgehen und Teil der Kriegsvorbereitungen durch die Nationalsozialisten waren. Ein Überblick über das Gesamtgelände wird gegeben, über Produktion und Arbeit im Werk von 1938 bis 1945.

Dann beginnt der eigentliche Rundweg. Zunächst vorbei an einer früheren Verladerampe, hier musste beim Verladen der Bomben und Granaten schwere Arbeit geleistet werden, die die Körperkräfte vieler überstieg. Aus dem Leitfaden können sie Berichte ehemaliger Zwangsarbeiterinnen, die hier arbeiten mussten, entnehmen: »*Oft ist eine Bombe umgekippt, und dann fiel alles herunter ... Von den Beschädigungen hatten wir fast alle schwarze Fußnägel, wir hatten große Schmerzen, bis sie abgefallen sind.*«[55] Eine andere Zwangsarbeiterin: »*Einmal ist mir eine Granate auf den Fuß gefallen, aber ich musste weiterarbeiten ohne ärztliche Hilfe, bis die Wunde von selbst geheilt war.*«[56]

Die Jugendlichen beschleicht ein merkwürdiges Gefühl, eine Mischung aus Faszination und Abscheu. Faszination geht von den Gebäuden aus, die leer und doch geheimnisvoll mitten im Wald stehen, so, als sei die Zeit mehr als 40 Jahre stehen geblieben. Abscheu packt sie bei dem Gedanken an die Geschehnisse, die sich in der Nazizeit in diesen Gebäuden ereignet haben, bei dem Gedanken an die Menschen, die dort arbeiten mussten. Faszination und Abscheu – ein Begriffspaar, dass sicherlich auch in der Gefühlswelt vieler Jugendlicher während der NS-Zeit eine Rolle gespielt hat ...

Eben haben sie eine sogenannte Füllstation passiert, heute Sitz einer Ventilatoren-Firma. 30.000 Tonnen TNT in einem Jahr sollen die Nazis dort produziert und in Bomben gefüllt haben, eine Zahl, die bei so manchem »Technik-Freak« bewundernde Anerkennung hervorruft. Eine andere Zahl macht die Dimensionen noch klarer: Allein 5 Mio. Liter Wasser täglich wurden während der Produktionszeit in den 400 Werksgebäuden verbraucht. Gigantisch! Das

---

54 Bukowski, Christel/Hartmann, Andrea/Petersen, Uwe/Vaupel, Dieter/Wiechmann, Christiane (Projektgruppe Hirschhagen): Hirschhagen. Sprengstoffproduktion im »Dritten Reich«. Ein Leitfaden zur Erkundung des Geländes einer ehemaligen Sprengstofffabrik. Hrsg. vom Hessischen Institut für Bildungsplanung und Schulentwicklung. 2. Aufl., Wiesbaden 1991.
55 Brief von Róna Miklósne, Budapest, vom 15.12.1986.
56 Brief von Esther Fuchs, Kiriyat Ono/Israel, vom 24.4.1984.

völlig autarke Werk war eines der größten seiner Art im gesamten Deutschen Reich, erfahren sie. Eine technische Neuerung jagte die andere, sogar recycelt hat man einzelne notwendige Zwischenprodukte schon! Not machte in der Endphase des Krieges erfinderisch. Die Amerikaner haben nach Kriegsende einiges vom »Know-how« der deutschen Sprengstoffindustrie mitnehmen können. War das ein Grund dafür, warum man das Werk nie bombardierte? Auch die heute noch erhalten gebliebenen Werksgebäude bringen die Jungen und Mädchen zum Staunen: Bauwerke für die Ewigkeit, zumindest für ein »Tausendjähriges Reich«. Sie taugen sogar heute noch zum Wohnen! Beschleicht da nicht manchen ein bisschen Stolz auf die »deutsche Wertarbeit«?

Aber gleichzeitig erfahren die Schüler/innen von Explosionen, bei denen 200 Menschen buchstäblich zerfetzt wurden, ganze Gebäudekomplexe in die Luft gingen, erfahren von schlimmen, unmenschlichen Arbeitsbedingungen tausender von Zwangsarbeitern/innen. Sogar KZ-Gefangene aus Auschwitz haben hier gearbeitet. Auschwitz war also auch in Hessisch Lichtenau! Die Lichtenauer sahen täglich die ausgemergelten Gestalten durch den Ort ziehen. Sie wussten was hier passierte. Die Jugendlichen lesen, was eine Gefangene schrieb, und Betroffenheit macht der Faszination platz: »*Ich habe den bitter schmeckenden, ungesunden Dampf einatmen müssen, das hat mich betäubt, und ich bin oft dann zur Besinnung gekommen, als mir der heiße Sprengstoff ins Gesicht spritzte, dadurch wurde mein Gesicht mit Brennwunden voll ... Ich habe meine vereiterten Wunden immer versteckt. Ich wollte nicht krank sein, da ich wusste, dass das mit dem Tode gleichzusetzen war.*«[57] Die Frau, die dies schrieb, war, als sie aus Ungarn nach Hirschhagen verschleppt wurde, gerade so alt wie die Schülerinnen jetzt ...

Weiter geht es an ehemaligen Bunkern vorbei. Viele sind enttarnt und zu Wohnhäusern umgebaut, oft kann man ihren früheren Zweck nicht mehr erkennen. Scherzhaft nennt man sie hier »Bunkalows«. »*Wie kann man darin nur leben?*«, fragt ein Mädchen – und versucht sich sogleich selbst eine Antwort zu geben. Es sei halt billig, und man könne schließlich nicht immer an das Grauen denken. Aber trotzdem ... Gift soll hier noch im Boden sein, vielleicht dort, wo gerade die Kinder im Garten spielen? Die Lichtenauer erhalten TNT-haltiges Wasser aus der Leitung. Folgeschäden lassen sich bisher nicht feststellen, oder will man diese nicht feststellen?

Das Gerippe eines ehemaligen Kesselhauses taucht im Wald auf, hier wurde der Sprengstoff gekocht. Weiter geht es, vorbei an einem Pressengebäude, das zur Idylle mit Swimmingpool vor dem Haus umfunktioniert worden ist. Eine Diskothek hat es darin bis vor einigen Jahren gegeben. »Relax« hieß sie, und viele Jugendliche konnten dort tatsächlich relaxen, ohne an die Leiden der darin geschundenen Menschen zu denken. Ein Stück notwendige Verdrängung

---

57 Brief von Blanka Pudler, Budapest, vom 2.12.86.

oder brutales Resultat einer nicht bearbeiteten Geschichte, die sich jetzt im Wiedererwachen neonazistischer Strömungen rächt?

Ein Pressengebäude wird betreten, »Gebäude 367« ist in großen Zahlen neben dem Eingang zu lesen, gerade so, als hätte man gestern aufgehört, Vernichtungswaffen für den Krieg gegen ganz Europa zu produzieren. Es ist feucht, ein merkwürdiger Geruch liegt noch heute dort in der Luft. So muss der Sprengstoff gerochen haben, erfahren die Jungen und Mädchen. Spuren sind zu entdecken: Anschlüsse für Maschinen, das Rohrleitungsnetz, eine Inschrift ist zu lesen: »*Kein Trinkwasser – gesundheitsschädlich*«, und darüber der gleiche Text auf Französisch. Wie viele Menschen mögen hier gelitten haben, geht es nicht nur den begleitenden Lehrern durch den Kopf. Eine gespenstische, bedrückende Atmosphäre lastet auf diesem Gebäude. Man blättert in dem »Leitfaden« – vielleicht aus Verlegenheit oder um die Unfähigkeit, etwas zu sagen, zu kaschieren –, erfährt etwas über Produktion und Arbeitsbedingungen in den »Pressen« und über die Demontage der Produktionsanlagen nach 1945.

Doch Faszination bleibt. Die Abenteuerspielplatzatmosphäre, die das Gelände heute kennzeichnet, lässt sie nicht los, aber genauso fasziniert sie, was die Nazis hier Dauerhaftes geschaffen haben. Dauerhaft noch heute nach mehr als fünfzig Jahren. Die Amerikaner mussten nach 1945 vor dem Stahlbeton kapitulieren und ihre Sprengungen aufgeben. Vielleicht muss diese Faszination bleiben, wenn man erklären will, wie es zu Auschwitz kam. Man erfährt es hier gleichsam an sich selbst, sieht die Gefahr in sich selbst heraufziehen. War es das, was Heinar Kipphardt mit seinem Stück »Bruder Eichmann«[58] aussagen wollte? Mag sein, dass tatsächlich Eichmann »nicht so weit von uns entfernt ist, wie wir das um unser selbst willen gerne wünschen«[59].

Der Rundgang ist noch nicht beendet. Der auf der Karte gekennzeichnete Weg führt die Gruppe zu gesprengten Produktionsbunkern. Zwischen den Trümmern ist eine Anweisung an den Pressenführer zu finden: »*Pressenführer beachte! Vor dem Pressen: Lichtsignale und Schaltersperre! Während des Pressens: Zeiger und Manometer! Nach dem Pressen: Abmessungen der Körper!*« – »Gut durchdacht«, merkt ein Schüler anerkennend an, als er erfährt, dass die Bunker in einer Rasterbauweise mit Stahlbetonrahmen gebaut sind, dazwischen leichte Wände aus Bimsstein oder gar Brettern: Explosionen konnten sich so besser entladen. Maschinen und Menschen flogen aus den Gebäuden, aber der Gebäuderahmen blieb stehen; die Produktion konnte nach kurzer Zeit weitergehen. Es ging schließlich um Produktionsziffern, um den Endsieg! Menschen, seit 1942 überwiegend Ausländer, waren ja ersetzbar … Da war sie wieder, die gleiche Mischung der Gefühle, die schon mehrfach auftauchte und

---

58 Kipphardt, Heinar: Bruder Eichmann. Schauspiel. Reinbek 1983.
59 Krause-Vilmar, Dietfrid: Verdrängen oder annehmen? Über den Umgang mit dem Nationalsozialismus heute. In: Landeswohlfahrtsverband Hessen (Hrsg.): Psychiatrie im Nationalsozialismus. Kassel 1989, S. 65.

die man bei einem Hirschhagen-Rundgang nicht loswird, sie auch nicht loswerden soll. Man bleibt »hin- und hergerissen zwischen Wiedererkennen und Fremdheit«[60] der eigenen Person.

Die letzte Station des Rundganges ist die riesige Schleifschlammhalde einer ortsansässigen Firma, die Kunstmarmor produziert. Eine weiß getünchte Mondlandschaft inmitten des Hirschhagener Waldes. Sie legt sich über ein Gebiet, auf dem ehemals aus der Produktion anfallende brennbare Abfälle bis Kriegsende verbrannt und andere Produktionsrückstände gelagert wurden. Die Schleifschlammhalde symbolisiert gleichsam eine alltägliche Form der Vergangenheitsbewältigung in der Nachkriegsgeschichte der Bundesrepublik: nach dem Motto »Schlamm drüber«. Die dort lagernden Rückstände sind mitverantwortlich dafür, dass das Trinkwasser in Hessisch Lichtenau und Umgebung noch heute mit Nitro-Körpern verunreinigt ist. Auch an vielen anderen Stellen lagern noch heute Giftstoffe aus der Sprengstoffproduktion im Boden.

Eine Erkundung des Geländes der ehemaligen Sprengstofffabrik in Hessisch Lichtenau ist ein Versuch, andere, neue Zugänge zur Geschichte zu finden. Heitmeyer stellt im Zusammenhang mit dem Wiederaufkommen rechtsextremistischer Tendenzen unter Jugendlichen fest: »Belehrungen kommen gegen Erfahrungen nicht an«. Genau an diesem Punkt setzt das beispielhaft vorgestellte Konzept an. Es geht darum, Erfahrungen zu machen, Erfahrungen mit dem Thema Nationalsozialismus als einem nicht vergangenen Thema. Erfahrungen mit sich selbst und dem in jedem steckenden Gefährdungspotential, das in der Faszination liegt. Beim Auffinden der Spuren des Alltags, der ganz gewöhnlichen Normalität der NS-Zeit, können wir auch Spuren in uns selbst entdecken. Wenn es gelingt, dass Jugendliche sich emotional und reflektierend darauf einlassen, können sie dabei erfahren, dass der Nationalsozialismus durchaus etwas mit ihrer heutigen Wirklichkeit zu tun hat.

Erkundungen wie die beschriebene bieten Möglichkeiten eines solchen Zuganges zu der Thematik. Hirschhagen ist ein Lernort, der eine Chance des emotionalen Zuganges bietet eine Möglichkeit, sich aktiv-handelnd mit der Geschichte und ihren Folgen auseinander zu setzen, Fragen zu stellen und an Tabus zu rühren. Es eröffnen sich Möglichkeiten des »Be-gehens« und »Be-greifens«, nicht nur des abstrakten, verkopften Lernens. Wirklich »ent-dek-kendes« und »auf-deckendes« Lernen kann stattfinden, wenn man nach den Spuren der Vergangenheit sucht. Die Erfahrungen der letzten Jahre zeigen, dass Konzepten der historischen Erkundung, der Alltagsgeschichte und der lokalen Spurensuche mehr Erfolg als moralisierender »Schockdidaktik« beschieden ist. Es gibt viele »Hirschhagen« als Lernorte, die zu erkunden sind und neue Ein-

---

60 Hans Magnus Enzensberger im Vorwort zu: Weber, Otto: Tausend ganz normale Jahre. Ein Photoalbum des gewöhnlichen Faschismus. Nördlingen 1987, S. 8.

sichten für Jugendliche ermöglichen. In noch so guten Schulbüchern oder auf Arbeitsblättern sind sie allerdings nicht zu finden ...

Zehn Jahre später: Blanka Pudler – eine Zeitzeugin im Unterricht

Die Freilegung erster Spuren in die nationalsozialistische Vergangenheit hat vielfältige langfristige Auswirkungen gehabt. Für historisches Lernen bedeutsam sind neben Erkundungen des Geländes der früheren Rüstungsfabrik vor allem auch Vortragsreisen und Lesungen, die ehemalige KZ-Gefangene heute regelmäßig an zahlreichen Schulen Nordhessens durchführen.

Seit einigen Jahren besucht die ungarische Jüdin Blanka Pudler aus Budapest regelmäßig die Dr.-Georg-August-Zinn-Schule in Gudensberg. Sie ist ehemaliger Auschwitz-Häftling und musste während der Nazizeit Zwangsarbeit in der nahe gelegenen Sprengstofffabrik Hessisch Lichtenau verrichten. Den Schülerinnen und Schülern unserer Schule berichtet sie von ihrem Leidensweg und macht so den Holocaust an den europäischen Juden, die Vernichtung von Menschenleben durch die Nationalsozialisten, für die Jugendlichen begreifbar, nacherlebbar. Im November 1995 erzählte sie ihre Lebensgeschichte vor Schülerinnen und Schülern der Klasse 8b, die im Rahmen des Projektes »Schüler lesen die HNA« ihre Eindrücke in der Lokalzeitung veröffentlichten (siehe Abb.)

Die Schüler/innen schickten ihre Zeitungsartikel, nachdem sie veröffentlicht worden waren, an Blanka Pudler nach Budapest. Kurze Zeit später erhielten sie einen Brief von ihr: »*Eure Artikel haben mir eine riesengroße Freude bereitet. Ich muss euch allen gratulieren, wie gut das gemacht wurde. Ich freue mich besonders, dass mein Besuch in eurer Schule einen guten Eindruck hinterlassen hat, und hoffe, dass alles, was ich erzählt habe, auch dazu helfen wird, einander besser zu verstehen und auch diejenigen zu verstehen, die vielleicht anders sind, als ihr seid, damit Hass eure schöne Zukunft – die ich Euch von Herzen wünsche – nicht verderben oder zerstören soll.*«

AUTORENLESUNG

Bericht der Unmenschlichkeit

Die ungarische Jüdin Blanka Pudler ist Zeitzeugin: Sie wurde während des 2. Weltkrieges verschleppt, ihre Familie umgebracht. Schüler der Gudensberger Gesamtschule berichten über eine Lesung mit ihr.

GUDENSBERG ■ Vor einigen Tagen hat Blanka Pudler, eine jüdische Frau, in der Dr. Georg-August-Zinn-Schule vor den Klassen 8a und 8b einen Vortrag über ihr schreckliches Leben gehalten.

in Zusammenarbeit mit der Kreissparkasse Schwalm-Eder

Blanka Pudler wurde 1944 von den SS-Offizieren von Ungarn nach Auschwitz überstellt aufgrund ihrer jüdischen Ab-

Blanka Pudler vor den Schülerinnen und Schülern: Sie berichtete aus ihrem Leben und der Zeit des Terrors und der Zwangsarbeit in Nordhessen. (Foto:GAZ/nh)

stammung. Die damals erst 14jährige wurde mit vielen anderen Frauen zusammen in einen Viehwaggon gepfercht. In Auschwitz wurde sie dann von ihren Eltern getrennt und zusammen mit ihrer älteren Schwester nach Hessisch-Lichtenau gebracht.

Dort mußten sie in der Munitionsfabrik arbeiten und wurden im Lager von den SS-Männern auf sadistische Weise schikaniert. In der Fabrik lernte sie eine deutsche Aufseherin kennen, die ihr knappes Essen manchmal mit ihr teilte.

Gegen Ende des Krieges kamen sie in ein Lager nach Leipzig. Kurze Zeit später wurden sie auf einen Todesmarsch geschickt. Sie mußten viele Kilometer marschieren und bekamen fast nichts zu essen. Nach drei Wochen unter unvorstellbaren Bedingungen wurden sie von den Amerikanern befreit.

Text von Jessica Poppenhäger, Victoria Boß, Jennifer Umbach und Sarah Dingel, Klasse 8b.

Einzige Erinnerung an die Familie

Das Foto zeigt Blanka Pudler und ihre Familie im Jahr 1933. In Israel traf sie 1988 ihren Cousin, der ihr das Foto gab. Blanka Pudler ist die jüngste der vier Geschwister (in der Mitte). Mit ihrer Schwester Aranka (rechts) überlebte sie als 15jährige in Auschwitz und Hessisch-Lichtenau. 1942 wurde ihr Bruder (links) an die Front abkommandiert. Nach der Befreiung traf sie ihn wieder. Die älteste Schwester (hinten Mitte) überlebte in Budapest. Zum letzten Mal sah sie ihren Vater (halbrechts) in Auschwitz. Er starb im KZ Dachau. Ihre Mutter wurde in der Gaskammer von Auschwitz umgebracht.

Von Simone Weyers, Melanie Steuer, Klasse 8b, GAZ.

LEBENSLAUF

Von der SS wurden sie aus den Häusern geholt

GUDENSBERG ■ Blanka Pudler wurde 1929 in der Ukraine an der rumänischen Grenze geboren. 1937 zog ihre Familie nach Leva im slowakischen Oberland. Im Herbst 1938 wurden die deutschen Einwohner vertrieben, 1939 zogen die Pudlers in die Slowakei.

Am 19. März 1944 wurde Ungarn von den Deutschen besetzt. An einem Freitag, bei der Vorbereitung des Sabbat, stürmten SS-Männer das Haus der Familie. Mit dem LKW wurden alle ins Ghetto gebracht.

Juni 1944: Auf einem Bahnhof wurden 75 Menschen in einen Viehwaggon gesteckt. Drei Tage brachten sie darin zu. Es gab nicht genug Wasser und Luft, einige starben.

Als endlich die Türen geöffnet wurden, zerrten Gefangene die Juden heraus, ihre Habe blieb zurück. Am Lagereingang des KZ Auschwitz wurden kräftige Männer und Frauen von den schwächeren getrennt. Dabei sah Blanka ihre Eltern zum letzten Mal.

Nach dem Haareschneiden kam die Entlausung, dann die Trennung: Alle unter 15 sollten zu ihren Müttern gehen. Durch eine Aufseherin, die ihr vorsagte, sie sei doch sicher 16, wurde Blanka Pudler gerettet. Hitze, Kälte, Hunger und Durst bestimmten den Alltag.

Am 1. August kam sie in Hess. Lichtenau, nach zwei Wochen Schonzeit mußte sie in der Fabrik arbeiten und Granaten herstellen. Am 29. März 1945 wurde das Lager evakuiert, die Juden nach Leipzig geschickt. Dort begann dann ihr Todesmarsch, die Kleidung verfaulte bei vielen am Körper. Am 25. April 1945 wurden sie von den Amerikanern befreit. Seitdem lebt Blanka Pudler in Budapest.

Von Anja Albrecht, Kristina Koch, Isabell Aillaud, Nina Döring, Klasse 8b. GAZ.

Hessische Niedersächsische Allgemeine

5. Praxisbeispiel

Lichtblicke und moralische Tiefschläge

Schüler/innen dokumentieren Spuren einer Minderheit

Bis auf wenige Ausnahmen sind die Synagogen in ganz Deutschland in der Nacht zum 9. November 1938 in Brand gesteckt oder in den folgenden Tagen auf baupolizeiliche Anordnung wegen »Einsturzgefahr« abgerissen worden. Von den Gebäuden, die verschont geblieben sind, wird heute kaum eine noch als Synagoge genutzt. Sie dienen als Lager oder Fabriken, wurden zu Theatern, Gaststätten und Wohnhäusern umgebaut.

Welchen Sinn hat es, sich mit einem Kultbau zu befassen, der mit seiner ursprünglichen Bedeutung heute nichts mehr zu tun hat, dessen vormalige »Benutzer« nicht mehr im Ort leben und in unserem Bewusstsein keine große Rolle mehr spielen?

Die Zerstörung dieser Bauten ist nicht vom Schicksal einer während der Zeit des Nationalsozialismus und auch in den Jahrhunderten davor diskriminierten Minderheit, den deutschen Juden, zu trennen. Auch heute gibt es in unserem Land wieder Minderheiten, die diskriminiert, ja sogar misshandelt und getötet werden. Daher ist es jetzt besonders wichtig, die Historie, die sich in den jüdischen Synagogen verkörpert, zu bewahren, der Öffentlichkeit näher zu bringen und insbesondere Jugendlichen zu diesem Teil der Geschichte Zugänge zu eröffnen.

Geschichte der Synagoge wird dokumentiert

Die erhalten gebliebene Synagoge in der nordhessischen Kleinstadt Gudensberg, die Schüler/innen der örtlichen Gesamtschule zum Gegenstand ihrer Untersuchung im Rahmen eines Unterrichtsprojektes machten, ist nicht nur ein Zeugnis der Religiosität der Juden, sondern darüber hinaus ein wichtiges Dokument ihrer kulturellen Stellung und ihrer Entwicklung als gesellschaftliche Gruppe. Eine Beschäftigung mit dieser Synagoge und den Menschen, die dort ein- und ausgingen, kann dazu beitragen, die Geschichte der Juden nicht nur als deren Geschichte, sondern auch als Teil der eigenen Geschichte zu begreifen. Sie kann Mahnung und Warnung sowie eine Hilfe beim Umgang mit Minderheiten, mit Andersdenkenden, mit Angehörigen anderer Religionen im täglichen Zusammenleben sein.

HNA Fritzlar-Homberg — DONNERSTAG, 1. JULI 1993

DOKUMENTATION
Mehr als nur ein Baudenkmal

Aus einer Schüler-Arbeit für einen Geschichts-Wettbewerb wurde eine Broschüre, mit knapp 140 Seiten sogar fast ein Buch. Die Geschichte der Gudensberger Synagoge und der jüdischen Gemeinde sind darin dokumentiert.

GUDENSBERG ■ Seit genau 150 Jahren steht ein Gebäude mitten in der Gudensberger Altstadt, das 94 Jahre lang einer gesellschaftlichen Minderheit,

VON ULRIKE LANGE-MICHAEL

einem Teil der Gudensberger Einwohner als Treffpunkt, als Ort ihrer Glaubensausübung gedient hat. Mit der Vertreibung und Vernichtung dieser Minderheit, nämlich der Juden, verlor auch das Haus, die Synagoge, ihre Bedeutung. Erst jetzt, nach vielen Debatten und Diskussionen, nach erheblichem Engagement einiger, wurde das kultur- und baugeschichtliche Denkmal Synagoge gerettet.

All das und noch viel mehr kann man auf den knapp 140 Seiten einer Broschüre nachlesen, die die Klasse 10 a der Gudensberger Georg-August-Zinn-Schule herausgegeben hat. In Gudensberger Buchhandlungen und in der Schule wird die Dokumentation seit kurzem angeboten.

Einige Exemplare übergaben Schülerinnen der Klasse und ihr Fachlehrer für Gesellschaftslehre, Dr. Dieter Vaupel, jetzt dem Bürgermeister. Auch als Dank für die positive Zusammenarbeit, denn die Stadtverwaltung sei auf alle Wünsche der Schüler eingegangen, habe deren Arbeit weitgehend unterstützt.

Daß die Rettung der ehemaligen Synagoge möglich wurde, nach jahrzehntelanger Ignoranz ihres Vorhandenseins, sei ein Lehrbeispiel für die Bemühungen, die notwendig seien, um ein zunächst weitgehend abgelehntes Vorhaben politisch durchsetzbar und akzeptabel zu machen, erläuterte Bürgermeister Paul Dinges.

„Gegen den Willen einer Mehrheit bei den Gudensbergern kann man solche Dinge nicht machen", warb Dinges um Verständnis für die doch recht lange Zeit, die ins Land ging von den ersten Forderungen nach Rettung bis zur tatsächlichen Restaurierung.

Das Ergebnis könne sich dafür jetzt doch sehen lassen, meinte der Verwaltungschef. Wichtig sei auch ein Nutzungskonzept, das wieder Leben in die Mauern bringe. Die Überlassung des Erdgeschosses an den DRK-Ortsverein sei die richtige Lösung gewesen.

Für die weiteren Stockwerke wird eine Ausstellung über das jüdische Leben angestrebt.

Daß mit der Broschüre jetzt erstmals eine umfangreiche Dokumentation über die ehemalige Gudensberger Synagoge und die jüdische Gemeinde vorliegt, ist dem Engagement der Schülerinnen und Schüler zu verdanken. Wie interessant und aufschlußreich ihre Nachforschungen, die Gespräche und Besichtigungen, die Kontakte zu ehemaligen Gudensberger Juden waren, machten die Schülerinnen deutlich.

Für sie ist die Beschäftigung mit dem Schicksal einer Minderheit, die verfolgt, vertrieben und umgebracht worden ist, besonders wichtig in einer Zeit, in der wieder Haß und Gewalt gegen Andere aktuell sind.

Einen ganz wichtigen Stellenwert hat die ehemalige Gudensberger Synagoge, die zunächst außen restauriert wurde, für die Schülerinnen der Klasse 10 a erhalten: In wochenlangen Recherchen und zahlreichen Gesprächen erfuhren sie viel über die früher hier lebenden Juden und ihre Vertreibung. „Auf den Spuren einer Minderheit" heißt das Büchlein, das Arbeitsergebnis jetzt vorliegt und in Buchläden angeboten wird. (Foto: ula)

Hessische Niedersächsische Allgemeine

So macht Forschen Spaß

Schaut Euch um
nach Denkmalen, die Euch interessant erscheinen: z. B. in der Schule, auf dem Schulweg, auf dem Marktplatz, auf dem Friedhof, im Park. Achtet auf Namen von Straßen, Gebäuden, Institutionen. Sucht die ältesten Gebäude in der Stadt. Lest die Erklärungstafeln des Denkmalschutzes. Erkundigt Euch nach stillgelegten und verfallenden Anlagen oder nach Gebäuden und Dingen, die Euch alt und merkwürdig vorkommen. Vielleicht könnt Ihr an einer historischen Stadtführung teilnehmen. Überlegt auch, ob Denkmale fehlen.

Geht in Bibliotheken
Über Denkmale findet Ihr zum Teil viel Literatur. Sucht besonders auch nach Bildbänden, Reise-, Natur- und Denkmalführern für Euren Ort und nach Heimatkalendern – sowohl alten wie neuen. Auch alte Zeitungen und heimatgeschichtliche Zeitschriften könnt Ihr sichten. Die Veränderungen von Straßennamen könnt Ihr in alten Stadtplänen verfolgen. Schildert dem Bibliothekar Euer Problem. Neben der Stadt- und der Schulbibliothek gibt es noch viele andere Büchereien, z. B. bei Kirchengemeinden, Unternehmen, Behörden, Vereinen oder der Bundeswehr.

Fragt Heimatforscher
Tips für gute Themen und die weitere Forschung könnt Ihr Euch bei Experten holen. Fragt z. B. bei der örtlichen Zeitung an, wer für Lokalgeschichte zuständig ist. Nehmt Kontakt mit dem örtlichen Geschichtsverein, Bürgerverein, Heimatverein oder Naturschutzverband auf. Erkundigt Euch beim Denkmalschutzamt.

Sucht Zeitzeugen
z. B. Anwohner, Besitzer und Bewohner von Denkmalen • Politiker, die über Denkmale entschieden haben • Künstler, Architekten oder Handwerker, die damit zu tun hatten • Mitarbeiter, auch ehemalige, von beteiligten Behörden, z. B. dem Bauamt, Denkmalschutzamt, Gartenamt • Mitglieder von Betroffenen-Vereinigungen, z. B. von NS-Verfolgten, Kriegsopfern, Hinterbliebenen, von Traditionsverbänden, Landsmannschaften oder Bürgerinitiativen. Hört Euch auch in der Familie, bei Bekannten und Nachbarn um. Nehmt Euch für die Interviews viel Zeit, haltet alles auf Kassette fest oder macht Euch Notizen. Notiert wichtige Angaben zur Person: Gesprächsdatum, Name, Alter, Beruf, Adresse usw.

Geht in Archive
In Archiven findet Ihr ungedruckte Materialien, z. B. über Vorgeschichte, Entstehung, Nutzung, Veränderungen Eures Denkmals. Fragt auch nach Presseausschnitten, Bildern, Eingaben, Reden, Polizeiberichten zu Eurem Denkmal. Neben dem Stadt- oder Kreisarchiv könnt Ihr je nach Thema auch andere aufsuchen, z. B. das Schularchiv, Kirchenarchiv, Firmenarchiv, Vereinsarchiv.

Geht ins Museum
Während in Archiven hauptsächlich Papier aufbewahrt wird, findet Ihr im Museum, in Heimatstuben oder Geschichtskabinetten eher Gegenstände, auch Fotos; außerdem ist meist eine Bibliothek vorhanden. Schaut Euch in der Ausstellung nach Gegenständen um, die mit Eurem Denkmal zu tun haben. Fragt bei der Museumsleitung auch nach Stücken, die nicht ausgestellt sind, sondern im Magazin verwahrt werden. Bittet auch um Erlaubnis zum Fotografieren.

Sucht bei Euch zu Hause
In vielen Familien werden Erinnerungsstücke aufbewahrt: alte Ansichtskarten, Opas Briefe aus dem Krieg, das gerettete Stück aus dem zerbombten Haus, alte Ausweise und Urkunden, Fotos und Abzeichen. Vielleicht findet Ihr etwas, das zu Eurem Denkmal paßt.

Informiert die Öffentlichkeit
Je mehr Menschen von Eurem Projekt wissen, desto mehr Hilfe und Informationen erhaltet Ihr. Schlagt der Lokalpresse vor, einen Artikel über Euer Projekt zu veröffentlichen, der Mitbürger um Hinweise und Materialien bittet. Vielleicht macht Ihr auch am Denkmal selbst einen Aushang.

Spuren suchen. Schülerwettbewerb Deutsche Geschichte um den Preis des Bundespräsidenten. Körber-Stiftung (Hamburg), Nr. 6, 1992.

Die Schülerinnen und Schüler der Gesamtschule Gudensberg haben – als Ergebnis ihres Projektes – erstmals eine umfassende, 137 Seiten starke Dokumentation über die örtliche Synagoge, 150 Jahre nach ihrer Erbauung, vorgelegt.[61] Im September des Jahres 1843 wurde das von dem in ganz Deutschland

---

61 Klasse 10a der Gesamtschule Gudensberg: Spuren einer Minderheit. 150 Jahre Gudensberger Synagoge. Gudensberg 1993.

Deutsche Frauen,

meidet jüdische Geschäfte! Kauft nur in deutschen Geschäften! Der deutsche Kaufmann steht Euch näher als der rassefremde Jude.

Wo kaufst Du ein?

Bist Du Volksverräter oder Volksgenosse?

Kurhessische Landeszeitung vom 14./15.9.1935

Donnerstag, 5. Mai 1938 — Seite 4

Gudensberg ist judenfrei

g. Gudensberg. Ein fünfjähriger, aber harter Kampf gegen das Judentum in der Stadt Gudensberg ist nun endlich von Erfolg gekrönt. Wer früher durch das alte Chattenstädchen wanderte, begegnete auf Schritt und Tritt dem artfremden Element, das sich hier ganz besonders wohl fühlte und breit gemacht hatte. Die Judengemeinde zählte bei der Machtübernahme 126 Mitglieder, sie hatte einen eigenen Vertreter im Stadtparlament, der sozusagen das Zünglein an der Waage war und die Abstimmungsmehrheit brachlegte. In der Hand eines Juden lag ferner das Amt eines Schiedsmannes. Deutsche Volksgenossen mußten sich von Talmudjuden richten lassen. In den bürgerlichen Vereinen waren die Juden als Vorstands- und Ehrenratsmitglieder tonangebend. Liebkrad machten sie ihren Einfluß geltend, nur nicht bei der Arbeit. Als eine Landplage überschwemmten sie die Nachbardörfer, Hausierer und Viehhändler die umliegenden Dörfer des Chattengaues, um den deutschen Volksgenossen den Ertrag ihrer Arbeit abzugaunern. Bittere Tränen mögen geflossen sein, wenn die Elias, Hofmann, Katz, Plaut und Mansbach deutsche Bauern um Haus und Hof gebracht hatten. Diese Zeiten sind nun endgültig vorbei. Denn haben wir die Gewißheit, daß sich in den Mauern der Stadt kein Jude mehr aufhält und auch in Zukunft nie mehr ein Jude seßhaft werden wird. Die Judenplage ist wie ein Abbruch von der Bevölkerung Gudensbergs erfolgt. Die gesamte Einwohnerschaft dankt der Ortsgruppe der NSDAP, insbesondere dem Ortsgruppenleiter, für den umermüdlichen Kampf und die Befreiung der kleinen chattenstädischen Gudensberg von den sischen Schmarotzern.

Kurhessische Landeszeitung vom 5. Mai 1938

Annoncen jüdischer Geschäftsleute, die den Einzelhandel im Ort prägten, aus den 20er Jahren

Gudensberger Zeitung 1920–1928

richtungweisenden jüdischen Architekten Albert Rosengarten[62] geplante Gebäude seiner Bestimmung als Gotteshaus für die jüdische Bevölkerung des Ortes übergeben. Nur bis zum Jahr 1937, 94 Jahre lang, konnte sie ihre eigentliche Funktion erfüllen. Nachdem die Juden während der NS-Zeit systematisch aus der Stadt getrieben worden waren (siehe Kurhessische Landeszeitung vom 5.5.1938), nutzte man die Synagoge bis in unsere Zeit hinein als Lagerraum. Ihr Inneres wurde bis zur Unkenntlichkeit zerstört, ihr Äußeres verfiel zunehmend, bevor sie 1990 durch die Stadt gekauft und die Bausubstanz dieses kunst- und sozialgeschichtlichen Denkmals gesichert wurde.

Einer örtliche Initiative, dem »Arbeitskreis Synagoge«, ist es vor allem zu verdanken, dass die Geschichte der Gudensberger Juden aus dem jahrzehntelangen Vergessen gerissen wurde und ein Nutzungskonzept für die Synagoge erarbeitet wurde. Neues Leben kann wieder in dieses Gebäude einziehen und damit ein wichtiger Schritt zu einer »Erinnerungsarbeit« vor Ort geleistet werden. Die Schülerinnen und Schüler haben mit ihrer Dokumentation einen wichtigen Beitrag geleistet, um diese Diskussion zu bereichern und fortzuführen. Sie wollen mit ihrer Untersuchung auch dazu beitragen, dass die Bürger der Stadt zu einem Teil ihrer Geschichte stehen, der kein Ruhmesblatt für sie ist, der durch schlimmste Formen der Verachtung und Diskriminierung einer Minderheit gekennzeichnet ist. Die Übernahme der Trägerschaft und der Restaurierung der Synagoge durch die Stadt sehen sie als ein Zeichen gegen Intoleranz, Hass und Gewalt.[63]

In der Schrift wird nicht nur über die Entstehung der Synagoge und ihre wechselvolle Geschichte berichtet, sondern auch über die Entwicklung der jüdischen Gemeinde, bis hin zu ihrer Vertreibung durch die Nationalsozialisten. Darüber hinaus wird ausführlich die gegenwärtige Situation des Gebäudes dokumentiert, und es wird beispielhaft aufgezeigt, wie die Bürger heute zur Restaurierung der Synagoge stehen.

In der Schrift wird nicht nur über die Entstehung der Synagoge und ihre wechselvolle Geschichte berichtet, sondern auch über die Entwicklung der jüdischen Gemeinde, bis hin zu ihrer Vertreibung durch die Nationalsozialisten. Darüber hinaus wird ausführlich die gegenwärtige Situation des Gebäudes dokumentiert, und beispielhaft aufgezeigt, wie die Bürger heute zur Restaurierung der Synagoge stehen.

---

62 Albert Rosengarten war u.a. Planer der Kasseler »Neuen Synagoge« und mehrerer Hamburger Synagogen. Durch seine veröffentlichten Schriften über den Synagogenbau übte er auch über die Grenzen Deutschlands hinaus Einfluss aus. Siehe dazu: Hammer-Schenk, Harold: Untersuchungen zum Synagogenbau in Deutschland von der ersten Emanzipation bis zur gesetzlichen Gleichberechtigung der Juden (1800–1871). (Diss.) Bamberg 1974; Rosengarten, Albert: Architektonische Stylarten. (Braunschweig 1857), 2. Aufl., New York 1894.
63 Klasse 10a ... (1993), S. 6.

Schülerwettbewerb zum Thema »Denkmale«[64]

»Denkmale helfen uns, Geschichte besser zu verstehen«, schreibt eine Schülerin im Einleitungsteil. *»Außerdem können Denkmale dazu anregen, sich mit der Geschichte zu befassen.«*[65] Eine andere Schülerin stellt aktuelle Zusammenhänge her: *»Ich finde, dass in der heutigen Zeit Denkmale gebraucht werden, da rechtsradikale Auseinandersetzungen und Ausschreitungen gegen Ausländer und Asylantenheime immer mehr zunehmen ... Man sollte Denkmale als Zeitzeugen verstehen und aus ihnen lernen.«*[66]

Dass diese Synagoge unmittelbar mit ihrer eigenen Geschichte zu tun hat und dass Geschichte bis heute nachwirkt, erfuhren die Schülerinnen und Schüler im Laufe ihrer mehrmonatigen Recherche. Zunächst ging es darum, ausführliche Informationen zu sammeln. Man entwickelte in einem gemeinsamen Plan – in Form einer Mind-Map[67] – zunächst Ideen, wie man vorgehen könnte. Folgende Fragen wurden dabei für die Vorgehensweise in den anschließend zu bildenden Gruppen formuliert:

- Welche Spuren der jüdischen Gemeinde sind noch zu finden und können untersucht werden?
- Wo finden wir gedruckte bzw. veröffentlichte Materialien über die Synagoge und die jüdische Gemeinde?
- Welche Experten können uns Auskunft geben?
- Wie können wir Zeitzeugen finden? Wer kann uns Informationen über das religiöse Leben in der Synagoge und das Leben der Juden im Ort geben?
- Gibt es Archive, in denen bisher unveröffentlichte Unterlagen zu finden sind?
- Welche Museen/Gedenkstätten sind für uns erreichbar und können besucht werden?

Man bildete fünf Arbeitsgruppen (siehe »thematische Landkarte« im folgenden Kapitel), die sich mit der äußeren und inneren Gestalt der Synagoge, der Entstehung und der weiteren Entwicklung, dem religiösen Leben der Juden, der jüdischen Gemeinde und der heutigen Situation der Synagoge befassten. Die Jugendlichen stellten Kontakte zum »Arbeitskreis Synagoge« und zur Stadtverwaltung her, besorgten sich Pläne des Gebäudes vom Stadtbauamt, nahmen die Synagoge und den jüdischen Friedhof in Augenschein, machten

---

64 Siehe dazu: Spuren suchen. Das Magazin zum Wettbewerb. Hrsg. von der Körber-Stiftung (Hamburg). 6. Jg., 1992.
65 Klasse 10a ... (1993), S. 8.
66 Klasse 10a ... (1993), S. 8.
67 Siehe dazu das folgende Kapitel dieses Buches, in dem die Planungsphase dieses Projektes beispielhaft im Detail vorgestellt wird.

eine Exkursion zur Gedenkstätte Breitenau, schrieben mehrere Archive an, besuchten einen Gottesdienst der jüdischen Gemeinde in Kassel, interviewten ein Mitglied der dortigen jüdischen Gemeinde und führten Umfragen unter Gudensberger Bürgern durch.

Ein Brief aus Israel

Besonders wichtig war es für die Schülerinnen und Schüler, dass es ihnen gelang, Briefkontakt zu zwei ehemaligen jüdischen Bürgern, die heute in den USA bzw. Israel leben, herzustellen. Vor allem der Brief von Carlos Plaut enthielt zur Erhellung der Vergangenheit wichtige Informationen, wenn er u.a. schreibt:

»Ich will heute versuchen, die Fragen, welche Sie in Ihrem Brief stellten, so gut wie möglich zu beantworten. Bitte nehmen Sie in Betracht, dass ich Gudensberg mit 12 Jahren verlassen habe und demnach einige Ihrer Fragen nicht beantworten kann.

Soweit ich mich erinnern kann, waren die Verhältnisse zwischen Christen und Juden vollkommen normal. Die Kinder spielten zusammen, Ostern suchten wir alle zusammen Ostereier, welche der Inhaber des Hauses, in welchem wir wohnten, im Garten versteckte; Weihnachten sangen wir mit den Nachbarn die Weihnachtslieder, und in der Nacht des heiligen Nikolas gingen wir alle zusammen in die Häuser der Nachbarn und bekamen Leckerbissen. Auch zwischen den Erwachsenen kann ich mich an keinerlei besondere Spannungen erinnern. Unser Alltag als jüdische Familie sah so aus: Während der Woche waren die Erwachsenen sowie alle Einwohner der Stadt mit dem Erwerben des Lebensunterhalts beschäftigt. Die Kinder gingen in den Kindergarten und danach in die jüdische Schule. Die 24 Stunden des Schabbats – von Freitagabend bis Samstagabend – waren der Ruhe und der Religion gewidmet: Gottesdienst dreimal am Tag in der Synagoge, feierliche Mahlzeiten, Ruhe und Lernen der Thora. Die Synagoge war von zentraler Bedeutung im Leben der Gemeinde. Wann immer möglich, soll der Jude zusammen mit 10 Männern beten, was nur in der Synagoge möglich ist. Schabbat und Synagoge sind Grundbegriffe, welche sich ergänzen. Der gesellschaftliche Gesichtspunkt ist hier äußerst wichtig: Alle sind dort ... Nach 1933 wurde mein Vater der ›normalen‹ Behandlung vonseiten der SA unterzogen: Er wurde in das Rathaus gebracht und dort verschlagen und misshandelt. Wenn sie müde wurden, gingen sie in den Ratskeller trinken, und jede halbe Stunde kamen sie zurück, ihn weiter zu verschlagen, bis zu dem Punkt, wo sie alle dermaßen besoffen waren, dass es ihm gelang, zu entlaufen und sich einige Zeit in Kassel zu verstecken, bis er nach Gudensberg zurückkommen konnte. Natürlich konnte er seinen Beruf – Vieh-

Gudensberger Synagoge. Das ehemalige Eingangsportal. Die Restaurierung ist hier noch nicht abgeschlossen.

Gudensberger Synagoge. Ansicht von der Rückseite. Trotz der Restaurierung sind auch hier noch die Spuren der jahrzehntelangen Zerstörung sichtbar: Ein Tor wurde, dort wo ehemals der Altar stand, gebrochen, um bei Kriegsende Motoren der Firma Henschel, Kassel unterzubringen.

Eine Schülergruppe besucht die Kasseler Synagoge. Frau Hass von der Jüdischen Gemeinde gibt den Schülerinnen und Schülern Informationen über den jüdischen Glauben und zeigt ihnen das Innere der Synagoge.

Ein Blick auf die kostbaren Thorarollen.

Der Altar in der Kasseler Synagoge.

händler – nicht mehr ausüben, und wir lebten von Gaben seitens Verwandten vom Ausland.

Unsere Schule wurde nach der ›Machtergreifung‹ geschlossen, und so wurden ich und meine vier Jahre jüngere Schwester in die Volksschule geschickt, wo wir es das ganze Jahr 1933 aushielten, trotz der vielen moralischen und körperlichen Misshandlungen. Wir mussten es uns gefallen lassen, fast jeden Tag von unseren Mitschülern verprügelt und misshandelt zu werden. Wehren durften wir uns nicht, da wir wussten, dass dies unser Vater, wie so manche andere, mit Prügeln und auch mit dem Leben bezahlen konnte. In 1934 wurde ich in die Realschule geschickt, wo angeblich das Publikum toleranter und ›mehr aufgeklärt‹ sei. Einige Monate war es erträgbar, doch dann verschlimmerte sich die Lage, und die Schule weigerte sich, mich für das Jahr 1935 einzuschreiben, da ich Jude sei. In Hinsicht auf die Lage waren unsere Eltern gezwungen, sich bis zu der Emigration von uns zu trennen: Ich wurde zu einem Onkel nach Kassel geschickt, wo ich ein halbes Jahr zur Schule ging und dann ohne Schulung blieb, meine Schwester wurde zu einem anderen Onkel nach Stuttgart geschickt und besuchte die noch bestehende jüdische Volksschule. Wir kamen beide nicht mehr nach Gudensberg zurück und blieben bei den Verwandten, von den Eltern getrennt, bis zu unserer Auswanderung im November 1935.«

Besuche in der Synagoge

Einige Schülerinnen hatten sich darauf spezialisiert, die Unternehmungen auch fotografisch zu dokumentieren. So entstanden Aufnahmen vom Inneren und Äußeren der Synagoge, vom jüdischen Friedhof, ehemaligen jüdischen Häusern und von der Teilnahme am jüdischen Gottesdienst in Kassel. Diesen Besuch in Kassel hatte eine Kleingruppe eigenständig organisiert. Iris schreibt darüber in der Dokumentation: »*Da sich unsre Gruppe mit der Religion der Juden auseinander setzt, beschlossen wir, nach Kassel zu fahren und an einem Gottesdienst in der Synagoge teilzunehmen. So rief ich bei der jüdischen Gemeinde in Kassel an. Die Angestellten der jüdischen Gemeinde waren sehr freundlich und gaben mir bzw. meiner Gruppe einen geeigneten Termin. Wir freuten uns schon alle sehr auf den Besuch in der Synagoge, obwohl wir nicht genau wussten, was uns erwartete. An einem Freitagabend war es dann so weit. Nachdem wir in der Kasseler Synagoge angekommen waren, gab Frau Hass, eine Angestellte der Gemeinde, interessante Informationen über den jüdischen Glauben und die jüdischen Feiertage … Um 17.00 Uhr gingen wir in die Synagoge. Sofort fielen uns der Altar, der Thoraschrank und die Kerzenleuchter auf. Auf der rechten Seite, vom Altar aus gesehen, saßen die Männer, und auf der linken Seite saßen die Frauen mit den Kindern. Die männlichen Gemeindemitglieder trugen aus Ehrfurcht vor Gott ein kleines Samtkäppchen auf dem Kopf. Der Thoraleser trug einen langen, weißen*

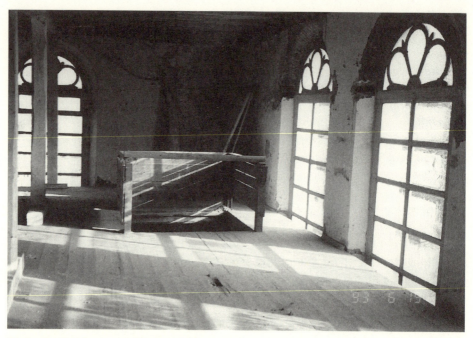

Gudensberger Synagoge, Innenansicht
Die Spuren der Zerstörung waren für die Schülerinnen und Schüler beim Besuch in der Synagoge deutlich sichtbar und wurden von ihnen fotografisch dokumentiert. Um das Gebäude als Lager für eine Bäckerei zu nutzen, wurde eine Holz-Zwischendecke eingezogen,

Schal, während er die heiligen Texte auf Hebräisch vorlas. Was uns besonders auffiel, war die lockere und familiäre Atmosphäre in der Synagoge. Die Gemeindemitglieder unterhielten sich miteinander, und die Kinder liefen in der Synagoge herum oder gingen raus zum Spielen ... Nach dem Gottesdienst ging Frau Hass mit uns zum Altar und zeigte uns die drei Thorarollen ... Für die wichtigen Informationen über den jüdischen Glauben bedankten wir uns bei Frau Hass und verabschiedeten uns von ihr. Wir fanden den Besuch in der Kasseler Synagoge sehr beeindruckend ...«[68]

Eindrucksvoll war für die gesamte Klasse der erste Besuch in der örtlichen Synagoge, die sie bis dahin nur von außen kannten. In der Dokumentation schreibt eine Schülerin darüber: »*Wir sahen uns die hintere Front an, wobei wir die Etageneinteilung, die es erst seit der Nutzung der Synagoge als Lagerhalle gibt, durch die Fenster sehen konnten. Daraufhin gingen wir um die Synagoge herum zum Haupteingang, wo wir das durch Folie verschlossene Fenster über dem Eingang sahen. Von außen war die Renovierung bereits weitgehend abgeschlossen. Beim Betreten der Synagoge durch den hinteren Eingang bemerkten wir gleich einen krassen Unterschied zum äußeren Erscheinungsbild. Im Inneren war die Renovierung noch in vollem Gang, und es war ziemlich staubig. In der Decke waren quadratische Löcher, die wahrscheinlich vom Bäckereilager stammen. Besonders beeindruckend fanden wir den zum Teil erhaltenen Mosaikboden vor der Treppe. Im unteren Teil war noch nicht viel renoviert, im Gegensatz dazu waren die brüchigen Balken im Dachgeschoss verstärkt worden. In der 1. Etage konnte man Spuren der früheren Synagoge erkennen, unter anderem Abdrücke der Empore an der Außenwand. Im Allgemeinen war es sehr erschreckend zu sehen, wie das heutige Denkmal als Lagerhalle benutzt wurde und von der ehemaligen Synagoge im Innenbereich kaum noch etwas zu erkennen ist.*«[69]

Auswertung der gesammelten Informationen

Nach der Informationssammlung galt es dann die zahlreichen Informationen zu strukturieren und in eine sinnvolle Form zu bringen. Es galt zu exzerpieren, zu dokumentieren, zu berichten, zu beschreiben, zu zeichnen, statistisch darzustellen und vieles andere mehr. Einige grundsätzliche Fragen wurden darüber hinaus von den Schülerinnen und Schülern aufgeworfen und innerhalb der Gruppen bearbeitet:[70]

---

68 Klasse 10a ... (1993), S. 28ff.
69 Klasse 10a ... (1993), S. 117.
70 Vgl. dazu: Spuren suchen (1992), S. 28.

- Die Erhaltung von Denkmalen ist immer eine politische Entscheidung. Kann und soll man Erinnerung politisch verordnen?
- Staat und Bürger geben viel Geld zur Erhaltung von »Überresten« der Geschichte aus – wie z.B. der Gudensberger Synagoge. Lohnt sich das?
- Helfen Denkmale uns, Geschichte besser zu verstehen? Lügen und verzerren, vertuschen sie nicht auch?
- Gibt es Denkmale, die wir heute besonders dringend brauchen?
- Sollen wir durch mehr Denkmale an die Vergangenheit erinnern, oder benötigen wir für die Zukunft andere Formen der Erinnerung?

Dies alles war natürlich in vier Wochenstunden Gesellschaftslehreunterricht allein nicht zu leisten. Zwei komplette Projekttage wurden zusätzlich durchgeführt, und viel Arbeit war außerhalb der eigentlichen Unterrichtszeit zu leisten, bevor ein komplettes Buch aus den Arbeitsergebnissen der Schülerinnen und Schüler entstand.

Viel bedeuteten den Jugendlichen die Gespräche, die sie mit den Bewohnern des Ortes geführt haben. Fast alle, die von ihnen befragt wurden, fanden es gut und wichtig, dass die Synagoge als Mahn- und Denkmal erhalten wird, und hielten es für sinnvoll, dafür öffentliche Gelder einzusetzen. Allerdings gab es auch Einwohner, die noch nicht einmal wussten, wo die Synagoge steht, oder andere, denen es peinlich war, über dieses Thema zu sprechen, die Antworten verweigerten und erklärten, sie wollten von dem Thema nichts wissen. Es passierte den Schülern/innen sogar, dass ihnen die Tür vor der Nase zugeworfen wurde. *»Aber abgesehen davon«, resümieren die Jugendlichen zum Schluss, »gab es ... viele Lichtblicke während der Umfrage. Alle, auch diejenigen, die sich gegen die Renovierung gestellt hatten, haben sich eindeutig gegen den wieder aufkommenden Rechtsradikalismus gewandt. Dies macht uns, trotz mangelnden Allgemeinwissens über die Synagoge, auf jeden Fall Hoffnung, dass man in der Gegenwart und Zukunft in Gudensberg mit Minderheiten anders umgehen wird. Was während der NS-Zeit mit den Juden passierte, sollte den Bewohnern unseres Ort Mahnung und Warnung zugleich sein. Die Synagoge ist ein Symbol dafür, dass solche menschenverachtenden Geschehnisse sich niemals wiederholen dürfen.«*[71]

---

71 Ebenda, S. 133.

6. Praxisbeispiel

Offenen Unterricht strukturieren

Thematischen Landkarten und Lernpläne als Planungshilfen[72]

Im offenen Unterricht ist es notwendig, als Unterrichtender das Planungsmonopol aufzugeben. Dies stellt besondere Anforderungen an die Lehrer/innen, die im Laufe ihrer Ausbildung eher auf die Rolle eines »Infotainers« und allgegenwärtigen Lenkers des Unterrichtsgeschehens vorbereitet worden sind als auf die eines Moderators und zurückhaltenden Helfers. In einem Unterricht, der sich öffnet, liegt die ausschließliche Verfügungsgewalt über die Unterrichtsgegenstände nicht mehr beim Lehrer/bei der Lehrerin. Nicht er/sie wählt aus, bestimmt, was gelernt bzw. gewusst werden soll und legt die Methode fest, in der die Aneignung stattfindet. Im offenen Unterricht geht es um eine selbstständige Begegnung zwischen den Lernenden und den Gegenständen. Die Lehrerinnen und Lehrer nehmen in diesem Modell die Rolle des Beraters, Anregers und Helfers ein.

Kooperative Planung

Um dies in der konkreten Unterrichtssituation umzusetzen, muss ein Modell der kooperativen Planung entworfen werden. Kooperative Planung setzt voraus, dass Lehrer/innen und Schüler/innen gemeinsam die inhaltliche Ausarbeitung eines Themas in Gang setzen. In dem von mir hier vorgestellten Planungsmodell hat die Verständigung über Aspekte des zu behandelnden Themas sowie die Koordination von Schülerinteressen und thematischen Aspekten beim Einstieg in den offenen Unterricht besondere Bedeutung. Gerade die Gestaltung der Einstiegssituation ist bei der Öffnung des Unterrichts wichtig, denn hier werden die Weichen gestellt, wird die Gewichtung von Schüler- und Lehrerinteressen bei jeder Thematik neu definiert. In solche Einstiegssituationen sind die Entwicklung von thematischen Landkarten sowie die Arbeit mit Lernplänen besonders geeignete Instrumentarien, die dabei helfen, die Schülerinteres-

---

[72] Der Text dieses Kapitels erschien in leicht veränderter Form unter der gleichen Überschrift in: Pädagogik, Heft 12/1995, S. 17–22.

Profil und Beurteilung offenen Unterrichts

Woran erkennt man offenen Unterricht?
Wie kann man die Qualität offener Unterrichtsformen beurteilen?

Die folgende Zusammenstellung ist thesenartig verkürzt. Alle Kriterien und Fragen haben zugleich eine inhaltliche Dimension (Kann das Kriterium überhaupt nachgewiesen werden?) und eine quantitative (In welchem Umfang wird das Kriterium verwirklicht?). Die Kriterien und ihre Differenzierungen sind Indikatoren dafür, in welcher Weise, und wie weit offene Unterrichtsformen verwirklicht sind, d. h. sich ein spezifisches, jeweils anderes Profil des offenen Unterrichts entwickelt (Prozeß!).

10 Qualitätskriterien offenen Unterrichts:

1. Methodenvielfalt:
Gibt es (in welchem Umfang?) *mehrere* unterschiedliche Methoden wie Freie Arbeit, Projekte, Kreisgespräche, Kleingruppenarbeit, Partner- und Gruppenarbeit, Berichte von Schülern? Wie weit werden diese Methoden zur Lehr-Lernorganisation von Kindern als hilfreich, vielfältig und transparent erfahren?

2. Freiräume:
Gibt die Klasse/Schule den Kindern *definitiv* in ihrem Organisationsrahmen Freiräume zum vertiefenden, spielerischen, selbständigen, entdeckenden Lernen? Wochenplanarbeit, Freie Arbeitszeit, Projekte, Projektwochen, -tage?

3. Umgangsformen:
Gibt es klare Regeln, die von beiden Seiten eingehalten werden? Wie weit sind Lehrerinnen und Lehrer bereit, Kinder in ihrer emotionalen Befindlichkeit anzunehmen? Werden Konflikte bearbeitet? Gibt es eindeutige Interpunktionen (Gewichtungen) im Sinne sozialen Lernens? Lob? Ermutigung? Humor?

4. Selbständigkeit:
Werden Kindern/Schülern aktive Rollen bei der Steuerung von Lernprozessen ermöglicht? Gibt es das Helfersystem? Wissen Kinder, was sie nach der Stillarbeit zu tun haben?

5. Lernberatung:
Gibt es Beratungssituationen im Unterricht? Ist der Unterricht förderungsorientiert? Werden Umwege, Irrwege, Fehler als notwendige Bestandteile des Lernprozesses akzeptiert und wird entsprechend beraten? Beschäftigung mit leistungsschwachen Schülern? Diagnosekompetenz für Leistungsversagen?

6. Öffnung zur Umwelt:
Bietet der Unterricht/die Schule neue Erfahrungen in direkter Begegnung mit der Umwelt? Erkundungsgänge? Exkursionen? Experten in der Klasse?

7. Sprachkultur:
Bietet der Unterricht Möglichkeiten zur direkten Koppelung von Sprache an sinnlich-konkrete Erfahrungen? Gesprächskultur? Schriftkultur? Freier Ausdruck in Texten? Sprachspiele? Narrative Kultur? Kreisgespräche? Drucken? Zusammenhang von Sprache und Sache (Kulturtechniken – Sachunterricht)?

8. Lehrerrolle:
Wird der Beziehungsarbeit Raum gegeben? Geduld, Gelassenheit und Toleranz für langsame Schüler? Sind Lehrerfragen anspruchsvoll (problemlösungsorientiert und anwendungsorientiert)? Verfügbarkeit über Bearbeitungsinstrumente zur Klärung von Störungen und Konflikten? Umgang mit pädagogischen «Imperativen» (Bewußtsein über die eigene Rolle, Umgang mit den Zwängen, «guten» Unterricht zu machen)?

9. Akzeptanz des Unterrichts:
Wie weit wird der Unterricht als gemeinsame Arbeit verstanden? Wie gut wird die Unterrichtszeit genutzt? Stoffbewältigung im Unterricht und nicht über Hausarbeiten? Erfahrbarkeit von Person und Unterricht als positiven Zusammenhang?

10. Lernumgebung:
Gibt es handlungsorientierte Materialien? Offene Lernflächen? Karteien, Differenzierungsmaterial, Spiele, Druckerei, Experimentierecke, Leseecke usw.?

Wallrabenstein, Wulf, in: Die Grundschulzeitschrift, Sonderheft 1989, S. 42.

sen wirklich einzubeziehen.[73] Dabei bieten sich die thematischen Landkarten besonders in jenen Lerngruppen an, die offene Arbeitsformen und Mitbestimmung im Unterricht bereits gewöhnt sind; die vom Lehrer/von der Lehrerin aufgestellten Lernpläne können dagegen eine Hilfe in jenen Gruppen sein, die mit stärker schülerorientierten Arbeitsformen bislang nur wenige Erfahrungen gesammelt haben.

Die Idee zur Arbeit mit thematischen Landkarten fand ich zuerst bei Hamacher, die den Begriff von Meyer entlieh. Sie formuliert dazu:»Diese Form der Strukturierung eines Themas ist nicht nur ansprechender, sondern auch geeigneter, gegebene und vereinbarte Aspekte eines Themas, Erarbeitungs- und Darstellungsformen zu veranschaulichen.«[74] Hamacher schreibt weiter: »Anders als bei Hilbert Meyer hat die thematische Landkarte in meiner Klasse aber nicht die Funktion, die Schüler über Unterrichtsinhalte und über den geplanten Unterrichtsverlauf zu informieren. Sie dient nicht nur als ›Speisekarte‹[75], sondern sie ist das Ergebnis eines vereinbarten Arbeitsplanes.«[76] Diese Ansätze von Hamacher habe ich für die Strukturierung meines Unterrichtes aufgegriffen und weiterentwickelt.

Am Anfang eines offen angelegten Unterrichtes wird immer die Entscheidung über ein Arbeitsthema stehen, das sich für den Erwerb von Erfahrungen eignet. Das Thema muss nicht zwangsläufig von den Schülerinnen und Schülern vorgeschlagen werden, sollte sich aber an ihren Interessen orientieren.[77] Zur Formulierung ihrer Interessen sind die Schüler/innen anfangs allerdings nur bedingt in der Lage. Diese Fähigkeit soll im und durch den handlungsorientierten Unterricht nach und nach (weiter-)entwickelt werden. Der Lern- und Arbeitsprozess dient also neben der Entwicklung inhaltlicher Kompetenzen auch (und besonders) dazu, die Selbst- und Mitbestimmungsmöglichkeiten der Schüler/innen zu fördern. Zielpunkt ist es, daß der Handelnde selbst – oder mit anderen gemeinsam – über das Vorhaben entscheidet, maßgeblich an der Themenfindung, der Planung und der Organisation beteiligt ist und sich dadurch mit dem Sinn des Ganzen stärker identifiziert.[78]

---

73 Siehe dazu auch: Vaupel (1995), insbes. S. 147ff.
74 Hamacher, Milly: Thematische Landkarten. In: Hecker, Ulrich: Praxismappe Freiarbeit, Bd. 1. Mühlheim a.d.R. 1990, S. 48.
75 Meyer (1994), S. 138.
76 Hamacher (1994), S. 48.
77 Zum Problem der Ermittlung von Schülerinteressen siehe S. 26.
78 Gudjons, Herbert: Handlungsorientierter Unterricht. Begriffskürzel mit Theoriedefizit? In: Pädagogik, Heft 1/1997, S. 9.

Brainstorming, Zettelwirtschaft und Mind-Mapping

Nach der Entscheidung über die Themenwahl sollte das Thema zunächst vorläufig strukturiert werden. Haben die Schülerinnen und Schüler Erfahrungen mit der Thematik oder mit offenem Unterricht, so können sie bereits in diese erste Strukturierungsphase einbezogen werden. Ist dies nicht der Fall, so wird der Lehrer/die Lehrerin zunächst noch stärker gefordert sein. Die Schüler/innen sollten auf alle Fälle die Möglichkeit haben, sich rechtzeitig auf das Vorhaben einzustellen, sich sachkundig zu machen, Phantasien zu entwickeln und Fragen zu stellen. Eine gemeinsam mit den Schülerinnen und Schülern durchgeführte Revision der vorläufigen Planung und damit auch eine Neustrukturierung bzw. Gewichtung könnte sich anschließen. Dabei gibt es verschiedene Möglichkeiten, die Vorstellungen und Ideen der Schüler/innen zu einem Thema zu ermitteln, von denen ich drei kurz vorstelle:[79]

- Beim Brainstorming sagen alle, was ihnen zu dem jeweiligen Thema einfällt. Ein Schüler/eine Schülerin oder der Lehrer/die Lehrerin notiert alles mit (Tafel, Folie, Flipchart). Wichtig ist dabei, dass auch »Querdenken« erlaubt ist und alle Einfälle aufgenommen werden. In einer zweiten Phase kann man dann das Notierte ordnen, zuordnen und auch einzelne Begriffe/Aussagen wieder aussortieren. Die Schwerpunkte der Arbeit können nun festgelegt werden.
- Bei der Zettelwirtschaft schreiben alle Schüler/innen Stichworte zum Thema auf DIN-A5-Blätter. Diese werden an die Tafel geklebt oder an eine Pinnwand geheftet. Man kann zusammenhängen, was zusammengehört, und in Säulen sortieren. Diese Vorgehensweise hat den Vorteil, dass man variabel vorgehen und die Blätter immer wieder neu ordnen kann. Überschriften für einzelne Säulen können gefunden werden, Nebensächliches kann aussortiert und Schwerpunkte können festgelegt werden.
- Beim Mind-Mapping wird versucht, alle Aspekte zu einem Thema zusammenzutragen und zu notieren. Zunächst können Oberbegriffe gefunden und weitere Schwerpunkte zugeordnet werden, Zusammengehörigkeit wird jeweils durch Verbindungslinien angedeutet. So entsteht auf relative schnelle und für die Schüler durchschaubare Weise eine Übersicht über ein Thema. Ist diese Übersicht in Form der Mind-Map entstanden, gilt es eventuell zu reduzieren und begründet auszuwählen, welche der genannten Bereiche bei der weiteren Arbeit berücksichtigt werden sollen.

---

79 Vgl. dazu: Methodenkartei für selbstständiges Lernen. In: Praxis Schule 5–10, Heft 1/1995, S. 53f. S. auch Rademacher, Bärbel/Flick, Katharina: Freiarbeit Werkbuch Sekundarstufe. Lichtenau 1995, S. 22ff.

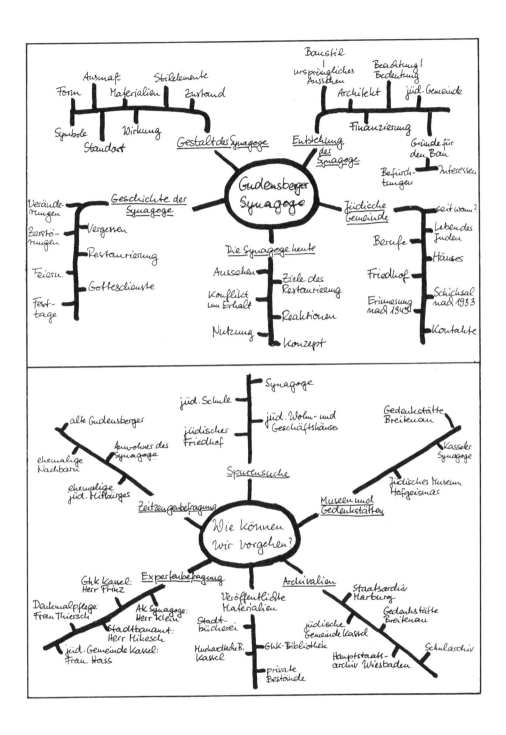

Vom Mind-Mapping zur thematischen Landkarte

Am Beispiel des im vorigen Kapitel beschriebenen »Synagogenprojektes« möchte ich im Folgenden vorstellen, wie es möglich ist, ein Thema mithilfe einer Mind-Map zu strukturieren und daraus eine thematische Landkarte mit den Schülern/innen zu entwickeln. Nach der Entscheidung über das Thema ging es zunächst in einer vorbereitenden Phase für alle darum, ausführlich Informationen zu sammeln. Nach Abschluss dieser Sammelphase, in der sich die Schüler/innen bereits Gedanken darüber gemacht hatten, welche Vorschläge sie einbringen würden, wurde in einer gemeinsamen Planungsphase eine Mind-Map im Klassenplenum entwickelt. Fünf Schwerpunkte waren von den Schülern in kurzer Zeit benannt: Gestalt der Synagoge, Entstehung der Synagoge, Geschichte der Synagoge, die jüdische Gemeinde und die heutige Situation der Synagoge. Jedem dieser Themen wurden Untergliederungspunkte auf Zuruf zugeordnet, sodass bereits nach einer Unterrichtsstunde die Gesamtthematik klar und überschaubar strukturiert war. Die Schülerinnen hatten den Gesamtumfang und Gesamtzusammenhang dessen, was sie bearbeiten wollten, übersichtlich im Blick.

In einem nächsten Schritt wurden Ideen gesammelt, wie man vorgehen könnte, auch dies wurde in der Form einer Mind-Map getan. Übersichtlich hatten auch hier die Schüler/innen bald die unterschiedlichen Möglichkeiten vor Augen: Spurensuche vor Ort sollte durchgeführt, Museen/Gedenkstätten konnten besichtigt, Zeitzeugen und Experten befragt, Archivalien und veröffentlichte Materialien sollten untersucht werden. Wir fanden gemeinsam wieder zahlreiche Untergliederungspunkte und ergänzten damit die Mind-Map. Zur Erarbeitung der Teilthemen entschieden die Jugendlichen sich, in Gruppen zu arbeiten. Der auf die beschriebene Weise aufgestellte gemeinsame Plan bildete Ausgangspunkt und Orientierung bei der anschließend einsetzenden Bearbeitung der Teilthemen, für die zunächst drei Wochen (mit jeweils vier Unterrichtsstunden) und ein Projekttag vereinbart worden waren. Auf der Grundlage des Planes definierte jede Teilgruppe die Ziele ihrer Arbeit. Die Stichworte der Mind-Map wurden in Schlüsselfragen umformuliert, die Untergliederungspunkte zugeordnet, und so entstand die eigentliche thematische Landkarte, die in vergrößerter Form in der Klasse ausgehängt und in die weitere Vorgehensweise einbezogen wurde. Zwischendurch schalteten wir kurze Reflexionsphasen ein, in denen die Gruppen über den Stand der bisherigen Arbeit berichteten und gleichzeitig Ideen an andere Gruppen weitergaben. Diese wurden in den aushängenden Plan als Ergänzungen aufgenommen. Doch nicht nur für die Erarbeitungsphase, auch für die Auswertung und die Veröffentlichung der Arbeitsergebnisse bildete die thematische Landkarte einen Leitfaden, an dem sich die Schüler/innen orientieren konnten und der durch die Vorstellung der Ergebnisse strukturiert wurde.[80]

---

80 Eine ausführliche Darstellung der Inhalte des Projektes ist im vorigen Kapitel zu finden.

• Thematische Landkarte •
"Gudensberger Synagoge"

Welche äußere und innere Gestalt hat die Synagoge?
- Form und Ausmaß
- Symbole
- Standort
- Materialien
- Stilelemente
- Zustand des Gebäudes
- Wirkung auf den Betrachter

Wie sieht die heutige Situation der Synagoge aus?
- Wie sieht das Gebäude heute aus?
- Welche Ziele werden mit der Restaurierung verfolgt?
- Welche Auseinandersetzungen gibt es um die Erhaltung?
- Wie reagieren die Bürger?
- Gibt es ein Nutzungskonzept?

Wie sah die weitere Geschichte der Synagoge aus?
- Wie ging man mit der Synagoge um?
- Welche Feiern fanden dort statt?
- Wie liefen die jüdischen Feiertage dort ab? Wie die Gottesdienste?
- Wurde die Synagoge verändert, zerstört, vergessen, beschmiert, restauriert, kritisiert oder mit einem anderen Sinn versehen?

Welche Personen (Zeitzeugen) können von uns befragt werden?
- Anwohner der Synagoge
- alte Gudensberger Bürger, insbesondere ehemalige Nachbarn der Juden
- ehemalige jüdische Bürger Gudensbergs (Briefkontakte)
- Stellungnahmen von Gudensberger Bürgern (z.B. Was halten Sie von der Restaurierung der Synagoge?)

Welche Spuren der jüdischen Gemeinde sind noch zu finden und können untersucht werden?
- Synagoge
- Schulgebäude
- jüdischer Friedhof in Obervorschütz
- ehemalige jüdische Wohn- und Geschäftshäuser in Gudensberg

Welche Museen können wir besuchen?
- Gedenkstätte Breitenau
- Kasseler Synagoge
- jüdisches Museum Hofgeismar

Welche Experten können wir befragen?
- Arbeitskreis Synagoge: Herrn Klein, Gudensberg
- Gesamthochschule Kassel: Herrn Prinz
- Stadtbauamt: Herrn Mikesch
- Denkmalpflege: Frau Thiersch, Marburg
- Jüdische Gemeinde Kassel: Frau Hass.

In welchen Archiven können wir Unterlagen finden? (z.T. anschreiben)
- Staatsarchiv Marburg
- Archiv der jüdischen Gemeinde Kassel
- Archiv der Gedenkstätte Breitenau
- Hauptstaatsarchiv Wiesbaden
- Yad Vashem, Jerusalem
- Bundesarchiv Koblenz

Wo finden wir gedruckte bzw. veröffentliche Materialien?
- private Bestände
- Stadtbibliothek
- GhK-Bibliothek Kassel
- Murhardsche Landesbibl. Kassel

Wie können wir vorgehen?

Was wollen wir untersuchen?

Wie und wann entstand die Synagoge?
- Wie sah die Synagoge ursprünglich aus?
- Wer war der Architekt?
- Warum wurde die Synagoge damals gebaut?
- Welche Interessen spielten eine Rolle?
- Welche Befürchtungen gab es?
- Wie wurde der Bau finanziert?
- Wie lebten die Juden zu dieser Zeit?
- War die Synagoge für ihre Zeit typisch oder ungewöhnlich?
- Welche Beachtung fand sie?

Was können wir über die ehemaligen "Benutzer" der Synagoge erfahren?
- Seit wann lebten Juden in Gudensberg?
- Wie lebten sie bis 1933?
- Was erfahren wir über ihre Stellung im Ort?
- Welche Berufe übten sie aus?
- In welchen Häusern wohnten sie?
- Was können wir über den jüdischen Friedhof herausfinden?
- Was erfahren wir über die jüdische Schule?
- Wie verlief das Schicksal der Juden nach 1933?
- Was wurde aus ihnen?
- Erinnerte man sich nach 1945 öffentlich an die Gudensberger Juden?
- Gibt es heute Kontakte zu Überlebenden?

Das können wir tun:
BESCHREIBEN - BERICHTEN - AUSWERTEN - EXZERPIEREN - BEFRAGEN - DOKUMENTIEREN - FOTOGRAFIEREN - ZEICHNEN - STATISTISCH DARSTELLEN - KOPIEREN

Lernpläne als Strukturierungshilfe

Eine andere Form der Strukturierungshilfe – Lernpläne oder auch Tages- und Wochenpläne – bietet sich besonders in jenen Lerngruppen, die bisher nur wenig Erfahrungen mit offener Unterrichtsarbeit haben. Der vom Lehrer/von der Lehrerin aufgestellte Lernplan, der die eigenständige Arbeit der Schülerinnen und Schüler in Gang setzen soll, kann im Sinne einer »Programmvorschau« eingesetzt werden. Durch die Offenlegung werden den Schülern/innen Freiräume eröffnet, die sie sich aneignen können. Auch in einem Unterricht, in dem Schülerorientierung ein zentrales Prinzip ist, ist die Planung und Organisation von Lernprozessen notwendig.[81] Bei dieser Planungsarbeit können Lehrpläne, wie die folgende beispielhafte Beschreibung zeigt, ein wichtiges Hilfsmittel sein.

Der Tagesplan zum Thema »Amazonas-Regenwald« aus einer 7. Klasse ist als eine solche Hilfe beim Einstieg in ein Unterrichtsprojekt zu verstehen. Die Entscheidung über das Projektthema ging dem vorliegenden Plan voraus: Die Schüler/innen wollten am Wettbewerb der Bundeszentrale für politische Bildung teilnehmen. Nun ging es darum, Informationen zu dem Wettbewerbsthema zusammenzutragen und erste Ideen für die Umsetzung zu sammeln. Eine Unterrichtseinheit zu dieser Thematik wurde bereits in Klasse 6 durchgeführt, sodass die Schüler/innen vorinformiert waren. Die im Plan verzeichneten Aufgaben sollten einen anregenden Charakter haben. Der Plan zeigt auf, dass im Rahmen dieses Unterrichtsprojektes zunächst ein Teil der vorausschauenden Planung durch mich als Lehrer geleistet wurde, diese aber im Sinne Deweys »geschmeidig genug« war, um nun die Anregungen und Ideen der Schülerinnen und Schüler aufzunehmen und damit zu verbinden. Am Ende des Unterrichtsvormittages wurden die Ergebnisse zusammengetragen. Einige Wandzeitungen waren entstanden, andere Schüler/innen hatten versucht, das Thema tabellarisch zu bearbeiten, Texte waren geschrieben und Zeichnungen bzw. Skizzen erstellt worden. Es zeigte sich, dass von den Schülern/innen viele Dinge angedacht worden waren, ohne sie konkret umzusetzen. Es galt nun, all das zu strukturieren. Dies konnte an dem ersten Projekttag natürlich nicht mehr vollständig geschehen. Die Ideen und Teilaspekte der Thematik, die den Schülern/innen von Bedeutung waren, wurden lediglich stichwortartig auf einem gemeinsam erstellten Plakat festgehalten. Es diente dann in der sich anschließenden Projektphase dazu, einen gemeinsamen Projekteplan aufzustellen und die Handlungsziele des Projektes zu vereinbaren. Es war über den Tagesplan gelungen, die sich oft sehr anstrengend und problematische gestaltende Einstiegsphase in den offenen Unterricht, in der der Lehrer noch eine stärker lenkende Funktion hat, zu einem wesentlichen Teil in die Hände der Schüler/innen zu legen.

81 Vgl. dazu S. 64

Tagesplan

für den 12.11.93

Name:

Thema: Amazonas Regenwald
Was geht er uns an?

Heute werden wir einige vorbereitende Arbeiten für die Teilnahme am Wettbewerb der Bundeszentrale für politische Bildung beginnen. Ihr habt Euch das oben genannte Thema ausgewählt. Als Ergebnis sollen wir eine Wandzeitung erstellen, in der mit Hilfe von vier bis sechs Bildern, zu denen Ihr entsprechende Texte formuliert, Ursachen für die Vernichtung des Regenwaldes und die daraus entstehenden Auswirkungen und Folgen aufgezeigt werden sollen. Wir haben dafür bis zum Einsendeschluß am 1. Dezember Zeit. Die folgenden Aufgaben, die alle einen vorbereitenden Charakter haben, könnt Ihr allein, mit einem Partner oder in Eurer Tischgruppe bearbeiten.

Aufgaben

❏ Informiert Euch anhand der vorhandenen Materialien gründlich über Ursachen, Folgen und Auswirkungen der Zerstörung des tropischen Regenwaldes.

❏ Tragt die wichtigsten Informationen zunächst kurz, um einen Überblick zu gewinnen, zusammen. Ihr könnt dazu auch eine Tabelle anlegen oder eine Übersichtsskizze als Wandzeitung erstellen.

❏ Unterhaltet Euch über den Begriff "Lunge der Welt" und erklärt ihn im Zusammenhang mit dem Amazonas-Regenwald.

❏ Besprecht Eure Informationen am Gruppentisch und teilt auf, womit Ihr Euch intensiver auseinandersetzen wollt. Schreibt zu den ausgewählten Teilthemen Texte auf, zeichnet etwas und erläutert Eure Zeichnungen. Versucht dabei besonders den Zusammenhang zwischen uns und der Zerstörung des Regenwaldes herzustellen. Geht z. B. Fragen nach wie:
- Was haben wir mit dem Tropenholz zu tun?
- Was hat der Hamburger mit dem Tropenwald zu tun?

❏ Sammelt Ideen für unseren Wettbewerbsbeitrag, schreibt sie auf und diskutiert sie in Eurer Gruppe. Vielleicht könnt Ihr auch schon beginnen, die eine oder andere Idee umzusetzen oder eine Skizze o.ä. anzufertigen.

Zeit für die Arbeit am Tagesplan: Fr. 1.-5. Std.

Lernplan 8d

für die Woche vom 30.11. - 4.12.92

Name:

Unser Wochenthema:
"Ausländerfreundlichkeit"

1. WIR INFORMIEREN UNS

Pflichtaufgabe
Arbeitet die Texte auf den Informationsblättern zuerst gründlich durch und beantwortet die dort formulierten Aufgabenstellungen schriftlich.
Wahlaufgabe
Bearbeitet das Blatt "Meinungen von Jugendlichen ..."

2. WIR VERANSTALTEN EINE SPRÜCHEOLYMPIADE

Überlegt Euch **ausländerfreundliche Sprüche**. Schreibt sie auf ein DIN A 4-Blatt und gestaltet dieses Blatt mit großer Schrift. Ihr könnt sie auch in der Druckerei drucken. Die besten Sprüche werden von einer Jury prämiert. Es gibt für die besten drei Sprüche Sachpreise!! Also ran an die Arbeit. Im Sprüchemachen seid Ihr doch gut oder? Jeder kann so viele Sprüche einreichen, wie er will.

3. WIR ARBEITEN IN GRUPPEN AM THEMA

Sucht Euch eine oder mehrere der folgenden Aufgaben aus und bearbeitet sie in Gruppen. Ihr könnt Euch aussuchen, mit wem Ihr zusammenarbeiten wollt.
- ☐ Entwerft ein **Flugblatt**, das bei der Demonstration am Freitag verteilt werden kann. Ihr könnt dafür eine Matrize benutzen oder es setzen und drucken (wenn das bis zum Freitag noch zu schaffen ist).
- ☐ Entwerft **Plakate** und **Spruchbänder** für die Demonstration.
- ☐ Stellt **Collagen** zum Thema Ausländerfreundlichkeit her, die wir vor unserem Klassenraum aushängen können.
- ☐ Versucht herauszufinden, wie die Gudensberger Bürger über Ausländerfeindlichkeit und Gewalt gegen Ausländer denken. Dazu könnt Ihr Interviews durchführen (mit der Video-Kamera oder dem Kassettenrecorder). Überlegt Euch vorher genau, was ihr fragen wollt und wertet die Befragung zum Schluß aus.
- ☐ Interviewt ausländische Mitschüler und fragt, wie sie sich in Deutschland fühlen und sie über die ausländerfeindlichen Aktionen in den letzten Wochen denken.
- ☐ Schreibt Berichte, Geschichten, Aufsätze, Gedichte ... zum Thema "Ausländerfeindlichkeit - Ausländerfreundlichkeit".

Wochenplan-Zeiten: Di. 3.-5. Std./ Mi. 3.-5. Std./ Do. 2. Std./ Fr. 1./2. Std.

Ein zweites Beispiel: Der Plan zum Wochenthema »Ausländerfeindlichkeit« aus einer 8. Hauptschulklasse ist im Rahmen einer Aktionswoche, die wir an unserer Schule durchführten, entstanden. Die Aktionswoche, auf Antrag der Schülervertretung zustande gekommen, mündete am letzten Tag der Woche in eine Schülerdemonstration. Daher haben auch eine ganze Reihe von Aufgaben, die im Wochenplan verzeichnet sind, einen vorbereitenden Charakter für diese Demonstration (insbesondere Flugblätter, Plakate und Spruchbänder entwerfen). Der Plan beginnt zunächst sehr »traditionell«.[82] Der Bereich »Wir informieren uns« enthält eine Pflichtaufgabe und eine Wahlaufgabe. Die Pflichtaufgabe dient dazu, bei den Schülerinnen und Schülern durch die Bearbeitung der beiden Informationsblätter zunächst eine gemeinsame Grundlage zu schaffen, die es ihnen erleichtert, die folgenden Aufgaben des Planes in einen Zusammenhang einzuordnen. Der Lernplan greift die Vorschläge auf, die zuvor von den Schülern/innen eingebracht wurden, bündelt die Handlungsmöglichkeiten für die Schüler/innen und bringt sie in eine Übersicht, macht einen Arbeits- bzw. Lernplan daraus. Er verzeichnet den kooperativ entwickelten, inhaltlichen und organisatorischen Rahmen für die Aktionswoche.

Zusammenfassend möchte ich feststellen, dass ich hoffe, mit den Beispielen dieses Kapitels aufgezeigt zu haben, wie es möglich ist, Strukturierungshilfen bei der Öffnung des Unterrichtes ganz gezielt und differenziert, abgestimmt auf die Situation der jeweiligen Lerngruppe und den inhaltlichen Kontext, einzusetzen. Die gemeinsame Entwicklung von thematischen Landkarten auf die eine oder andere Weise ist dabei das Ziel – nach meiner Auffassung die eigentliche »Idealform« beim Einstieg in den offenen Unterricht. Die Arbeit mit Lernplänen ist dagegen ein Schritt auf dem Weg dorthin. Sie soll den Weg in jenen Lerngruppen ebnen, die bisher keine oder nur geringe Erfahrungen mit der Selbststeuerung von Lernprozessen gemacht haben.

---

82 Zur Arbeit mit Wochenplänen siehe ausführlich: Vaupel (1995), insbes. S. 38–69 u. S. 119–155; siehe auch das 9. Praxisbeispiel in diesem Band.

7. Praxisbeispiel

Preise kalkulieren und Grundstücke vermessen

Handeln und Lernen im Mathematikunterricht[83]

Die Diskussion über den Handlungs- und Alltagsbezug der Mathematik wird schon lange geführt. Plädoyers dafür, alltägliche Erfahrungen von Kindern und Jugendlichen in den Mathematikunterricht einzubeziehen, sind zahlreich. So schreibt Willy Steiger bereits 1925: »Ein Erschauern wird jeden Sehenden überkommen vor all den tausend Rechenaufgaben, die draußen im bunten Alltag herumschwirren.«[84] Der »Alltag« hat allerdings bis heute – 70 Jahre später – nur vereinzelt Einzug in den Mathematikunterricht gehalten. Vor lauter Zahlen, die im Unterricht »umherschwirren«, werden zu oft konkrete Objekte, Ereignisse und Zusammenhänge vergessen. Gerade in Mathematik auch wird von Schülerseite immer wieder Klage darüber geführt, dass ihnen gar nicht klar ist, wofür sie etwas lernen, in welchen Situationen sie das erworbene Wissen nutzbringend anwenden können. Dies bringt sehr häufig ein erhebliches Motivationsdefizit mit sich, gelernt wird dann nur noch für die Note.

Ein trockenes Fach oder Sinn stiftende Sachaufgaben?

Der Ansatz, im Mathematikunterricht Handeln und Lernen miteinander zu verbinden, hat sich bisher noch nicht auf breiter Ebene durchgesetzt. Mathematikunterricht zu betreiben heißt leider allzu oft, zu rechnen auf »Teufel komm raus«, ohne nach dem »Warum« zu fragen. »Mathematik ist eben ein trockenes Fach«, diese oder ähnliche lapidaren Feststellungen hört man häufig von Fachlehrern. Allein die Bedeutung, die die Note für den Abschluss und damit für die weitere schulische oder berufliche Laufbahn hat, schafft für die Schüler/innen eine sekundäre Motivation und bewirkt, dass sie trotz allem, wenn auch widerwillig, meist bei der Sache bleiben. Im Vordergrund eines solchen Unterrichts steht dann häufig das Schulbuch, das »durchgenommen« werden muss; bis zum

---

83 Dieses Kapitel stellt eine Erweiterung meines folgenden Beitrages dar: Vaupel, Dieter: Tigerenten und Neubaugebiete. Handeln und Lernen im Mathematikunterricht. In: Praxis Schule 5–10, Heft 3/1996, S. 12–16.
84 Steiger, Willy: S' blaue Nest. Dresden 1925. Zit. n. Hagstedt, Herbert: Chaos und Mathematik. In: Die Grundschulzeitschrift. Sonderdruck Mathematik, Seelze 1995, S. 16.

Schuljahresende – versteht sich – der komplette Jahrgangsband. Die ausgedachte Aufgabe hat zentrale Bedeutung, nicht die Aufgabe, die sich aus einer konkreten Problemstellung ergibt. Nicht die Schülerinnen und Schüler stellen jene Fragen, die für sie Bedeutung haben, sondern einzig und allein die Lehrerin oder der Lehrer fragt, ordnet an, gibt Aufgaben auf.

Dem setzt der handlungsorientierte Unterricht ein anderes Modell entgegen. Im Mittelpunkt steht ein Gegenstand, der Aufforderungscharakter hat, oder ein Problem, das bearbeitet wird und die Phantasien und Fragen der Beteiligten in eine ganz eigene Richtung lenken sollen. Handelndes Lernen bedeutet, vereinseitigend geistig-begriffliche durch handelnd-praktische Lernformen zu ersetzen. Handelndes Lernen heißt immer aktive Arbeit der Lernenden. Im Vordergrund des Unterrichts steht nicht die Lehrerin oder der Lehrer, sondern der Gegenstand. Er ist der gemeinsame Bezugspunkt der Beteiligten, an ihm oder mit ihm machen die Schüler/innen eigene Erfahrungen. Die Lehrerin/der Lehrer hilft, moderiert, gibt Anregungen, bietet zusätzliche Materialien an, schlägt Arbeitsaufgaben vor, hilft bei der Bewältigung von Gruppenprozessen, bleibt aber letztlich eher im Hintergrund. Auch mit dieser neuen Rolle wird jedoch seine/ihre Verantwortung für den übergreifenden Sinn des Lernprozesses nicht in Frage gestellt.

Welche Rolle kann nun handelndes Lernen im Mathematikunterricht spielen? Natürlich bietet sich im Mathematikunterricht nicht jedes Objekt für handelndes Lernen an, aber viele Objekte drängen sich für einen solchen Aneignungsprozess auf. Anlässlich einer Tagung der Mathematik-Fachdidaktiker 1995 an der Gesamthochschule Kassel wurde für diese Form des Lernens geradezu eine »Lanze gebrochen«. Zahlreiche Vorschläge waren dort von den aus ganz Deutschland anwesenden Didaktikern zu hören: Die Bücher beiseite lassen und stattdessen das aufgreifen, was an Zahlen im Alltag der Kinder und Jugendlichen vorkommt, etwa in Kalendern, Fahrplänen, Kassenzetteln aus dem Supermarkt. Verschiedene Beispiele wurden dazu vorgestellt, wie dieses Kleinprojekt: Man kann Taschenkalender verteilen und die Frage klären lassen, ob das Jahr eigentlich mehr Schultage oder mehr freie Tage hat. Dies weckt nicht nur echtes Interesse, sondern bringt auch eine Fülle verschiedenster Wege zum Ergebnis. Vom einfachen Abzählen über die Addition von Wochenend- und Ferientagen und deren Subtraktion von der Gesamtmenge aller Tage im Jahr führen viele Wege zum Ergebnis und zum Erfolgserlebnis für jeden Einzelnen.

Sinn stiftende Sachaufgaben, Abwechslung in den Präsentationsformen, Freiräume für eigene Erfindungen, Förderung des Unterrichtsgesprächs lauten einige weitere Forderungen für einen lebendigen, handlungsorientierten Unterricht. Vorgebrachte Einwände, dass diese Art des Mathematikunterrichts mehr Zeit benötige und die Benotung erschwere, ließen viele der versammelten Didaktiker nicht gelten. Vielleicht, so wurde vorgeschlagen, könnten sich die

Mathematiker ja einige Tipps bei ihren Kollegen aus den geistes- und sozialwissenschaftlichen Fächern holen, die bei solchen Unterrichtsformen auf einen längeren Erfahrungsschatz zurückgreifen können.

Dem Plädoyer zur Öffnung des Mathematikunterrichts, zur Herstellung von Alltagsbezügen, zur Schaffung von Handlungsmöglichkeiten und zur Suche nach Querverbindungen zu anderen Fächern kann ich mich nur anschließen. Das Fach Mathematik bietet viele Anknüpfungspunkte, Handeln und Lernen miteinander zu verbinden, man muss nur bereit sein, danach zu suchen. Solche Anknüpfungspunkte zeigen meine in diesem Kapitel beschriebenen Unterrichtsbeispiele auf. Hat man mit dem Umdenkungsprozess erst einmal begonnen, so entwickelt sich oft aus einer Idee schon wieder die nächste, und Lehrer/innen und Schüler/innen können den längst verloren geglaubten Sinn der Mathematik nach und nach wieder entdecken.

Die Rolle, die die Mathematik in einem handlungsorientierten Unterrichtskonzept haben kann, wird oft unterschätzt. Häufig fristet die Mathematik im (fächerübergreifenden) handlungsorientierten Unterricht eher ein Schattendasein, eigene Mathematikprojekte, bei denen Fragestellungen des Faches im Mittelpunkt stehen, mit deren Hilfe ein Problem bearbeitet werden kann, sind oft gar nicht vorstellbar. Das muss aber nicht so sein. Gerade die in letzter Zeit veröffentlichten Beispiele eines offenen und handlungsbezogenen Mathematikunterrichts, die den Alltag der Kinder zum Ausgangspunkt des Unterrichts machen, bieten sehr viel Ermutigendes. Allerdings ist dabei wieder einmal die Grundschule in der Vorreiterrolle.[85] Hier ist auch für die Sekundarstufe nun »Handlungsbedarf« – im doppelten Sinne dieses Wortes.[86]

Preiskalkulation und Aktienkurse für Tigerenten

Im Zusammenhang »Handeln und Lernen« lassen sich, bezogen auf das Fach Mathematik, zwei grundsätzliche Ansätze unterscheiden. Beide halte ich für geeignete Möglichkeiten, mehr Praxisbezug in den Mathematikunterricht hineinzutragen:

● Mathematik kann im Rahmen des handlungsorientierten Unterrichts eingebettet sein in einen größeren Sinn- und Sachzusammenhang. Nicht ihre eigenen Fragestellungen stehen dann im Mittelpunkt der Arbeit, sondern Mathe-

---

85 Die Grundschulzeitschrift. Sonderdruck Mathematik. Offener Mathematikunterricht in der Grundschule Seelze 1995; Die Grundschulzeitschrift. Heft 74/Mai 1994. (Thema: Zaubergarten Mathematik).

86 Einige Beispiele handlungsorientierten Arbeitens im Mathematikunterricht der Sekundarstufe sind unter dem Themenschwerpunkt »Geometrie – ein Gebiet zum Forschen und Entdecken« zu finden in: Praxis Schule 5–10, Heft 1/1994; s. auch: Praxis Schule 5–10, Heft 3/1996 (Thema: Mathematik handlungsorientiert) und Mathematik lehren, Heft 79/1996 (Thema: Wge zur Freien Arbeit).

Wie viel Farbe braucht man eigentlich zum Anmalen der Entenkörper? Wie finden wir den Mittelpunkt bei den Holzrädern? – Solche und ähnliche mathematischen Fragestellungen waren von den Schülerinnen und Schülern im Rahmen des Tigerentenprojektes zu lösen, ...

... bevor nach vielen Arbeitsschritten die fertigen Tigerenten präsentiert werden konnten.

matik hat eine »Zubringerfunktion«. Sie kann auf diese Weise, neben anderen Fächern, einen Beitrag zur Lösung zentraler Fragestellungen leisten.
- Es können eigenständige handlungsorientierte Mathematikprojekte durchgeführt werden, in denen durch handelnde, praktische Lernformen Fragestellungen aus dem Kernbereich dieses Faches bearbeitet werden.

Zu dem ersten Ansatz – Mathematik eingebettet in einen größeren Sinn- und Sachzusammenhang – möchte ich zunächst kurz ein Beispiel skizzieren. An einem zweiten Beispiel werde ich aufzeigen, wie es auch möglich ist, mathematische Themen und Problemstellungen in das Zentrum des handlungsorientierten Unterrichts zu stellen.

Mit Schülerinnen und Schülern einer 7. Gymnasialklasse führte ich im letzten Schuljahr ein Projekt zum Thema »Kaufen oder selber machen« durch[87]. Im Rahmen dieses Projektes gründeten wir einen eigenen Schüler-Übungsbetrieb als Aktiengesellschaft, in dem es eine kaufmännische, eine technische und eine Produktionsabteilung gab. Wir entschlossen uns, die durch Kinderbuchautor Janosch bekannt gewordenen »Tigerenten« zu produzieren und anschließend zu vermarkten.

In vielen Bereichen dieses Projektes spielte die Mathematik eine ganz wesentliche Rolle: Alternative Möglichkeiten zur Beschaffung des Betriebskapitals mussten überlegt und miteinander verglichen werden, der Nennwert für die Aktien musste festgelegt, das Betriebskapital berechnet werden. Die kaufmännische Abteilung hatte über Ein- und Ausgaben Buch zu führen, und die einzukaufenden Materialmengen waren von ihr zu berechnen. So bearbeiteten die Schüler/innen Fragen, wie etwa die folgenden:

- Für wie viele Achsen reicht ein Rundholz von 2,10 m Länge?
- Brauchen wir einen oder zwei Liter gelbe Farbe, um die Entenkörper anzumalen? Wie viel Farbe benötigen wir für die schwarzen Tigerstreifen?
- Wie hoch ist der Materialverbrauch, um 20 Entenrohlinge auszusägen?
- Kaufen wir komplette Holzräder, oder sägen wir sie aus? Wie groß ist der Preisunterschied, wenn wir 80, 160 oder 200 Räder brauchen?

Ungeahnte mathematische Probleme stellten sich auch noch während des Produktionsablaufes, etwa das folgende: Wie kann der Mittelpunkt für die Räder, die einen Durchmesser von 3,5 cm haben, ermittelt werden? Die Beantwortung der Frage war von großer Bedeutung, hing doch davon auch die Qualität des Produktes ab. Die Bohrung für die Achsen musste millimetergenau stimmen,

---

87 Das Projekt war ähnlich strukturiert wie das in diesem Band beschriebene 3. Praxisbeispiel »Lila Mäuse laufen gut«.

weil die Enten sonst nicht rollen, sondern »eiern« würden. Die Lösung wurde schließlich mit der Herstellung einer quadratischen Bohrschablone gefunden.

Auch vor der Festlegung des Verkaufspreises musste zunächst gerechnet werden. Er konnte nicht einfach »ungefähr« festgelegt, sondern sollte möglichst genau kalkuliert werden. Zu klären war: In welcher Weise sollten sich die Materialkosten auf den Verkaufspreis niederschlagen? Welche Bedeutung sollte die Arbeitszeit für den Endpreis haben? Die selbst errechneten Angebotspreise waren dann mit Preisen, die für das gleiche Produkt im Spielwarenhandel gefordert wurden, zu vergleichen. Schließlich waren auch noch die Aktienkurse nach jeder Verkaufsaktion neu zu berechnen, die Dividende musste zum Schluss an die Aktionäre ausgezahlt werden, und das insgesamt erwirtschaftete Betriebskapital sollte nach Abschluss des Projektes möglichst zinsgünstig für ein halbes Jahr festgelegt werden. Rechenaufgaben über Rechenaufgaben, die sich aus diesem Arbeitslehre-Projekt entwickelten.

Die kurze Beschreibung zeigt: Das Projekt »Kaufen oder selber machen«, zunächst überhaupt nicht als Matheprojekt angedacht, wäre ohne die Mathematik gar nicht denkbar gewesen. Sie stand zwar nicht im im Vordergrund und bestimmte auch nicht die Struktur im Ablauf des Projektes[88], aber sie half bei der Lösung zahlreicher für den Fortgang des Projektes elementarer Fragen. Nach dem Sinn der durchzuführenden Rechenoperationen fragte hier keiner mehr, er lag für alle Beteiligten klar auf der Hand. Das Problem »Sinndefizit im Mathematikunterricht« scheint auf diese Weise lösbar, denn auch wenn sich nicht immer und für jede Thematik Handlungsbezüge herstellen lassen, so haben die Schüler/innen doch beispielhaft die elementare Erfahrung gemacht, dass ihnen die Mathematik bei der Lösung von Alltagsproblemen eine wichtige Hilfe sein kann.

Wohnungen vermessen und Grundrisse zeichnen

Zum zweiten Beispiel: Als vor drei Jahren in der Nähe der Schule ein neues Wohngebiet geplant wurde, war dies Anlass für mich und meine 8. Hauptschulklasse – in der ich die Fächer Gesellschaftslehre, Deutsch und Mathematik unterrichtete –, die Entstehung dieses Wohngebietes zu erkunden und in seiner Entwicklung zu beobachten. Ausgangspunkt war zunächst der Gesellschaftslehreunterricht, in dem »Die Aufgaben einer Gemeinde« als Thema im Schulcurriculum stand. Wir führten eine erste Erkundung des neu entstehenden Baugebietes durch, setzten uns mit der Stadtverwaltung in Verbindung, erhielten von dort Planungsunterlagen, entwarfen eigene Pläne, wie dieses Wohn-

---

88 Der Verlauf des gesamten Projektes ist ausführlich dargestellt in: Vaupel, Dieter: »Entenpower auf Aktien«. Ein Miniunternehmen in der Schule. In: Pädagogik, Heft 2/1996.

Mathematische Erkundung des Neubaugebietes

Wichtige Hinweise:
Um diese Erkundung des Neubaugebietes durchführen zu können, braucht Ihr einen **Zollstock**, eine **Schreibunterlage**, **Papier**, einen **Bleistift** und eventuell einen **Kassettenrecorder**. Bleibt grundsätzlich bei der Bearbeitung in den gebildeten Kleingruppen zusammen und versucht **Gefahrensituationen** - so, wie wir das ausführlich besprochen haben - zu **vermeiden**. Betretet kein Gebäude ohne Genehmigung des zuständigen Architekten oder Bauherrn.

☐ *Grundstückserkundung*
- Auf Eurem Plan sind jeweils zwei Grundstücke für jede Gruppen gekennzeichnet, die Ihr ausmessen und aufzeichnen sollt.
- Zeichnet zunächst an Ort und Stelle eine bemaßte Skizze. Legt anschließend im Klassenraum eine übersichtliche Zeichnung auf DIN-A-3 Papier im Maßstab 1:100 an. Hängt sie an der Pin-Wand aus.
- Berechnet nun die Fläche des Grundstückes. Überlegt, mit welchen Formeln Ihr rechnen müßt (Handelt es sich um ein Quadrat, Rechteck, Trapez, Parallelogramm oder Dreieck?).
- Schlagt in Euren Mappen nach, was die Grundstückskäufer pro qm für ihre Flächen bezahlen mußten und berechnet den Kaufpreis.

☐ *Wohnungserkundung*
- Auf Eurem Plan sind Häuser eingezeichnet, die bereits im Rohbau fertig sind und die wir nach Genehmigung des Eigentümers betreten dürfen.
- Meßt in dem Einfamilienhaus (Gruppe 1) und dem Reihenhaus (Gruppe 2 und Gruppe 3) das gesamte Erdgeschoß aus, in dem Mehrfamilienhaus die Wohnung im Erdgeschoß links (Gruppe 4) und rechts (Gruppe 5).
- Legt eine bemaßte Skizze an. Vergeßt nicht, auch die Lage der Türen und Fenster einzuzeichnen.
- Zeichnet im Klassenraum den Grundriß der Wohnung auf Millimeterpapier (Maßstab 1:100).
- Berechnet die Flächen der einzelnen Räume. Vermutet, welche Funktion sie in der fertigen Wohnung einmal haben werden.
- Berechnet auch die Gesamtfläche der Wohnung.

☐ *Befragung von Bauarbeitern*
Für viele Arbeiter, die an den Häusern oder beim Straßenbau arbeiten, haben Berechnungen eine wichtige Bedeutung, das haben wir schon bei unserer ersten Erkundung erfahren können. Fragt gezielt mindestens drei Arbeiter danach, bei welchen Arbeiten sie etwas mit Zahlen zu tun haben und welche Berechnungen sie im Laufe eines Arbeitstages durchführen müssen. Notiert Euch die Antworten oder nehmt sie mit dem Kassettenrecorder auf und wertet sie im Klassenraum aus.

☐ *Augen auf!*
Geht mit offenen Augen durch das Baugebiet und versucht Dinge zu entdecken, die etwas mit Mathematik tun haben, bei denen Zahlen, Mengen, Stecken, Flächen und Berechnungen eine Bedeutung haben. Notiert Euch diese Dinge. Wenn Ihr Lust habt könnt Ihr auch eigene Berechnungen durchführen oder daraus Rechenaufgaben für Eure Mitschüler formulieren.

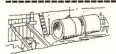

Serge und Kai vermessen ein bereits bebautes Grundstück im Gudensberger Neubaugebiet.

Timm misst die Höhe des Fenstersturzes, während Sebastian seine Angaben notiert.

gebiet strukturiert werden könnte, und verglichen sie mit den Planungen der Stadt. Vor Ort konnten wir untersuchen und beobachten, wie nach und nach erste Straßen entstanden, Grundstücke vermessen, Baugruben ausgehoben wurden und schließlich nach und nach Reihenhäuser, Einfamilienhäuser und Mehrfamilienhäuser entstanden. Die Jugendlichen führten Interviews mit Bauarbeitern durch und organisieren eine kleine Ausstellung mit den Materialien, die beim Straßenbau Verwendung fanden, an unserer Schule.

Im Laufe der Zeit entwickelte sich das Projekt nach und nach zu einem Mathematikprojekt, in dem die Themen Längen, Flächen, Volumen, aber auch Zins- und Prozentrechnung in den Mittelpunkt der Arbeit rückten. Die Schülerinnen und Schüler entdeckten immer wieder neue Aufgaben, die in dem Neubaugebiet »umherschwirrten«. Sie maßen Grundstücksflächen aus, zeichneten sie maßstabsgetreu auf und nahmen eigene Planungen vor. Sie besorgten sich Pläne von Architekten und Grundstückseigentümern und verglichen sie mit ihren Zeichnungen. Die Schüler interessierte die Frage, was solche Grundstücke eigentlich kosten und wie teuer es ist, ein komplettes Haus dort zu errichten. Immer wieder neue Fragen, wie die folgenden, tauchten auf:

- Was bedeutet es etwa, wenn uns ein Grundstückseigentümer sagt, dass man für ein Grundstück von 621 qm 55 DM pro Quadratmeter plus Erschließungskosten bezahlen muss?
- Was kosten Haus und Grundstück insgesamt?
- Wie kommt man an das Geld, wenn man den kompletten Betrag nicht gespart oder geerbt hat?
- Wie bekommt man eigentlich einen Kredit, und wie viel Zinsen muss man dafür bezahlen?
- Wie hoch ist die monatliche (Zins-)Belastung für eine Familie, die in dem Wohngebiet ein Einfamilienhaus baut?
- Warum baut jemand ein Wohnhaus oder gar ein Mehrfamilienhaus, wenn er gar nicht darin wohnen will?
- Welchen finanziellen Nutzen hat er davon?

Fragen über Fragen, die von den Schülerinnen und Schülern formuliert wurden und die es zu bearbeiten galt. »Ein neues Wohngebiet entsteht« wurde auf diese Weise zu einem Mathematikprojekt. Nach Rücksprache mit den Architekten oder Eigentümern schauten wir uns schließlich auch in Rohbauten um.[89] Es fiel den Schülern/innen auf, dass alle Einfamilienhäuser ganz unterschiedlich zugeschnitten waren, jeder Bauherr hatte sich seine eigenen Überlegungen beim Grundriss der Wohnung gemacht. Genormt waren dagegen die Wohnun-

---

89 Hierbei war es natürlich wichtig, die Schüler/innen auf Gefahren hinzuweisen und ihnen klare Verhaltensinstruktionen zu geben, um Unfälle zu vermeiden.

Rechenaufgaben – im Neubaugebiet gefunden

1. In der Skizze ist ein bebautes Grundstück im Buchenweg dargestellt.
   a) Berechne die Größe des Grundstücks!
   b) Für 1 qm betrug der Kaufpreis 58,- DM. Was kostet das Grundstück insgesamt?
   c) 110 qm Fläche sollen mit einem Einfamilienhaus bebaut werden. Wieviel Prozent der Grundstücksfläche sind das?
   d) Der Eigentümer will um sein Grundstück eine Buchenhecke pflanzen. Nur der 6 Meter breite Eingangsbereich soll davon ausgenommen werden. Pro Meter müssen 3 Buchensetzlinge gepflanzt werden. Wieviele Setzlinge braucht er insgesamt?

2. Ein Bauplatz in der Platanenallee mit den nebenstehenden Maßen ist noch zu kaufen.
   a) Wie groß ist die Gesamtfläche?
   b) Wie teuer ist der Bauplatz, wenn pro qm 65,- DM zu bezahlen sind?

3. a) Berechne die Flächen von Wohnzimmer, Flur und Küche dieses Hauses im Birkenweg.
   b) Die Küche soll mit einem Holzfußboden ausgelegt werden, der pro qm 42 DM kostet. Wie teuer ist der Küchen fußboden insgesamt?
   c) Wieviel Meter Sockelleiste werden für die Küche benötigt?

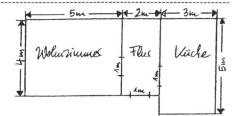

4. Ein Wohnungsbauunternehmen will die in der Skizze gekennzeichneten Grundstücke erwerben:
   a) Berechne die Größe jedes einzelnen Grundstücks!
   b) Wieviel qm Bauland kauft das Unternehmen insgesamt?
   c) Der Grundstückspreis beträgt 62,50 DM pro qm. Wieviel muß das Untenehmen bezahlen?
   d) Die Grundstücke A2 und A5 verkauft das Unternehmen kurz nach dem Erwerb an zwei private Käufer weiter und schlägt dabei 11,50 DM pro qm drauf. Wie teuer sind die Grundstücke nun?

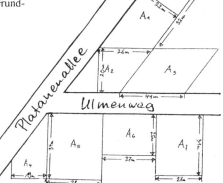

gen in den Reihenhäuser und den wenigen Mehrfamilienhäusern. Die Schüler/innen maßen die Wohnungen aus, legten maßstabsgetreue Grundrisszeichnungen an, berechneten die Flächen und verglichen sie miteinander, um daraus auch Rückschlüsse auf die zukünftige Wohnsituation zu ziehen.

Einige Fragen konnten von den Schülerinnen und Schülern durch eigene Berechnungen beantwortet werden, denn mit den Themen Längenmaße und Flächenberechnung waren sie weitgehend vertraut. Allerdings waren einige von ihnen aufgeworfenen Fragestellungen z.T. so komplex, dass sie meine Hilfe und Unterstützung dazu brauchten. Gezielt wurden von mir Lehrgänge zur Wiederholung und Vertiefung bereits vorhandener mathematischer Grundkenntnisse eingeschoben und ihnen strukturierte Arbeitsmaterialien für die Durchführung ihrer Erkundungsaufgaben zur Verfügung gestellt (siehe Seite 158). Eine Öffnung der Schülerinnen und Schüler für die vielfältigen Fragestellungen der Mathematik war durch die Herstellung der Zusammenhänge von Handeln und Lernen gelungen. Erfahrungen, die in der Folgezeit immer wieder aufgegriffen und erweitert werden konnten.

Die Beschreibung macht deutlich, dass im Rahmen des Projektes »Ein neues Wohngebiet entsteht« von den Schülerinnen und Schülern nicht reproduktive Leistungen gefordert waren, sondern sie zu eigenständigen Lernprozessen angeregt wurden. Im Vordergrund der Untersuchung des Baugebietes standen nicht passiv-rezeptive, sondern aktive Formen der Aneignung und Auseinandersetzung mit dem Lerngegenstand. Ich war als Lehrer dabei nicht allein Repräsentant der Inhalte, sondern wurde eher zum Moderator einer selbstständigen Auseinandersetzung der Lernsubjekte mit ihrem Erkundungsfeld.

Die Beispiele belegen, dass die Mathematik auf alle Fälle eine wichtige Rolle übernehmen kann, um den Unterricht insgesamt für handlungsorientierte Prozesse zu öffnen. Man muss als Lehrer nur bereit sein, diese Unterrichtsform umsetzen zu wollen, und nach Ansatzpunkten handlungsorientierten Arbeitens suchen. Eine Fülle von Ansatzpunkten schwirren »draußen im bunten Alltag herum«, so hatte ich eingangs zitiert. Man muss nur bereit sein, zu einem »Sehenden« zu werden.

8. Praxisbeispiel

»... ein bisschen Hoffnung habe ich ja doch noch«

Deutschunterricht in einer Hauptschulklasse

Da stand ich nun erneut mit beiden Beinen auf dem Boden der pädagogischen Praxis: Nach fast vier Jahren Lehrtätigkeit an der Gesamthochschule Kassel fand ich mich plötzlich wieder als Lehrer an der additiven Gesamtschule in Gudensberg.[90]

Eine meiner Aufgaben war es nun, Deutschunterricht in einer 9. Hauptschulklasse zu erteilen. Ein halbes Jahr blieben der Klasse und mir noch bis zum Schuljahresende, um gemeinsam etwas zu erreichen. Aber was? Vorgewarnt war ich von meinen neuen Kolleginnen und Kollegen: Es sei eine schwierige Klasse voller »Problemschüler«, leistungsschwach, nicht zu motivieren und kaum bereit etwas zu lernen.

Rechtschreibung? – Eine Katastrophe!

»Was will ich, was kann ich in einem halben Jahr noch erreichen?«, ging es mir durch den Kopf. »Kulturtechnik« Rechtschreibung, an der von vielen immer noch der Bildungsstand eines Menschen gemessen wird, sollte das wirklich der Schwerpunkt des letzten halben Jahres sein, bevor die Schülerinnen und Schüler »ins Leben« entlassen werden?

Ich versuchte von der Klasse zu erfahren, was sie vom Deutschunterricht des letzten halben Jahres noch erwarten. Zu meiner Überraschung hatten sie recht klare Vorstellungen darüber, woran es ihnen fehlte, welche Defizite angegangen werden müssten. Rechtschreibung und Zeichensetzung, ganz klar, sei bei den meisten von ihnen eine reine Katastrophe! Keine Beschönigung – sie schenkten mir gleich »reinen Wein« ein. Aufsätze schreiben, Texte formulieren, eigene Geschichten schreiben wollten sie darüber hinaus lernen. Außerdem wünschten sie sich Texte zu lesen, die mit ihrer Situation als Jugendliche zu tun haben. Wichtig sei es ihnen auch, zu lernen, wie man etwas vor anderen mündlich vorträgt, ein Referat hält und wie man es vorbereitet.

Damit war der Plan für den Rest des Schuljahres inhaltlich gefüllt, und ganz

---

90   Der Text dieses Kapitels entstand im Jahr 1990.

nebenbei hatte ich bei diesem Gespräch schon eine ganze Menge über die Schülerinnen und Schüler und die Einschätzung ihrer eigenen Situation erfahren. Die meisten waren sich sehr wohl bewusst, in unserer Gesellschaft von vornherein die schlechtesten Chancen zu haben, und immer wieder klang das diffuse Gefühl der Jugendlichen durch: *»Ich gehöre zu denen, die nichts wissen, nichts können, die schlecht in der Schule sind und die niemand mag.«* Offen wurde auch gesagt: *»Wir sind ja nur Hauptschüler.«* Sie haben das Gefühl, von anderen abgeschrieben zu sein, und einige haben sich vielleicht auch selbst schon abgeschrieben.

Lernen ist eine individuelle Angelegenheit

Hier wollte ich mit meinem Unterricht ansetzen: Es war notwendig, den Jugendlichen Erfolgserlebnisse zu verschaffen, ihnen Mut zu machen und zur Stärkung ihres Selbstwertgefühls beizutragen.

Zwei der vier Stunden wöchentlich sollten der Rechtschreibung und Zeichensetzung vorbehalten bleiben. Der erste Schritt, um den Schülerinnen und Schülern Erfolgserlebnisse zu ermöglichen, sollte die individualisierte Arbeit mit einer Kartei sein. – Nein, Einstieg in die Wochenplanarbeit, dafür war die Zeit, so machte ich mir klar, einfach zu kurz, zumal ich außer vier Stunden Deutsch keinen weiteren Unterricht in der Klasse hatte. Aber den Versuch wollte ich zumindest wagen, die Schüler/innen ihr Arbeitstempo und auch einen Teil der Aufgaben, die von ihnen zu erledigen waren, selbst bestimmen zu lassen.

Ich erklärte die beabsichtigte Vorgehensweise und gab ihnen folgende Hinweise zur Arbeit mit der Kartei schriftlich:

»Deine Aufgabe ist es, vier der unten aufgeführten Karteikarten im Deutschunterricht in den nächsten vier Wochen zu bearbeiten. Dies soll dir helfen, deine Rechtschreibleistung und die Zeichensetzung zu verbessern. Gehe folgendermaßen vor:

1. Lies dir die gestellten Aufgaben gründlich durch, bevor du anfängst zu schreiben.
2. Bearbeite die Aufgaben sorgfältig, achte auf Übersichtlichkeit und lesbare Schrift.
3. Wenn du alle Aufgaben einer Karte fertig bearbeitet hast, überprüfe sie mit-hilfe der Kontrollkarte.
4. Berichtige gründlich alle von dir festgestellten Fehler.
5. Zeige mir die erledigten Aufgaben, und lass dir die Kontrolle durch meine Unterschrift auf die unten angefügte Liste bestätigen.

Arbeitsplan
DEUTSCH
Rechtschreibung - Zeichensetzung

Name:

Deine Aufgabe ist es, vier der unten aufgeführten _Karteikarten_ im Deutschunterricht in den nächsten vier Wochen zu _bearbeiten_. Dies soll Dir helfen, Deine Rechtschreibleistung und die Zeichensetzung zu verbessern. Gehe folgendermaßen vor:

➢ 1. Lies Dir die gestellten Aufgaben gründlich durch, bevor Du anfängst zu schreiben.
➢ 2. Bearbeite die Aufgaben sorgfältig, achte auf Übersichtlichkeit und lesbare Schrift.
➢ 3. Wenn Du alle Aufgaben einer Karte fertig bearbeitet hast, überprüfe sie mit Hilfe der Kontrollkarte.
➢ 4. Berichtige gründlich alle von Dir festgestellten Fehler.
➢ 5. Zeige mir die erledigten Aufgaben und laß Dir die Kontrolle durch meine Unterschrift auf die unten angefügte Liste bestätigen

Das _Arbeitstempo_ und die _Reihenfolge_, in der Du die Karteikarten bearbeitest, bestimmst Du selbst.

= RUMMS! *Viel Spaß und viel Erfolg!*

12	18	27
13	19	28
14	23	29
15	24	30
16	25	31
17	26	32

Das Arbeitstempo und die Reihenfolge, in der Du die Karteikarten bearbeitest, bestimmst Du selbst.«

Zu meiner Überraschung lief die Arbeit völlig problemlos an. »Vielleicht der Reiz des Neuen«, dachte ich zunächst. Aber in den folgenden Wochen stabilisierte sich die Arbeitsweise. Es gab zwar Stunden, in denen einzelne Schüler/innen »rumhingen« und nichts taten, auch für Unruhe, Ablenkung und Störungen sorgten. Das waren aber eher Randerscheinungen. Der Rückstand wurde zum großen Teil durch verstärkten Eifer während der folgenden Stunden schnell aufgeholt. Ich ließ ihnen ganz bewusst viel Ruhe und Zeit bei der Arbeit, stand als Helfer zur Verfügung und setzte sie in keiner Weise unter Druck, während der gesamten Zeit immer konzentriert zu arbeiten. Das selbst zu entscheiden, sollten sie ja bei dieser Arbeitsweise lernen.

»Lernen ist nicht nur still sitzen, zuhören, leise sein, melden, warten, bis man drankommt. Lernen ist unruhig sein, rumlaufen, anfassen, ausprobieren, Gefühle zeigen, vorsagen, Fehler machen, träumen – und auch mal keine Lust zum Lernen haben! Kurz: Lernen ist eine verdammt individuelle Angelegenheit«[91] – davon ließ ich mich leiten. Jedenfalls waren die verbindlichen Karteikarten von allen Schülerinnen und Schülern nach vier Wochen bearbeitet, einige hatten mehr als die doppelte Arbeit zusätzlich erledigt und zum Teil ein Zusatzangebot, Geschichten zu einer Bilderkartei zu schreiben, angenommen – und das freiwillig.

Mir fiel besonders auf, dass diese Arbeitsweise den Schülern/innen in den spät am Vormittag liegenden Stunden entgegenkam. Spätestens nach der 4. Vormittagsstunde, so konnte ich aus eigener Erfahrung feststellen und bekam dies auch von Kollegen bestätigt, war ein konzentriertes Arbeiten mit der ganzen Klasse, sprich: im Frontalunterricht (z.B. fragend-erarbeitendes Unterrichtsgespräch), kaum noch möglich. Die Schüler/innen hatten nun durch die Individualisierung des Lernens die Möglichkeit, selbst über ihr Lern- und Arbeitstempo zu entscheiden und Ruhepausen dann einzulegen, wenn sie diese brauchten.

Eigene Texte zum Thema »Zukunft«

In den übrigen beiden Wochenstunden Deutschunterricht versuchte ich die Schüler/innen zu ermutigen, eigene Texte zu schreiben. Dabei wollte ich gleichzeitig mehr über sie erfahren. Ich wählte das Thema »Zukunft« aus. Welches Thema – so dachte ich – könnte mir besser zeigen, wie Jugendliche heute denken, welche Hoffnungen und Ängste sie mit ihrer eigenen Zukunft verbinden?

---

91 Fehrmann, Sigrid/Unruh, Thomas: Das Lernen (wieder)lernen. In: Pädagogik, Heft 9/1990, S. 20.

Fortschritt oder Untergang?
Hagen Beinhauer/Ernst Schmacke

Der Mensch unserer Tage ist wissensdurstig und bildungswillig. Eine Bildungswelle geht um den Erdball, und hinter ihr steht die nüchterne Erkenntnis, dass in dieser Zeit des schnellen Wandels nur ein fundiertes Wissen entscheidungsfähig macht. Darum ist auch das Interesse an allem, was mit der Zukunft zusammenhängt, ungeheuer groß geworden: Der Mensch lebt mit dem Blick auf die Zukunft. Angst und Hoffnung mischen sich, aber die Hoffnung überwiegt. Man weiß um die großen Zukunftsaufgaben, aber man weiß oder ahnt auch, dass von ihrer Lösung weitgehend das eigene Schicksal abhängt.

Die Flut der Zukunftsinformation, die täglich über viele Medien auf den Normalbürger eindringt, kann man, grob gesehen, in zwei große Gruppen einteilen: die positiven und die negativen oder die optimistischen und die pessimistischen.

Beginnen wir mit einer Auswahl der positiven Aspekte: Der Fortschritt in Wissenschaft und Technik ist in unseren Tagen so groß und so schnell, dass es praktisch kein „Unmöglich" mehr gibt. – Der Alltag der Menschen wird durch neue technische Hilfsmittel in Zukunft noch angenehmer und bequemer sein. – Wir werden in Zukunft bei steigendem Einkommen noch weniger arbeiten müssen als bisher.

Dem stehen viele negative Aspekte entgegen: Die Ergebnisse von Wissenschaft und Technik zerstören die Welt, die Frage ist nur, wann. – Der technische Fortschritt ist so schnell, dass der normale Mensch ihm nicht mehr folgen kann; das gefährdet seine Existenz. – Der Mensch verliert mehr und mehr seine Individualität; er wird im Produktionsprozess nicht mehr gebraucht, und Computer regieren die Welt von morgen.

Zwischen diesen beiden Polen – Fortschritt oder Untergang – bewegt sich die Diskussion um die Zukunft der Menschen.

Zukunft?

Wie sieht die Zukunft aus? Eine Frage, die sich jeder bestimmt schon x-mal gestellt hat. Jeder einzelne stellt sich unter ZUKUNFT etwas anderes vor. Aber keiner kann genau sagen, wie die Welt in 50 oder 100 Jahren sein wird. Existiert die Menschheit dann noch? Oder haben wir uns selbst durch die Umweltverseuchung oder die Atombombe vernichtet? Fragen, auf die es keine bestimmte Antwort gibt.

Als George Orwell 1947 seinen Zukunftsroman „1984" schrieb, war der zweite Weltkrieg gerade zu Ende. Für Orwell sah damals – vor nicht ganz 40 Jahren – die Zukunft so düster aus, wie er sie in seinem erschütternden Bestseller so treffend beschrieben hat:

Der Mensch soll ein gefühlloses Arbeitstier sein, vom Staat unterjocht, ohne Möglichkeit zum geistigen Entwickeln. Wer gegen die Regierung ist, wird früher oder später entlarvt und verschwindet dann von der Bildfläche. Ihm hat es nie gegeben. Die geheimsten Gedanken werden von einem „Televisor", einem gedankenlesenden Fernsehen erfaßt und an die Regierung weitergeleitet. In dieser trostlosen Welt gibt es keine Vergangenheit. Es war immer so, wie es jetzt ist und in diesem Moment ist.

Das alles ist nur aus einem Buch, aber wer garantiert mir, daß unsere Zukunft nicht doch so aussieht?

Werden wir wie Ameisen stumpfsinnig unsere Arbeit tun, weil uns eingepropft wird, daß Arbeit befriedigt und glücklich macht? Werden wir zu gefühlsstumpfen Marionetten in einem ausgeklügelten Staatssystem? Oder werden wir nach einer Atomkatastrophe leben wie in der Stein-

zeit, den Lauf der Welt nochmal von vorne beginnend?

„Womit man im 3. Weltkrieg kämpft, das weiß ich noch nicht, doch der 4. wird mit Keule und Speer ausgetragen", sagte Einstein. Wenn die Welt ins Jahr 0 zurückversetzt würde und wir modernen Menschen in dieser Welt lebten, würden wir dann klüger handeln? Würden wir aus den Fehlern unserer „Vorfahren" lernen? Ich glaube nicht!

Vielleicht erfindet gerade jetzt – in diesem Moment – irgendein irrer Ehrgeiziger die Rakete, die unser Verderben sein wird! Vielleicht drückt sogar gerade jetzt – in diesem Moment – irgendein Verrückter auf den roten Knopf des Todes! Wer weiß? Eugen Roth beschreibt in einem seiner Gedichte, daß uns der Fortschritt der Technik doch nur scheinbar weiterbringt:

Ein Mensch liest staunend, fast entsetzt,
Daß die moderne Technik jetzt
Den Raum, die Zeit total besiegt:
Drei Stunden man nach London fliegt.
Jedoch, der Fortschritt herrscht in aller Welt.
Jedoch, der Mensch besitzt kein Geld.
Für ihn liegt London grad so weit
Wie in der guten alten Zeit.

Mein ganzer Artikel ist sehr pessimistisch. Aber wenn ich über die Zukunft nachdenke, sind auch meine Vorstellungen ziemlich düster. Was kann ich, eine Schülerin, schon für die Zukunft Gutes tun? Was kann der einzelne Mensch am Lauf der Welt ändern?

Irmi Zacher, 16 Jahre

1. Die Schülerin sieht die Zukunft pessimistisch. Wie begründet sie ihre Meinung?
2. Ist es möglich, auf die Fragen am Schluß des Textes eine Antwort zu geben?

Menschenskinder 1 (Bonn, 1984).

Das geregelte Programm

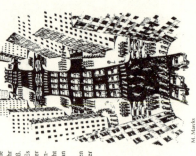

Was wird sein, wenn ich 25 bin? In der Welt wird es ein geregeltes Programm geben. Das Essen wird portionsweise verteilt. Die Arbeitsstelle muß man mit mehreren Personen teilen, dadurch wird die Freizeit größer. Die Menschen können sich dann besser verstehen. Sie brauchen auch nicht mehr neidisch auf andere zu sein, weil alle Menschen durch das geregelte Programm gleichgestellt sind.

Die Menschen werden sich keinen Krieg mehr vorstellen können, weil in der ganzen Welt das geregelte Programm gilt. So wird es auch keine Millionäre mehr geben. Aber auch Bettler wird es nicht mehr geben. Es wird nur noch gleichgestellte Menschen geben. Auch den Ausländern gegenüber wird man freundlicher sein. Ausländer werden es eigentlich nicht mehr sein, weil die Welt ein einziges Land sein wird. Die Arbeitslosigkeit wird es auch nicht mehr geben, weil jeder Mensch arbeiten muß. Arbeit kann man auch nicht mehr nennen! Es ist eigentlich nur noch eine Aufsicht über die arbeitenden Computer, die den Menschen vollkommen ersetzen, und es geht sogar schneller! So wird erreicht, daß man viel mehr Freizeit hat.

Man wird sich mit neuen und schnelleren Verkehrsmitteln bewegen. Auch in der Stadt wird es viele Veränderungen geben. Man wird zum Beispiel nur noch Hochhäuser bauen. In den Dörfern auf dem Land werden auch wie in der Stadt Häuser gebaut. Die Atomkraftwerke werden abgeschafft, und man wird alle Energie vom Sonnenlicht nehmen. Echte Seen gibt es nicht mehr, sie sind alle künstlich angelegt. Und die echte Natur ist nur noch in wenigen geschützten Gebieten der Erde zu finden. Im Weltraum kann man Urlaub machen. Damit meine ich, man kann in einer Weltraumstation leben. Aber man wird es auch schaffen, auf dem Mars zu landen.

Die Frage ist nur, lebt die Welt im Jahre 2000 noch?

Gunter Albrecht, 15 Jahre

1. In den Texten von Irmi Zacher und Gunter Albrecht sind viele Überlegungen enthalten. Welche interessieren euch am meisten?
2. Stellt in einer Übersichtstabelle zusammen: Positive – negative Erwartungen; realistische – unrealistische Vermutungen.
3. In welchen Punkten kommt ihr zu anderen Überlegungen?

Morgen beginnt heute. Jugendliche schreiben über die Zukunft. Weinheim/Basel 1981.

Zunächst äußerten die Schülerinnen und Schüler sich zum Thema »Wie ich mir meine Zukunft vorstelle« und schrieben kurze Texte, die vorgelesen und besprochen wurden. Es fiel den Schülern/innen enorm schwer, zum einen ihre Gedanken überhaupt zu verbalisieren und sie dann noch zu verschriftlichen. Eine doppelte Barriere türmte sich auf. Daher versuchte ich durch die Lektüre von Texten aus Zeitungen, Zeitschriften und (Schul-)Büchern mit ihnen ins Gespräch zu kommen. Durch diesen Distanzierungsschritt, weg von den persönlichen Problemen, gelang dies nach und nach.

Wir besprachen außerdem, wie ein eigener Text aufgebaut sein könnte, und sammelten gemeinsam viele Ideen. Dies mündete in weitere Versuche, eigene Texte zu formulieren. Die Arbeit konnte im Rahmen von drei Projekttagen noch vertieft und durch Zeichnungen und Collagen ergänzt werden. Da es sich um ein ganz persönliches Thema für die Schüler/innen handelte, erfuhr ich auf diese Weise in kurzer Zeit sehr viel über sie. So stellte z.B. Andreas ein schwarzes Blatt mit einem kleinen, weißen Punkt in der Mitte her. Darüber schrieb er in großen Lettern: »*Unsere Zukunft*«. Andreas selbst kommentierte dazu: »*Erst wollte ich das Blatt ganz schwarz lassen, aber ein bisschen Hoffnung habe ich ja doch noch.*«

> **Meine Zukunft**
>
> Ein Schulabschluss
> ein paar wilde Jahre
> ein Haufen Idealismus
> ein Beruf
> eine Hochzeit
> eine Wohnung
> ein paar Jahre weiterarbeiten
> eine Wohnzimmergarnitur
> ein Kind
> eine wunderschöne komfortable Einbauküche
> noch 'n Kind
> ein Mittelklassewagen
> ein Bausparvertrag
> ein Farbfernseher
> noch 'n Kind
> ein eigenes Haus
> eine Lebensversicherung
> eine Rentenversicherung
> eine Zusatz-Krankenversicherung
> ein Zweitwagen mit Vollkaskoversicherung
> und so weiter ...
> und so weiter ...
> Hoffentlich bin ich stark genug, meiner Zukunft zu entgehen!
> *Nina Achminow*

Die Zukunft »kommen lassen, wie sie will«

Überhaupt, so wurde mir deutlich, schien das »Prinzip Hoffnung« bei »meinen« Hauptschülern/innen wenig verbreitet zu sein. Viele der von ihnen verfassten Texte waren grau in grau gehalten: Mirko hat Angst, »*dass in der Zukunft nur noch Umweltkatastrophen stattfinden und auch sehr viele Kriege, wahrscheinlich Atomkriege.*« Er fürchtet sich, in seinem späteren Leben Kinder »*in die Welt zu setzen*«, denn er hat Angst, dass seine Kinder »*in der Zukunft noch größeren Gefahren entgegenlaufen.*«

Viele Schüler/innen sehen sich als Spielball anderer, die selbst nur getrieben werden (sich auch treiben lassen?) und weder im Positiven noch im Negativen ihre Zukunft bestimmen können. So schreibt Ronald: *»Ich lasse die Zukunft kommen, wie sie will. Man kann sie sowieso nicht groß ändern. Deshalb stelle ich mir groß nichts vor. Hellsehen kann ich auch nicht.«*

Auch Dieter ist unsicher und orientierungslos, er hat keine klare Vorstellung davon, wie sich sein zukünftiges Leben entwickeln wird:

»›Meine Zukunft und ich‹, das ist ein schwieriges Thema. Ich könnte jetzt sagen, dass ich eine Familie gründen will, doch es kommt vielleicht anders, weil ich meine Meinung ändere. Ich könnte mir auch vorstellen, dass ich in meinem erlernten Beruf einen Meisterbrief machen will, aber vielleicht werde ich vorher arbeitslos, und ich kann in diesem Beruf nicht weiterarbeiten. Es kommt immer auf meine Laune an, denn ich lebe mein eigenes Leben, und das auch nur einmal. Ich hatte mir zum Beispiel bis vor einem Jahr vorgenommen, dass ich noch weiter in die Schule gehe und den Realschulabschluss nachmache, damit ich in einem ›sauberen‹ Job arbeiten kann. Doch jetzt habe ich eine Ausbildungsstelle als Kfz-Mechaniker in Aussicht. Auf Schule habe ich keine Lust mehr. Es könnte aber auch sein, dass ich die Ausbildung abbreche, weil es mir doch keinen Spaß macht oder weil ich mich mit den Kollegen nicht verstehe. Ich kann meine Zukunft kurz beschreiben: Ich werde mein Leben so leben, wie es kommt oder geht.«

Hoffnungen

Aber nicht alle Texte strahlen ausschließlich Pessimismus und Hoffnungslosigkeit aus. Auch Schülerinnen und Schüler der 90er Jahre, dies wurde mir klar, haben noch Träume und Sehnsüchte. Es fiel mir auf, dass dies in »meiner« Klasse besonders die Mädchen zu betreffen scheint, während die Jungen eher die auf sie zukommenden Bedrohungen sehen. So träumt Katja – wie auch einige andere – von Familie, eigenem Haus, großem Garten, einer intakten Umwelt, gesunden Kindern, Zeit und Geld für Hobbys. Aber auch sie sieht die Gefahren, die all das infrage stellen könnten: Umweltzerstörung und Kriege bedrohen die Idylle, auf die sie hofft. Regina bringt ihre Hoffnungen in einem Gedicht zum Ausdruck (siehe Seite 172). Aus diesen und anderen Texten der Schüler/innen und den Gesprächen mit ihnen habe ich viel über sie erfahren und konnte daran in den folgenden Monaten anknüpfen.

Die Perspektiv- und Ausweglosigkeit, die viele Jugendliche für sich sehen, aufzubrechen, darin sehe ich eine wichtige Aufgabe der zukünftigen Arbeit mit Hauptschülerinnen und -schülern. Dazu ist es notwendig, neue Wege des Lernens auszuprobieren, gut hinzuhören und sich wirklich auf das, was sie bewegt, einzulassen. Meine kurze Tätigkeit nach Jahren des Umganges mit »pädagogischer Theorie« hat mir gezeigt: Auch (oder vielleicht gerade!) Hauptschüler/in-

Zukunftswerkstatt
Schreibanlässe für den Deutschunterricht

Wenn ich die Schule erst geschafft habe...

„31.12.2030 – Hier ist die Tagesschau". Entwerft eine Nachrichtensendung.

„Am Donnerstagnachmittag beginnt das Weekend..." Wie ich mein Leben verbringe, wenn ich nur noch 30 Stunden arbeiten muß.

Vielleicht wird aus den Wünschen Wirklichkeit

Als ich eines morgens auf den Kalender sah, war Sonntag, der 16. Mai 1999 ...

Mein Traumberuf

Wählt eine belebte Straße in eurer Umgebung, und überlegt, was sich in den nächsten 50 Jahren im Straßenbild verändern könnte. Schreibt darüber z.B. eine Reportage.

Ich träume von meiner Zukunft

Ich habe Angst vor der Zukunft

Denkt euch mindestens 10 Erfindungen aus, deren Anwendung ihr noch selbst miterleben werdet, z.B. aus folgenden Bereichen: Wohnen, Unterhaltung, Bildung, Freizeit, Kommunikation, Medien, Ernährung, Schule und Ausbildung, Verkehr, Reisen.

„Mein fünfzigster Geburtstag."
Du blickst zurück auf dein Leben, was hast du dir von der Zukunft erträumt, was ist eingetroffen? Schreibe eine Geschichte.

Ein optimistischer Blick in die Zukunft

Liebe, Freundschaft, Glück

Zukunft: Weniger Arbeit - mehr Geld

Im August 1978 nahm der englische Schriftsteller Christopher Evans an einer Feier im Londoner Planetarium teil. Bei dieser Gelegenheit wurde eine Kapsel versiegelt, die im Jahre 2000 geöffnet werden soll. Evans hatte die Aufgabe, die Gegenstände für diese Kapsel auszuwählen. Er entschied sich für folgende Zusammenstellung:
Ein Exemplar seines neuesten Buches über die Zukunft; ein Exemplar eines John-Travolta-Magazins seiner Tochter; ein Schlumpf-Abzeichen seines jüngsten Sohnes; eine Liste mit den wichtigsten Prognosen über das Jahr 2000.

Sammelt in Gruppen oder Partnerteams Ideen für eine Kapsel, die im Jahre 2030 geöffnet werden soll.

Mit der Zeitmaschine in das nächste Jahrhundert

Einige Ideen wurden entnommen aus: Bittorf, Sigrid u.a.: lesenswert 10. © 1992, Cornelsen Verlag, Berlin, S. 30/31.

nen können viel mehr, als sie sich selbst und andere ihnen zutrauen. Man muss nur bereit sein, sie ernst zu nehmen, und ihnen individuelle Zugänge zum Lernen ermöglichen.

NUR EIN TRAUM?

Ich träumte von Frieden auf der ganzen Welt,
Von einer Natur, in der alles noch in Ordnung ist,
Von blühenden und gesunden Bäumen,
Von freien Tieren,
Von blauem Himmel,
Von sauberen Meeren,
Von Ländern ohne Grenzen,
Von einem Leben ohne Geld,
Vom Atmen ohne Gasmasken,
Vom Singen der Vögel,
Vom Leben ohne Hass, Feindschaft und Gewalt,
Vom Leben ohne Krankheiten und Seuchen.

Und als ich aufwachte,
hoffte ich umso mehr,
dass dieser Traum in Erfüllung geht.

Regina, 15 Jahre

9. Praxisbeispiel

Schülerinnen und Schüler lernen selbstständiger und unabhängiger zu arbeiten

Entwicklung von Lern- und Arbeitstechniken bei der Wochenplanarbeit[92]

Lernen – einen zwangsläufige Folge von Belehrung?

Bei der Einführung von Wochenplanarbeit geht es in erster Linie um eine Befreiung von der immer noch in vielen Kollegien verbreiteten Vorstellung, Lernen sei eine zwangsläufige Folge von Belehrungen. Unter vielen von uns wuchert geradezu »der Irrglaube, wir Lehrer seien die wichtigsten Menschen in der Schule.«[93] Der Lehrer ist der große Macher, der alle Fäden in der Hand hält, als Infotainer und großer »Zampano des Bildungsprozesses«[94]. Daraus entsteht dann der vermeintlich logische Schluss: Der Schüler lernt, weil der Lehrer lehrt – oder auch der Umkehrschluss: Wenn er nicht vom Lehrer ständig belehrt wird, lernt er auch nichts.

Dass dies lernpsychologisch völlig verkehrt ist, sollte heute jedem Pädagogen klar sein. Untersuchungen zur Lernpsychologie haben seit langem nachgewiesen, dass viele unterschiedliche Lernkanäle genutzt werden müssen, um die Behaltensquote zu verbessern und damit letztlich effektiveres Lernen zu ermöglichen[95]. Es muss daher versucht werden, die Schülerinnen und Schüler zu wirklichen Subjekten des Lernens zu machen. Wochenplanarbeit eröffnet Möglichkeiten, eigenständig zu lernen, statt immer wieder belehrt zu werden. Es geht also beim Einstieg in die Wochenplanarbeit damit auch »um die Befreiung von der Zwangsvorstellung, richtige und normale Schullehre bestehe einzig und allein in einem von der Lehrperson geplanten, gesteuerten, angetriebenen und beurteilten Hürdenlauf über die vorgegebenen Aufgaben und Lehrstoffe – wobei alle Läufer selbstverständlich die gleiche Strecke zurückzulegen haben. Es geht also um die Befreiung von der Angst, ohne diese vorgeplante Dosierung von Aufgaben für die ganze Lerngruppe breche das Chaos aus.«[96] Wochenplanarbeit bildet einen Kontrapunkt zur weit verbreiteten unterrichtlichen Monostruktur des fragend-erarbeitenden Unterrichts[97] und zum oft vorherrschenden

---

92 Ausführlich zur Wochenplanarbeit: Vaupel (1995).
93 Sennlaub, Gerhard: Grundlagen von Freiarbeit und Wochenplan. In: Erziehungswissenschaft – Erziehungspraxis, Heft 3/1985, S. 24
94 Sennlaub (1985), S. 24
95 Vester, Frederic: Denken, Lernen, Vergessen. Stuttgart 1978; Witzenbacher 1985.
96 Rumpf, Horst: Was ist frei an der Freien Arbeit? In: Pädagogik, Heft 6/1991, S. 9
97 Meyer (1994), S. 66ff.

rezeptiven Lernen. Durch diese Arbeitsform können Schüler/innen ein Qualifikationsstruktur entwickeln, die heute mehr denn je gefragt ist.

Was ist ein Wochenplan?

Um zu erklären, was unter einem Wochenplan zu verstehen ist, möchte ich auf zwei Definitionen zurückgreifen, die »wochenplanerfahrene« Schüler/innen formuliert haben:

- *»Unter einem Wochenplan versteht man mehrere Aufgaben (oder auch eine größere), die man innerhalb einer Woche in selbst gewählter Reihenfolge erledigen sollte, entweder ganz während des Unterrichts oder auch noch zu Hause, wenn es nötig ist. Es gibt während dieser Woche keine anderen Hausaufgaben mehr. Ein Wochenplan setzt sich aus zwei Teilen zusammen: erstens den Pflichtaufgaben, die man auf jeden Fall erledigen muss, und zweitens den Wahlaufgaben, aus denen man sich eine oder mehrere aussuchen kann, wenn man nach Erledigung der Pflichtaufgaben noch Zeit (und Lust) haben sollte. Man kann die Aufgaben (je nachdem) allein, zu zweit oder in Gruppen erledigen. Am Ende der Woche werden die Ausarbeitungen der gesamten Klasse vorgetragen.«*
- *»Man bekommt für einen bestimmten Zeitraum (meist eine Woche) ein bestimmtes Pflichtpensum an Aufgaben gestellt, die man weitgehend selbstständig zu bearbeiten hat. Darüber hinaus gibt es noch die Wahlmöglichkeit zwischen einigen Zusatzaufgaben. Man kann die Vorgehensweise und die Reihenfolge der Aufgaben selbst bestimmen. Wichtig ist nur, dass nach Ablauf der Frist die Aufgaben vorhanden sind. Die Aufgaben können in Einzel-, Partner- oder Gruppenarbeit erledigt werden.«*

Wochenpläne können sehr variabel im Unterricht eingesetzt werden.[98] Nie sollte der gesamte Unterricht aus Wochenplanarbeit bestehen. Er hat einen wichtigen Stellenwert, darf jedoch nicht überstrapaziert werden. Daneben haben andere Unterrichtsformen, vor allem in der Kombinationswirkung mit dem stärker selbst gesteuerten Lernen, weiterhin eine wichtige soziale und pädagogische Funktion. Wichtig ist es besonders bei Wochenplänen, die nur in einem Fach bearbeitet werden, eine Rhythmisierung in der Arbeit zu haben; z.B. kann es eine sinnvolle organisatorische Möglichkeit sein, den Wochenplan jede zweite Woche über die gesamte Wochenstundenzahl des Faches oder in ein bis zwei vorher festgelegten Wochenstunden einzusetzen.

---

98 Vaupel (1995), bes. S. 110ff.

Bei manchen Wochenplanaufgaben kommt es darauf an, konzentriert allein an einer Aufgabe zu arbeiten und sich seinen eigenen Zeitplan dabei zu machen – so wie dies Zylfiye und Anja tun.

Andere Aufgaben erfordern es zu kooperieren. Dabei arbeiten einzelne Schülergruppen an ganz unterschiedlichen Dingen. Während Benjamin und Christopher einen gemeinsamen Text über ein Jugendbuch verfassen, ...

... sichten Julia, Christina, Lydia und Sarah Material zum Geschichtsthema »Ägypten«.

Immer muss der Wochenplan in seiner Struktur so angelegt sein, dass er die folgenden Fragen für die Schüler/innen beantwortet:

- Was muss ich tun?
- Was darf ich tun?
- Was benötige ich zur Lösung der Aufgaben?
- Wie kann ich vorgehen?
- Wann arbeite ich nach dem Plan?

Die Beantwortung dieser Fragen ist entscheidend für das Gelingen des Wochenplanes. Schafft man es nicht, sie in einer für die Schüler/innen verständlichen Sprache zu beantworten, so wird dies immer wieder zu Problemen und Nachfragen führen. Die beabsichtigte eigenständige Arbeit ohne die Lehrerin oder den Lehrer als ständige Vermittler ist nur möglich, wenn der Wochenplan klare Antworten auf diese Fragen gibt.

Unterschiedliche Formen der Wochenplanarbeit sind bisher von mir im Unterricht erprobt worden:

- fachbezogene Wochenpläne,
- Wochenpläne, die mehrere Fächer umfassen (z.B. Deutsch, Gesellschaftslehre und Mathematik),
- fächerübergreifende/projektorientierte Wochenpläne, bei denen Schüler/innen über Inhalte, Wege, Ziele und Methoden mitentscheiden,
- Wochenpläne, die von den Schülern selbst aufgestellt worden sind.

Einige Beispiele aus meiner Wochenplanpraxis werde ich im Folgenden vorstellen. Dabei möchte ich zunächst der Frage nachgehen, wie man mit der Wochenplanarbeit beginnen kann.

Vom Tagesplan zum Wochenplan

Natürlich gibt es zahlreiche Bedingungen, die den Einstieg in die Wochenplanarbeit erleichtern. In erster Linie müssen genannt werden: ein gutes Sozialklima, eine positive Arbeitshaltung der Schülerinnen und Schüler, eine ruhige Arbeitsatmosphäre und ein Angebot an Arbeitsmaterialien. Diese Dinge sind nicht selbstverständlich, oft brauchen sie lange Zeit und viel Geduld, um sich zu entwickeln. Vieles muss konsequent trainiert und richtig dosiert werden. Selbstständiges Lernen ist in der Regel nicht von allein da, sondern muss im Verlaufe der Zeit erst mit und durch den Wochenplan gelernt werden. Das kann ein langwieriger Prozess sein, der viel Mühe und auch Nerven kostet. Auch die Entwicklung eines Materialangebotes kann sich aus der Wochenplanarbeit heraus

Fünf Schülerinnen arbeiten während der Wochenplanstunden mit der Lernkartei.

An der Wochenplanwand wird mithilfe von farbigen Pinn-Nadeln angezeigt, welche Aufgaben die Schülerinnen und Schüler schon bearbeitet haben.

Deutsch G 7b

Wochenplan
für die Zeit vom 31.8. bis zum 2.9.93

Name:

In dieser Woche werden wir zum ersten Mal mit einem Wochenplan arbeiten. Bei der Wochenplanarbeit sollst Du über die Reihenfolge, in der Du die Aufgaben bearbeitest, selbst entscheiden. Wichtig ist, daß Du am Ende der festgelegten Zeit alle **Pflichtaufgaben** erledigt hast. Wenn Du dann noch Lust und Zeit hast, kannst Du an den **Wahlaufgaben** weiterarbeiten. Du kannst bei den Wahlaufgaben darüber entscheiden, mit wem Du zusammenarbeiten willst. In der Zeit, in der ihr am Wochenplan arbeitet, gibt es keine Hausaufgaben, Du kannst also auch zuhause am Plan arbeiten. Dies ist vor allem dann nötig, wenn Du merkst, daß Du nicht alles in der Schule schaffst. Erledige alle Aufgaben gründlich und sorgfältig. Kreuze die erledigten Aufgaben an. Du kannst Dir die Erledigung auch durch meine Unterschrift bescheinigen lassen. Bis zum kommenden Montag (5.9.) müssen die Aufgaben erledigt sein.

Pflichtaufgaben

☐ Mache ein Anagramm von Deinem Namen, entweder mit einzelnen Wörtern oder mit ganzen Sätzen. Benutze dazu ein DIN A-3-Blatt. Gestalte die Anfangsbuchstaben besonders sorgfältig und achte insgesamt auf die Gestaltung Deines Blattes. Die Anagramme sollen nach Fertigstellung im Klassenraum ausgehängt werden.

☐ Wähle einen der Schreibanlässe des Blattes "Zieh Dir fremde Schuhe an" aus und schreibe dazu eine spannende oder eine lustige Geschichte. Schreibe die Geschichte als Reinschrift auf ein unliniertes Blatt, gestalte das Blatt und ergänze es durch Zeichnungen. Am Montag sollen die Geschichten vorgelesen, besprochen und zum ersten Geschichtenbuch der Klasse 7b zusammengestellt werden.

Wahlaufgaben

☐ Gestalte einen Titelblattentwurf für unser erstes Geschichtenbuch.
☐ Bau eine Buchstabenscheibe nach den Anweisungen und such Dir Mitspieler.
☐ Gestalte das Raupenspiel und such Dir Mitspieler.
☐ Wenn Du Deine Rechtschreibleistung verbessern willst, kannst Du dies mit mir besprechen und Dir eine Übungskarte geben lassen.

Hinweis:
In der kommenden Woche werden wir im Deutschunterricht mit dem Thema "Anführer und Ihre Gefolgschaft" beginnen. Wir werden Erzählungen zu dem Thema lesen und mit Hilfe von Fragen analysieren (untersuchen). Dazu benötigen wir das Lesebuch. Außerdem werden wir ein kleines Übungsdiktat schreiben, damit ich mir ein erstes Bild über den Stand Eurer Rechtschreibleistungen machen kann.

Viel Spaß beim Bearbeiten des ersten Wochenplanes!

ergeben.[99] Man kann Wochenplanarbeit beginnen, ohne bereits ein reichhaltiges Materialangebot im Klassenraum zur Verfügung zu haben, und zunächst mit den an der Schule vorhandenen Lehr- und Lernmitteln arbeiten. Wochenplanarbeit kann bei vielen Dingen – so auch bei der Materialentwicklung – als Initialzündung wirken und vielfältige Auswirkungen auf den gesamten Unterricht haben.

Die überschaubarste Form beim Einstieg in die Wochenplanarbeit ist wohl der Tagesplan, der sich nach und nach zum Wochenplan hin entwickeln kann. Dies hat den Vorteil, dass sich die Schüler/innen zunächst an die neue Arbeitsform gewöhnen können und sie noch nicht mit einem Schlag allein gelassen werden. Die Aufgaben eines Tagesplanes lassen sich für die Lernenden besser überblicken als der Zeitraum einer ganzen Woche. Erfolgserlebnisse bei den ersten Arbeiten am Plan können sich so schneller einstellen. Allerdings ist die Gefahr der Einengung und des Dirigismus über den Tagesplan groß, da die Wahlmöglichkeiten für die Schüler/innen natürlich erheblich eingeschränkt sind. In der Regel wird sich der erste Tagesplan auf ein Bündeln der ansonsten im Unterricht verstreut vorhandenen Stillarbeitsphasen beschränken. Dies beinhaltet natürlich die Gefahr der Überbetonung des Ausfüllens von Arbeitsbögen o.Ä., zumal den meisten Schülern/innen das »Konsumieren« bekannter Aufgaben zu Beginn leichter fällt als das selbstverantwortliche Lernen, das es ja erst noch durch die Wochenplanarbeit zu entwickeln gilt.

Von Anfang an sollte man darauf achten, offene Aufgabenstellungen zu formulieren, die den Schülerinnen und Schülern Freiräume zugestehen, und – wenn immer möglich – sie frühzeitig in Planungsprozesse einbeziehen. In jeder Klasse gibt es Kinder bzw. Jugendliche, die gerade bei offenen Aufgabenstellungen »aufblühen« und besondere Qualitäten entwickeln, wenn sie eigene Lernwege suchen können. Ihre Ergebnisse können im Klassenplenum vorgestellt werden und somit Anreiz und Orientierung auch für andere bieten. Tagesplanarbeit kann man zunächst mit einer Unterrichtsstunde beginnen und sie dann auf zwei oder drei Stunden oder einen ganzen Vormittag ausweiten. Die Umstellung eines kleinen Bereichs des Unterrichts ermöglicht es den Schülern – und auch den Lehrern, die diese Form zum ersten Mal erproben wollen –, Schritt für Schritt Erfahrungen mit dieser neuen Arbeitsform zu machen und langsam selbstständig zu werden. Mit Tagesplänen lässt sich auch dann arbeiten, wenn man nur ein einziges Fach in einer Klasse unterrichtet. Sie könnten dann sogar zu einer dauerhaften Form werden.

---

99 Vaupel (1995), S. 70ff.

Ein überschaubarer Wochenplan: Anagramm und Geschichtenbuch

Eine andere Wochenplanform, die auch gut für den Einstieg in die Wochenplanarbeit geeignet ist, möchte ich an einem weiteren Beispiel zeigen (siehe Abb.). Gleichzeitig steht sie für den Typus des »fachbezogenen Wochenplanes«.[100] Es handelt sich um einen überschaubaren Plan mit vielfältigen Möglichkeiten für die Schülerinnen und Schüler, unterschiedliche Aktivitäten einzubringen, produktorientiert zu arbeiten und eigene Schwerpunkte zu setzen. In meiner neu zusammengesetzten 7. Gymnasialklasse sollte dieser erste Wochenplan dazu dienen, dass sich die Schüler/innen in der neuen Lerngruppe auf möglichst kreative Weise den anderen vorstellten. Ich wählte dafür die Form eines Anagrammes aus. Die Anagramme sollten nach Fertigstellung im Klassenraum ausgehängt werden. Eine zweite Pflichtaufgabe enthielt einen Schreibanlass zum Thema »Zieh dir fremde Schuhe an«[101], der den Schülern Gelegenheit gab, eigene Geschichten zu erfinden. Der Verwendungszusammenhang der Geschichten ist dabei von Beginn an klar: Sie sollen dazu dienen, das erste gemeinsame Produkt, ein »Geschichtenbuch der Klasse 7b«, zusammenzustellen.[102] Damit dieses Geschichtenbuch auch zum Blättern, Betrachten und Schmökern herausfordert, werden sie dazu aufgefordert, das Blatt mit ihrer Geschichte zu gestalten, d.h., auf die Schrift Wert zu legen, es mit einer Überschrift zu versehen und etwas dazu zu zeichnen. Ein gemeinsames Handlungsprodukt – das Geschichtenbuch, in dem die Schülertexte veröffentlicht werden – ist also hier Kristallisationspunkt dieses Teiles der Wochenplanarbeit.

Da dieser Wochenplan bereits in seinem Pflichtbereich viele Differenzierungsmöglichkeiten enthielt, trat der Wahlbereich mehr in den Hintergrund. Die erste Aufgabe bezog sich eng auf das Geschichtenbuch (Titelblatt gestalten). Aufgabe 2 und 3 boten spielerische Möglichkeiten an, bei denen auch manuelles Tun gefragt war, und bei der letzten Aufgabe konnte man sich für eine Rechtschreibübung entscheiden. Der erste Wochenplan wurde im Montagmorgenkreis den Schülern vorgelegt und mit ihnen gemeinsam besprochen. Ich gab Hinweise zur Arbeit mit der neuen Lernform, die dann auf dem jedem Schüler zur Verfügung stehenden Wochenplan noch schriftlich vermerkt waren. Diese Hinweise und die von den Schülern/innen in der Folgezeit gemachten Erfahrungen bildeten die Grundlage für die später gemeinsam erarbeiteten Wochenplanregeln. Alle Aufgaben des Planes wurden vorgelesen, und die Schüler hatten Gelegenheit, Nachfragen zu stellen, bevor sie mit der Wochenplanarbeit begannen.

Es zeigte sich, dass sie durch die Aufgabenstellungen sehr motiviert waren.

---

100 Vaupel (1995), S. 126ff.
101 Aus: Syme, Christine: Kreativer schreiben. Mülheim a.d.R. 1986.
102 Vgl. Hessischer Rahmenlehrplan Deutsch. Hrsg.: Der Hessische Kultusminister. Wiesbaden 1995, S. 19f.

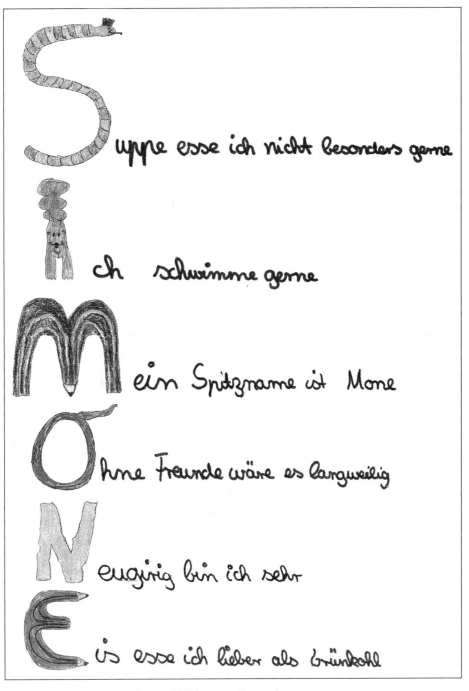

Ein Anagramm, das von Simone, 13 Jahre erstellt wurde.

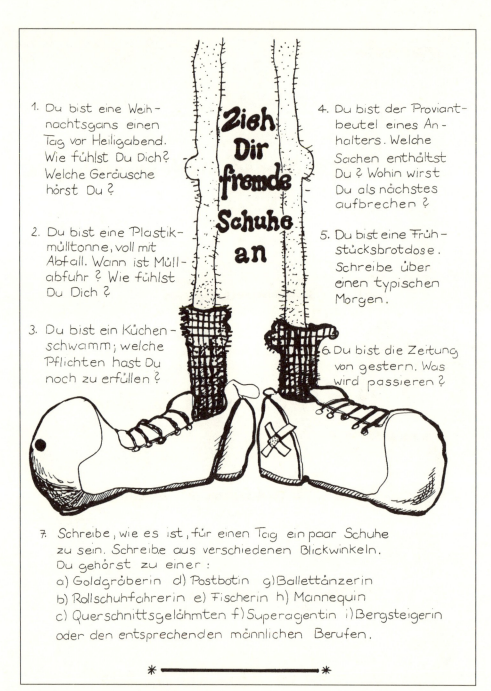

Aus: Syme, Christine: Kreativer Schreiben. Mülheim a.d. Ruhr 1990, S. 18.

Auch die Überschaubarkeit des ersten Planes – nur zwei Pflichtaufgaben – erleichterte den Einstieg in die neue Arbeitsform erheblich. Es standen zwar individuelle Aufgabenstellungen im Vordergrund, trotzdem war Kooperation in der neuen Arbeitssituation, in der ich als Lehrer »nur« Berater war, möglich und wurde wahrgenommen. Vor allem die Veröffentlichung der Arbeitsergebnisse war von Bedeutung. Viele schöne Anagramme wurden von den Schülerinnen und Schülern gestaltet, die wir für einige Monate an der Pinnwand unseres Klassenraumes hängen ließen. Sie wurden von den Schülern immer wieder beachtet und lieferten Anlass für Gespräche und Nachfragen. Nicht nur die Schüler/innen hatten auf diese Weise viel voneinander erfahren, auch ich hatte einiges über sie mitbekommen. Besonders stolz waren sie auf ihr erstes Geschichtenbuch, aus dem nicht nur Geschichten im Klassenplenum vorgelesen wurden, sondern das man auch noch in den nächsten Wochen viel herumreichte und das bis heute zum Bestand unserer Klassenbücherei gehört.

Ein Wochenplan mit mehreren Fächern

Hat man als Lehrer/in in einer Klasse in mehreren Fächern Unterricht oder bieten sich Kooperationsmöglichkeiten mit anderen Kollegen/innen an, so ist es sinnvoll, mit Wochenplänen zu arbeiten, die sich auf mehrere Fächer beziehen. Dadurch ist eine Vielfalt bei den zu bearbeitenden Aufgabenstellungen gewährleistet. Die Schüler/innen haben mehr Möglichkeiten auszuwählen als bei Plänen, die nur auf ein einzelnes Fach bezogen sind. Sie können entscheiden, mit welchem Fach sie anfangen, wie sie weiter vorgehen und was sie zuletzt bearbeiten.

Sieht man sich in einer Klasse um, in der gerade an Wochenplänen gearbeitet wird, die sich auf mehrere Fächer beziehen, so kann man feststellen, dass die Schüler/innen während der Wochenplanstunden an sehr unterschiedlichen Aufgaben arbeiten. Jeder entwickelt seinen eigenen Arbeitsrhythmus, jeder hat seine ganz persönlichen Vorlieben und natürlich auch seine ganz persönlichen Abneigungen. Ein breites Wochenplanangebot gewährleistet, dass jeder einzelne Schüler etwas für sich im Wochenplan finden kann, was gerade seinen Interessen besonders nahe kommt oder ihm besonders liegt. Gleichzeitig lernt er auch den Umgang mit solchen Angeboten, die eher auf seinen Widerstand stoßen.

Da es durch eine größere Anzahl von Fächern im Wochenplan keine sachlogisch notwendige Reihenfolge in der Aufgabenbearbeitung gibt, ist hier für die Schüler/innen wirklich eine »freie« Auswahl möglich. Allerdings fordert ein solcher Plan von den Lernenden gleich zu Beginn einiges: Sie müssen den Plan, der in einer gemeinsamen Besprechung eingeführt wird, überschauen und sich überlegen, in welchen Arbeitsschritten sie vorgehen. Eine eigene Strategie muss von jedem entwickelt werden. Gleichzeitig müssen sie kalkulieren kön-

Wochenplan 9d

für die Woche vom 13.12. - 17.12.93

Name:

☑ Deutsch ☑

☐ P1 Wähle Dir aus dem Blatt "Charakterstudien" eine der drei Aufgaben aus.

☐ P2 Bearbeite die Wortliste in "Diktat fehlerfrei" auf Seite 23 nach den Regeln des Abschreibdiktates: Lesen - einprägen - abdecken - schreiben - vergleichen ...

☐ W1 Du kannst eine weitere Aufgabe vom Blatt "Charakterstudien" bearbeiten.

☐ W2 Vielleicht hast Du Lust, eine Plattenhülle für eine "Heiße Scheibe" zu entwerfen. Ideen findest Du auf dem vorbereiteten Ideenblatt.

Aufgaben erledigt am: *Kenntnis genommen:*

☑ Gesellschaftslehre ☑

☐ P1 Festige mit Hilfe des Arbeitsblattes Dein geographisches Grundwissen über Deutschland.

☐ W1 Mache Dich mit dem Computerprogramm "PC Globe" vertraut, stelle Dir selbst Aufgaben und orientiere Dich auf der Deutschland- und Europakarte. Laß Dir eine Karte ausdrucken und gestalte sie übersichtlich.

☐ W2 Du kannst auch eine Europa-Umrißkarte bearbeiten. Berichtige sie an den Stellen, an denen sie nicht mehr aktuell ist.

Aufgaben erledigt am: *Kenntnis genommen:*

☑ Mathematik ☑

☐ P1 Präge Dir die Regeln Nr. 15 und 16 in Deinem Übungsheft auf Seite 29 noch einmal ein und bearbeite die Aufgaben dieser Seite.

☐ W1 Wähle Dir Aufgaben zur Bruchrechnung aus dem Übungsblatt aus und bearbeite sie zur Wiederholung.

Aufgaben erledigt am: *Kenntnis genommen:*

☑ Konzentration ☑

☐ P1 Wenn Du eine Verschnaufpause brauchst, male das Mandala mit Farben Deiner Wahl aus. Laß Dich dabei durch andere nicht in Deiner Ruhe stören.

Wochenplan-Zeiten: Mo. 4. Std., Di. 4. Std. und Mi. 5. Std., Do. 3. Std.

nen, wie lange sie etwa für die Erledigung der Aufgaben brauchen, und ihre Arbeitszeit sinnvoll auf die zur Verfügung stehenden Stunden verteilen. Das setzt einige Erfahrungen mit dem stärker selbst organisierten Lernen voraus. Wo dieser Erfahrungshintergrund noch nicht vorhanden ist, sollte der Lehrer/ die Lehrerin vorsichtige Hilfestellungen geben, mit dem Ziel, die Schüler/innen nach und nach in die Selbstständigkeit bei der Arbeitsorganisation zu entlassen.

Der vorgestellte Wochenplan aus einer 9. Hauptschulklasse umfasst die Fächer Deutsch, Gesellschaftslehre und Mathematik und noch einen zusätzlichen Bereich »Konzentration«. Die Aufgabenstellungen beinhalten eine sehr breite Palette von Möglichkeiten für die Lernenden. Der Wochenplan enthält zum einen sehr eng auf ein Arbeitsblatt oder Übungsheft bezogene Aufgaben: einen Text nach den Regeln des Abschreibdiktates schreiben, mithilfe eines Arbeitsblattes geographisches Grundwissen festigen oder Aufgaben aus dem Mathematikbuch rechnen. Bei diesen Aufgaben besteht für die Schüler/innen die Möglichkeit zur Selbst- und Partnerkontrolle.

Der Plan enthält zum anderen aber auch offenere Aufgabenstellungen, die den Schülern individuelle Ausgestaltungsmöglichkeiten und die Entfaltung eigener Ideen eröffnen: Verschiedene Schreibanlässe mit zahlreichen Realisierungsvorschlägen werden den Schülern/innen zur Auswahl angeboten, oder sie haben Gelegenheit, sich mit einem Computerprogramm vertraut zu machen und selbst gestellte Aufgaben zu bearbeiten.

Wichtig ist in diesem Wochenplan ein ausgewogenes Verhältnis von Wahl- und Pflichtaufgaben. Dies gewährleistet, dass die Schüler/innen in der Festlegung der Reihenfolge der Aufgaben und auch bei der Auswahl eigene Schwerpunkte setzen können. Aus dem Wochenplan wird deutlich, dass er nicht abgehoben vom übrigen Unterricht, sondern sehr eng auf ihn bezogen ist. Inhalte, die sich aus dem Lehrplan ergeben, werden in Wochenplanarbeit organisiert. Der Aufwand an Planung und Organisation ist für den Lehrer/die Lehrerin relativ gering. Wichtig ist, dass die Ergebnisse – hier insbesondere die von den Jugendlichen geschriebenen Texte (Deutsch, erste Pflichtaufgabe und die ersten beiden Wahlaufgaben) – entsprechend gewürdigt, d.h. in einer Auswertungsstunde vorgetragen, besprochen und in die weitere Unterrichtsarbeit einbezogen werden. Als Möglichkeiten seien nur angedeutet: Aus den Texten ließe sich, wie im vorigen Beispiel, ein Geschichtenbuch zusammenstellen, oder einzelne Texte könnten vervielfältigt und im Klassenunterricht besprochen werden. Wenn man sich entschlossen hat, mit seiner Klasse ein Klassentagebuch zu führen, so könnten einige Texte natürlich auch dort eingetragen werden.

Unter der Rubrik »Konzentration« wird den Schülern/innen angeboten, ein Mandala auszumalen.[103] Dies wird nach meinen Erfahrungen von den meisten gern angenommen, weil es Gelegenheit schafft, ohne Leistungsanforderungen

---

103 Dörig, Bruno: Schenk Dir ein Mandala. Heft 1 und 2. Eschbach: 1993

und ohne soziale Kontakte eingehen zu müssen, sich für eine Weile zurückzuziehen und abzuschalten. Ich machte die Beobachtung, dass sich das Arbeitsklima und die Fähigkeit und Bereitschaft des Einzelnen zur Bearbeitung des Wochenplanes durch das Einschieben solcher Entspannungsphasen, die von jedem Schüler nach eigenem Bedürfnis zu gestalten sind, erheblich verbesserten. Nachdem ich einmal damit angefangen hatten, äußerten die Schüler/innen den Wunsch, regelmäßig an einer solchen Aufgabe zu arbeiten. Im Laufe der Zeit bot ich ihnen auch andere Konzentrationsübungen bzw. -aufgaben an, mit denen ähnlich positive Effekte erzielt werden konnten.

Offene Wochenplangestaltung

Herbert Hagstedt hat in einem Aufsatz zu Recht auf die Gefahren hingewiesen, die in einem engen Verständnis der Wochenplanarbeit liegen. Seine Kernaussage umschreibt er mit folgendem Satz: »Schüler können machen, was ihre Lehrer wollen.«[104] Er weist damit darauf hin, dass Wochenplanen dazu tendieren kann, die Schülerinnen und Schüler zu fremdbestimmtem Lernen zu drängen und den Charakter der Fremdbestimmung zu verschleiern. Damit wird also geradezu eine Verhaltensstruktur gefördert, die dem Ansatz nach »Selbststeuerung« diametral entgegengesetzt ist. Ziel der Arbeit mit dem Wochenplan muss aber immer die Förderung der Selbstständigkeit und die Entwicklung von Eigenverantwortlichkeit sein. Man darf sich als Lehrender nicht damit begnügen, mit dem Wochenplan ein »überaus lehrergerechtes, gut handhabbares Steuerungs- und Kontrollinstrument«[105] einer binnendifferenzierten Arbeit haben zu wollen. Die Schülerinnen und Schüler sollen zu handelnden Subjekten werden, die Lehrerinnen und Lehrer sich als geschickte und zurückhaltende Helfer verstehen. »Denn wollte der Wochenplan nicht auch die Planungskompetenz der Kinder erweitern, Selbsttätigkeit und Verantwortlichkeit für den eigenen Lernprozess stärken…?«[106] Richtig verstanden kann der Wochenplan ein Vorreiter und Förderer der Freien Arbeit[107] und des projektorientierten Arbeitens sein, da gerade hier diese Qualifikationen gebraucht werden.

Der Wochenplan setzt eine eigene Dynamik bei den Lernenden in Gang. Das andere Arbeiten macht es ihnen möglich, sich gegen Gängelungen zur Wehr zu setzen. Wer es gelernt hat, begründet aus einem Angebot etwas auszuwählen, will im nächsten Schritt auch über das Angebot mitentscheiden dürfen. Diese Entwicklung muss von den Unterrichtenden mit der notwendigen Sensibilität

---

104 Hagstedt Herbert: Schüler können machen, was ihre Lehrer wollen. Wochenplanerei: Zur späten Karriere eines betagten didaktischen Themas. In: päd extra, Heft 10/1987, S. 4.
105 Hagstedt (1987), S. 7.
106 Hagstedt (1987), S. 7.
107 Zur Freien Arbeit siehe das nächste Kapitel.

Wochenplan
für die Zeit vom 27.11. bis zum 8.12.95

Name:

☐ Ich bearbeite mein Thema allein.
☐ Ich arbeite zusammen mit:

Thema: Vom Leben der Menschen im Mittelalter

In den nächsten beiden Wochen sollst Du in den GL-Stunden und zuhause an einem der unten aufgeführten Themen arbeiten.

- Jeder sucht sich im Schulbuch zunächst die Kapitel aus, die zu seinem Thema passen, arbeitet sie durch und versucht einen Überblick über das Gesamtthema zu gewinnen..
- Von allen sollen weitere ergänzende Materialien zu dem Thema herangezogen werden.
- Jeder hat die Aufgabe zu seinem Thema ein möglichst interessantes und abwechslungsreiches "Buch" oder eine Zeitung zusammenzustellen, das/die Meldungen, Reportagen, Kommentare, Fotos, Zeichnungen, Schaubilder usw. enthalten sollte. Denkt auch daran, unterschiedliche Schriftgrößen (z.B. für Überschriften) zu benutzen. Gestaltet ein Titelblatt und legt ein Inhaltsverzeichnis an. Alle Ergebnisse sollen im Klassenplenum vorgestellt werden. Anschließend werden Eure Arbeiten von mir durchgesehen und benotet.

Adel und Rittertum
- Was ist eigentlich ein Adliger?
- Vom Leben eines Ritters
- Rittererziehung
- Das Ritterturnier
- Burgen als Wohn- und Lebensstätte
- Frauenleben in der Ritterzeit
- Die Anlage der Gudensberger Burg

Die Bauern
- Das Leben auf dem Dorf
- Von der Freiheit zu Anhängigkeit
- Abgaben und Dienste
- Wie wohnte man auf dem Dorf?
- Feste und Feiern
- Dreifelderwirtschaft
- Fortschritte in der Landwirtschaft
- Wie lebte man früher in Deute, Dissen, Kirchberg....

Mönche und Nonnen
- Wie lebte man in einem Kloster?
- Tagesablauf im Kloster
- Ora et labora: Bete und arbeite!
- Wie wurde man Nonne oder Mönch?
- Die Anlage eines Klosters
- Wissenschaft, Bildung und Kunst in den Klöstern

Bürger in den Städten
- Entstehung von Städten
- Städte werden unabhängig
- Anlage einer mittelalterlichen Stadt
- Mauern, Markt und Rathaus
- Wohn- und Lebensverhältnisse
- Kaufleute und Handwerker
- Frau und Familie
- Gudensberg im Mittelalter

unterstützt werden. Ziel eines offenen Unterrichtskonzeptes ist eben gerade nicht der dirigierbare, sondern der eigenständige Schüler. Wochenplan als Element eines verbrämten Frontalunterrichts zu betrachten würde heißen, ihn gründlich misszuverstehen. Aus dem Wochenplan das »Abarbeiten eines Lernprogrammes« zu machen wäre gerade der Gegensatz zum selbstständigen Lernen. Der Wochenplan ist ein Schritt zur Veränderung des Verhältnisses der Schülerinnen und Schüler zum Gegenstand. Er schafft – wie der Projektunterricht, wenn auch in engeren Grenzen – Gelegenheiten zur eigenständigen Begegnung mit dem Gegenstand. Man kann zwischen ganz unterschiedlichen Aufgaben und Lernwegen auswählen und schließlich eigenständige Aufgaben formulieren und sich selbst Ziele setzen.

Das bedeutet auch, dass es notwendig ist, die Wochenplanarbeit gemeinsam mit den Schülerinnen und Schülern ständig weiterzuentwickeln und den Unterricht immer mehr zu öffnen. Wie die schrittweise Öffnung und Weiterentwicklung der Wochenplanarbeit aussehen kann, zeigen beispielhaft die beiden im Folgenden kurz vorgestellten Wochenpläne.

Mithilfe des Wochenplanes zum Thema »Vom Leben der Menschen im Mittelalter« können sich die Schülerinnen und Schüler eigenständig in einen der genannten Teilbereich dieses Themas einarbeiten. Der Plan enthält dabei sowohl Angaben zu den Inhalten, die erarbeitet werden können bzw. sollen, als auch Vorschläge zur methodischen Vorgehensweise. Das Gesamtthema wurde in vier Schwerpunkte aufgliedert: Adel und Rittertum, die Bauern, Mönche und Nonnen und Bürger in den Städten. Dazu sind jeweils einige inhaltliche Hinweise angegeben, mit denen sich die Schüler/innen auseinander setzen können. Das Rahmenthema ist bei dieser Wochenplanform zwar vom Lehrer vorgegeben, die Schülerinnen und Schüler haben allerdings die Möglichkeit, inhaltliche Schwerpunkte auszuwählen, mit denen Sie sich näher beschäftigen wollen. Wahlmöglichkeiten bestehen auch im Hinblick auf die Kooperationspartner, sie können allein arbeiten oder sich einen oder mehrere Partner suchen.

Grundlage für die Arbeit am Thema bildet das entsprechende Kapitel im Schulbuch, darüber hinaus können und sollen die Schüler/innen weitere Materialien heranziehen. Hier ist also zunächst eigene Materialrecherche gefragt (z.B. in der Schul- und Gemeindebibliothek), aber auch der Lehrer hat hier eine wichtige beratende Funktion. Die Zielsetzung für die Arbeit am Thema, das »Produkt« der Arbeit ist für alle gemeinsam und verbindlich angegeben: Eine Zeitung oder ein kleines Buch soll zu dem jeweiligen Themenbereich zusammengestellt werden. Doch auch hier haben die Schüler/innen – im Sinne einer Öffnung des Unterrichts – wiederum die Möglichkeit, eigene Akzente zu setzen. Zur Gestaltung werden ebenfalls nur Tipps gegeben, die den Schülern bei der Erstellung ihres Produktes helfen sollen.

Auch das zweite Beispiel eines offenen Wochenplanes formuliert eine gemeinsame Aufgabenstellung für alle Schülerinnen und Schüler, die von ihnen

Arbeitsplan 9a
für die Zeit vom 20.12. - 22.12.95 und vom 10.1. - 26.1.96

Name:

Aufgabenstellung:
Eure Aufgabe ist es, eine **Werbeschrift über Euren Ort** zu gestalten. Die Vorteile, die Euer Ort für Einheimische und Auswärtige bietet sollen darin möglichst ansprechend und werbewirksam zusammengetragen werden. Die Schrift bzw. Broschüre soll Historisches und Aktuelles enthalten. Der Ort selbst, seine Lage und seine wichtigsten Gebäude sollen ebenso wie Kultur und Freizeitangebote vorgestellt werden. Natürlich könnt Ihr auch eigene Schwerpunkte bei Eurer Darstellung setzen. Die Broschüre soll natürlich nicht nur Text enthalten, auch Fotos, Zeichnungen und statistische Darstellungen können mit einbezogen werden. Ihr könnt dabei die Aufgabenstellung allein oder mit anderen, die im gleichen Ort wohnen, gemeinsam bearbeiten. Eure Werbeschriften sollen zum Abschluß in der Klasse vorgestellt und dann zur Benotung bei mir abgegeben werden.

Ich erarbeite eine Werbeschrift über

Ich arbeite zusammen mit

Einige Hinweise zum Vorgehen:

☐ Tragt zuächst alle Informationen, die Ihr über Euren Ort bekommen könnt, zusammen.
☐ Besorgt Euch zielgerichtet Material (Prospekte, Bücher ...) in Gemeindebüchereien, bei der Gemeindeverwaltung, bei Geschichtsvereinen ...
☐ Ihr könnt Gespräche/Interviews z.B. mit dem Ortsvorsteher/Bürgermeister, Vereinsvorsitzenden oder älteren Menschen führen, um etwas über Euren Ort herauszubekommen. Ihr könnt aber z.B. auch in einer Befragung ermitteln, wie Jugendliche über das Leben in Eurem Dorf/ Eurer Stadt denken.
☐ Wenn Ihr Euch sachkundig gemacht habt, macht Euch Gedanken über Inhalt und Gliederung der Werbeschrift.
☐ Besorgt Euch alte und aktuelle Fotos, macht Euch Abzüge oder Kopien davon.
☐ Denkt daran, die Broschüre in ansprechender äußerer Form zu gestalten.
☐ Überlegt Euch einen möglicht zugkräftigen, einprägsamen Titel.
☐ Zeigt Eure Entwürfe anderen Menschen aus Eurem Ort und versucht deren Anregungen aufzunehmen, bevor Ihr an die endgültige Umsetzung Eurer Werbeschrift herangeht.

jeweils in der konkreten Umsetzung ausdifferenziert werden kann: Eine Werbeschrift über den jeweiligen Ort, aus dem die Schüler/innen kommen, soll von den Neuntklässlern gestaltet werden. Die Idee dazu geht zurück auf eine Vorschlag der Schüler/innen, die in der Planungsphase zur Unterrichtseinheit »Leben in Gudensberg« auf die Idee kamen, sich einmal näher mit ihren Heimatgemeinden zu befassen. Die von den Jugendlichen zu erstellende Schrift sollte Historisches und Aktuelles enthalten. Die Festlegung auf einen inhaltlichen Schwerpunkt ist hier stärker als in dem oben skizzierten Beispiel, da die Schüler/innen nicht auswählen können, über welchen Ort sie Informationen zusammentragen; auch die Wahl der Kooperationspartner ist eingeschränkter, da man sich – wenn man nicht allein arbeiten will – mit jenen Schülern zusammentun musste, die aus demselben Dorf kommen. Allerdings können wiederum bei der inhaltlichen Bearbeitung und auch bei der Vorgehensweise eigene Schwerpunkte gesetzt werden.

Während die Aufgabenstellung und auch das Ziel der Wochenplanarbeit im ersten Teil des Planes für die Schüler/innen formuliert werden, enthält der zweite Teil Tipps zum Vorgehen, wobei hier auf bekannte und eingeübte Strukturen zurückgegriffen wird. Zunächst sollen die Schüler nach gedruckten Materialien suchen und die Informationen zusammentragen, darüber hinaus können Interviews (z.B. mit Vereinsvorsitzenden oder älteren Menschen) und Befragungen (z.B. von Jugendlichen) – im Gesellschaftslehreunterricht zuvor an verschiedenen Beispielen praktiziert – durchgeführt sowie alte Fotos zusammengetragen werden. Nach dem Zusammentragen der Informationen, sollte es dann im nächsten Schritt darum gehen, die Werbeschrift möglichst ansprechend zu gestalten und einen »zugkräftigen« Titel zu finden.

Die Ergebnisse, die von den Schülerinnen und Schülern im Plenum vorgestellt wurden, waren sehr vielfältig. Die Möglichkeiten, die in einem solchen offenen Plan liegen, eigene Akzente zu setzen, wurden von allen Arbeitsgruppen genutzt. So setzte eine Gruppe den Schwerpunkt auf die Geschichte des Ortes und hat dazu nicht nur Material zusammengetragen, sondern auch – im Sinne von Oral History – den Vorsitzenden des Geschichtsvereines, den Pfarrer und zwei alte Dorfbewohner befragt. Eine andere hatte untersucht, welche Möglichkeiten sich für Jugendliche in ihrem Dorf bieten, dazu alle Einrichtungen, die von Jugendlichen genutzt wurden (Jugendclub, Kneipe, Feuerwehrhaus, Sportverein) beschrieben und Jugendliche befragt. Drei Schüler hatten ihren Ort fotografisch erkundet und zu den Fotos Texte geschrieben, die Geschichte mit der Gegenwart zu verbinden versuchten, sowie einige alte Fotos in Kontrast zu aktuellen Fotos gesetzt. Eine weitere Kleingruppe hatte ihre Werbeschrift mit einem Videoclip – einem Rundgang durch den Ort – verbunden.

So war dann auch die Vorstellung und Auswertung der von den Schüler/innen zusammengetragenen Ergebnisse abwechslungsreich und interessant. Es boten sich vielfältige Möglichkeiten, Querverbindungen zwischen einzelnen

Ortschaften zu ziehen und übergreifende Fragestellungen zu thematisieren. Sicher hat die Bearbeitung der Thematik bei den Schülerinnen und Schülern auch dazu beigetragen, sich stärker als bisher mit ihrer Heimatgemeinde zu identifizieren, den einen oder anderen Aspekt völlig neu kennen zu lernen und in einem etwas anderen Licht zu sehen. In einer Abschlussdiskussion zum Thema »Leben auf dem Land – lohnt sich das für Jugendliche?« wurde gerade dies besonders deutlich.

Entwicklung von Lern- und Arbeitstechniken bei der Wochenplanarbeit

Wie wird nun diese Form des Unterrichts von den Schülerinnen und Schülern beurteilt? Dieser Frage möchte ich zunächst nachgehen. Wer könnte diese Frage besser beantworten als die wochenplanerfahrenen Schüler selbst? Daher zitiere ich hier einige Einschätzungen, die Schüler/innen bei einer Befragung am Ende der 10. Klasse formulierten:

○ »*Der absolute Vorteil der Wochenplanarbeit ist meiner Ansicht nach das selbstständige Arbeiten – eben keine Reproduktion dessen, was man vorher vom Lehrer gehört hat.*«
○ »*Man lernt dabei, sich die Arbeit und die Zeit gut einzuteilen und zu entscheiden, in welcher Reihenfolge man die Aufgaben erledigt. Auch über die Art und Weise, in der man die Arbeit macht, muss man entscheiden, außerdem muss man selbstständig Schwerpunkte setzen. Und schließlich muss man entscheiden, ob man die Aufgaben allein, zu zweit oder in Gruppen erledigt. Bei der Arbeit mit mindestens 2 Leuten muss man dann auch koordinieren, wer welche Arbeiten erledigt, damit es kein Chaos gibt.*«
○ »*Mir gefällt die Wochenplanarbeit sehr gut, weil man Entscheidungen treffen muss. Außerdem ist es eben eine ganz andere Form, den Unterrichtsstoff zu behandeln. In den meisten anderen Fächern hat man viel weniger Spielraum, die Arbeit ist festgelegt und viel eingegrenzter.*«
○ »*Der Wochenplan bewegt bzw. ›zwingt‹ einen zum selbstständigen Arbeiten, also Nachschlagen, Nachlesen, Durcharbeiten etc.*«
○ »*Durch den anderen Rahmen wurde ich dazu animiert, mich tiefgründiger mit dem jeweiligen Thema zu befassen und in anderen Werken nachzuschlagen.*«

Einige zentrale Aspekte der Wochenplanarbeit werden hier von den Schülern angesprochen. Schüler/innen schätzen an der Wochenplanarbeit, dass sie ihnen ganz besonders dabei hilft, Methodenkompetenz und soziale Kompetenz zu entwickeln. Selbstständiges Arbeiten, Zeiteinteilung, Benutzung und Beschaffung von Nachschlagewerken und Fachliteratur, eigenständige Informationssammlung, Koordination der Arbeit mit anderen und die Fähigkeit zur Teamar-

Wochenplan

Begriff

Schülerinnen und Schüler erledigen selbständig in einem bestimmten Zeitraum ein bestimmtes Pensum an Wahl- und Pflichtaufgaben für einen oder mehrere Lernbereiche. Wochenplanarbeit intendiert die zunehmende Mitgestaltung der Schüler/innen. Sie setzt eine sich ändernde Lehrerrolle voraus. Lehrer/innen werden zu Ratgebern, Helfern, Beobachtern.

Formen

- Wochenpläne für ein einzelnes Fach (z.B. für Deutsch, untergliedert in Teilbereiche).
- Wochenpläne für mehrere Fächer (z.B. Deutsch, Mathematik, Gesellschaftslehre). Vorteil: Kooperation der Kollegen, Vielfalt der Aufgaben, mehr Wahlmöglichkeiten.
- Projektorientierte Wochenpläne (=offene Wochenpläne: Schüler/innen entscheiden mit über Inhalte, Wege, Ziele und Methoden).
- Wochenpläne, die von den Lernenden selbst aufgestellt werden.

Vorteile

- Schüler/innen bestimmen Vorgehensweise und Reihenfolge bei den Aufgaben selbst.
- Schüler/innen teilen sich die Zeit selbst ein.
- Schüler/innen suchen sich Partner aus, mit denen sie zusammenarbeiten wollen
- Schüler/innen arbeiten nach persönlichen Vorlieben, setzen selbst Schwerpunkte.
- Schüler/innen haben Möglichkeiten zur Selbstkontrolle.
- Schüler/innen können Konzentrations- und Entspannungsphasen einbauen

Qualifikationen

- Lern- und Arbeitstechniken entwickeln
- Entscheidungen selbständig treffen
- Flexibilität und Kreativität entwickeln
- Bereitschaft und Fähigkeit zur Teamarbeit
- Probleme erkennen
- Gründliche Auseinandersetzung mit Problemen
- Aufgaben zielgerichtet, sachorientiert und fachlich richtig bearbeiten
- Fähigkeiten zur eigenständigen Organisation und Durchführung einer Arbeitsaufgabe erwerben
- Eigene Qualtätsmaßstäbe entwickeln

beit sind einige der zentralen Gesichtspunkte, die aus Schülersicht für die Arbeit mit Wochenplänen sprechen.

Über inhaltsbezogene Lernziele hinaus entwickeln sie im Laufe der Zeit Genauigkeit, Zielstrebigkeit, Organisationsfähigkeit und systematisches Vorgehen bei der Bewältigung der Arbeitsaufgaben. Meyer formuliert: »Schüler müssen lernen, im Unterricht methodisch bewusst, zielstrebig und ökonomisch zu handeln.«[108] Auf dem Weg dorthin ist der Wochenplan eine wichtige Hilfe. Der Lehrer/die Lehrerin hat dabei eine begleitende Aufgabe, die er/sie insbesondere in der Anfangsphase des stärker selbst gesteuerten Lernens bei Einzelnen zunächst sehr intensiv wahrnehmen muss; Zielsetzung ist es, sich immer mehr – zumindest in der tradierten Lehrerrolle – überflüssig zu machen. Der Lehrer/die Lehrerin fungiert als Berater, der die Schüler/innen anleitet, selbst methodisch zu denken und zu handeln. Der Wochenplan öffnet die Augen dafür, dass es im Unterricht um mehr als ausschließlich um fachbezogene Lernziele geht.

Neben dem Aufbau von Fach- und Sachkompetenz geht es heute in der Schule immer mehr auch um die Entwicklung von Methoden- und Sozialkompetenz. Wir sind dabei in einer völlig neuartigen Situation: In der Arbeitswelt werden von den Schulabgängern heute Qualifikationen erwartet und gewünscht, die von Schulreformern seit Jahrzehnten vergeblich propagiert worden sind. Der Begriff »Schlüssenqualifikationen«[109] umschreibt die Anforderungen, die verstärkt an die schulische Bildung gestellt werden. Die Vermittlung fachlicher Kenntnisse hat natürlich nach wie vor einen wichtigen Stellenwert. Dabei können aber Methoden und Sozialformen angewendet werden, die gleichzeitig Lern- und Arbeitstechniken bei den Schülerinnen und Schülern aufbauen helfen. Das Wochenplankonzept trägt dem Rechnung: Die inhaltlich Ebene des Unterrichts besitzt weiterhin Bedeutung, gleichzeitig werden jedoch darüber hinausgehende Qualifikationen bei den Lernenden entwickelt.

Welche Einzelqualifikationen in der Berufs- und Arbeitswelt unverzichtbar sind, wird beispielhaft aus Stellenanzeigen deutlich. Dort werden Anforderungen wie die folgenden formuliert: »Neben der qualifizierten Ausbildung erwarten wir ein hohes Maß an Selbstständigkeit, analytischem Denkvermögen und Eigeninitiative sowie die Bereitschaft zur Teamarbeit.«[110] Es besteht hier eine interessante Parallelität in den Anforderungen, die vonseiten der Wirtschaft heute an Bildung und Ausbildung gestellt werden, und pädagogischen Konzepten, die ihren Ursprung in reformpädagogischen Ansätzen haben. Selbstständigkeit, Kooperation, Eigenverantwortlichkeit und praxisorientiertes Lernen

---

108 Meyer (1994), S. 153.
109 Siehe dazu z.B. Beck, Herbert: Schlanke Produktion, Schlüsselqualifikationen und schulische Bildung. In: Pädagogik, Heft 6/1993, S. 14–16; Lampe, Ulrike: Ausbildungsziel: Schlüsselqualifikationen. In: Praxis Schule 5–10, Heft 3/1991, S. 12–14.
110 Zit. n. Beck (1993), S. 15.

sind pädagogische Zielsetzungen, die gerade im Zusammenhang mit der Gesamtschulentwicklung seit den Siebzigerjahren immer wieder betont wurden. Neu ist, dass solche Forderungen seit einiger Zeit auch zunehmend vonseiten der Industrie aufgestellt werden. Die darin für die Durchsetzung entsprechender Konzepte und Lehrmethoden liegenden Chancen (»innere Schulreform«) sollten von pädagogischer Seite nicht verschlafen werden.

Beim Lernen mit dem Wochenplan können Schüler/innen Schritt für Schritt zahlreiche Qualifikationen erwerben. So fördert die Wochenplanarbeit die »Fähigkeiten und Bereitschaften, Probleme und Aufgabenstellungen selbstständig, zielorientiert und sachgerecht sowie fachlich richtig bzw. angemessen und methodengeleitet zu bearbeiten und das Ergebnis zu beurteilen«.[111] Darüber hinaus wird insbesondere durch offen angelegte Wochenpläne, in denen Kooperation notwendig ist, um zu Ergebnissen zu kommen, die Fähigkeit und Bereitschaft gefördert, »soziale Beziehungen und Interessen zu verstehen und sich mit anderen rational und verantwortungsbewusst auseinander zu setzen bzw. zu verständigen.«[112] Die Schüler/innen können aber auch die Fähigkeit zur eigenständigen Organisation und Durchführung einer Arbeitsaufgabe nach und nach durch die zielgerichtete Arbeit an einem Plan erwerben. Schon am ersten Tag der Wochenplanarbeit müssen sie den gesamten Plan überschauen und sich genau überlegen, wie sie die Aufgaben aufteilen, wann sie welche Aufgaben erledigen und welche Zeit sie ungefähr dafür brauchen werden. Hier lernen sie bei jedem Wochenplan neu dazu, immer wieder müssen sie sich mit der Organisation und Bewältigung neuer Aufgaben auseinander setzen. Mit Fragen wie den folgenden müssen sie befassen und dazu klare Entscheidungen treffen: Womit fange ich an? Was bearbeite ich in der Schule, was zu Hause, was an anderen Lernorten? Welche Interessenschwerpunkte will ich setzen? Arbeite ich allein oder mit Partnern? Bewältige ich auftauchende Schwierigkeiten selbstständig, oder lasse ich mir helfen? Arbeite ich im Klassenzimmer, in der Bibliothek, in der Druckerei oder im PC-Raum?

Einige weitere wichtige Aspekte dieser Arbeitsform – Kreativität, Freiheit und Spaß beim Arbeiten – werden in dem folgenden Urteil einer Schülerin betont: »*Ich halte die Wochenplanarbeit für eine gute Sache, da jeder arbeiten kann, wie er es für richtig hält, aber trotzdem durch die Pflichtaufgaben alle Schüler auf dem gleichen Wissenslevel bleiben. Außerdem macht die Schule dadurch mehr Spaß, weil man selbst kreativer arbeiten kann. So kann man zum Beispiel auch Wandzeitungen und Collagen während eines Wochenplanes erstellen. Durch diese Freiheiten hat mir die Wochenplanarbeit immer viel Spaß gemacht, und ich denke, man sollte diese Arbeitsweise noch mehr fördern.*«

---

111 Beck (1993), S. 15.
112 Beck (1993), S. 15f.

... und was sagen die Eltern dazu?

Dass die Schüler/innen mit ihrer Meinung über den Erwerb von Lern- und Arbeitstechniken durch die Wochenplanarbeit nicht allein stehen, zeigen zahlreiche Gespräche mit Eltern zu dieser Thematik. Bei einem ausführlichen Interview, das ich mit zwei Müttern führte, wurden u.a. folgende Aussagen gemacht, die ich an den Schluss stellen möchte:[113]

○ »*Die Schüler haben gelernt, selbstständig zu arbeiten, sich eigenständig Hilfsmittel und Quellen zu suchen, und sie haben gelernt, im Team zusammenzuarbeiten. Sie haben dabei mitbekommen: Wie suche ich mir was zusammen, wie erarbeite ich etwas selbstständig? Dadurch haben sie einen Vorsprung vor anderen, die das nie gemacht haben. Das sind Arbeitsweisen, die in der Oberstufe (oder auch im Beruf) von ihnen erwartet werden.*«
○ »*Sie haben gelernt, sich ihre Zeit besser einzuteilen, ihre Arbeit zu organisieren. Sie haben gelernt, einzuschätzen, wie lange sie für eine Arbeit brauchen. Das war zunächst gar nicht so einfach, weil sie erst einen Überblick über die Arbeit gewinnen mussten. Sie haben Methoden kennen gelernt, wie man sich, von einem Begriff oder einer Frage ausgehend, etwas selbst erarbeiten kann.*«

---

113 Das vollständige Interview ist abgedruckt in: Vaupel (1995), S. 164ff.

10. Praxisbeispiel

Über Wochenpläne zur Freien Arbeit
Die Interessen der Schülerinnen und Schüler in den Mittelpunkt stellen

Wochenplan und Freie Arbeit

Wie im vorigen Kapitel ausführlich beschrieben und an Beispielen aufgezeigt, umfasst die Wochenplanarbeit in »traditioneller« Form in der Regel eine Liste von Pflichtaufgaben, die von allen Schülern/innen verbindlich zu bearbeiten sind, sowie zusätzliche Wahlaufgaben. Diese Aufgaben sind während vorher festgelegter Stunden – meist im Verlaufe einer Woche – zu erledigen. Die Schüler/innen können über die Reihenfolge, ihr individuelles Lerntempo und teilweise auch über die Sozialform bei der Aufgabenbewältigung entscheiden.

Die Freie Arbeit bietet noch umfangreichere Mitbestimmungs- und Entscheidungsmöglichkeiten für die Schüler/innen. Während der dafür festgelegten Arbeitsphasen können einzelne Aufgaben aus einem größeren Angebot frei ausgewählt werden. Die Lernenden planen selbst, was sie arbeiten und lernen wollen. Schüler/innen können die Aufgaben ihren Bedürfnissen und Interessen entsprechend vorschlagen und dabei sowohl ihren Arbeitsrhythmus als auch die Sozialform selbst bestimmen. Bei der Freiarbeit gibt es keine Pflichtaufgaben, die von allen zu erledigen sind. Die Schülerinnen und Schüler sollen zur Kreativität angeregt werden, können ihre individuellen Möglichkeiten und Grenzen entdecken, Neigungen erproben, weiterentwickeln und neue Interessen gewinnen. Für Freie Arbeit ist es wichtig, ein Materialangebot zur Verfügung zu haben, das in besonderem Maße Aufforderungscharakter besitzt und zu vielfältigen Tätigkeiten anregt. Das hat Auswirkungen auf die Gestaltung des Lernumfeldes der Schüler: Ziel sollte es sein, den Klassenraum von einer Lernzelle hin zu einer Lernwerkstatt zu entwickeln.[114] Die Lehrerin oder der Lehrer hat in Phasen der Freien Arbeit Gelegenheit, einzelne Schüler/innen genau zu beobachten und ihre Lernbedürfnisse sowie ihr Arbeits- und Sozialverhalten kennen zu lernen. Sie bzw. er bietet den Lernenden Hilfe an, drängt sich jedoch nicht auf. Die Schüler tragen also in der Freien Arbeit die volle Verantwortung für ihr Tun. Das eigene Lernen muss geplant und gestaltet werden. Sie lernen, eine Arbeit durchzuhalten, um das selbst gesetzte Ziel zu erreichen, und müssen sich Gedanken darüber machen, wie das herausgefundene Ergebnis den anderen vermittelt werden könnte.

---

114 Vgl. Vaupel 1995, S. 70.

Walter Hövel hat den Begriff »Freie Arbeit« folgendermaßen definiert: »Freie Arbeit ist das Nutzen freier Handlungsräume zur Erreichung von Zielen in einem offenen Unterricht an Inhalten, die die Schüler/innen betreffen. Sie sind frei, Gegenstände ihres Lernens, die Zeit des Lernens, ihre Partner/innen für das Lernen, die Ziele und mögliche Produkte ihrer Arbeit selbst zu bestimmen.«[115]

In den Stunden Freier Arbeit können also – da die Schülerinnen und Schüler sich einzeln oder in Gruppen ihre Ziele selbst setzen – die unterschiedlichsten Tätigkeiten und Aufgaben nebeneinander stehen. Ein Zusammenhang zwischen den einzelnen Lerninhalten der Schüler/innen in einer Klasse kann durch übergreifende Themenstellungen hergestellt werden, ist aber in der Freien Arbeit nicht zwingend notwendig. Die Vorhaben und Aufgaben Freier Arbeit können in einen Tages- oder Wochenplan, einen Arbeits- oder Themenplan oder in ein Projekt eingebettet sein.

Listet man die Möglichkeiten von Freier Arbeit systematisch auf, so ergeben sich folgende Inhalte:[116]

- Selbstständige Arbeit an einem selbst gewählten Thema:
  Schülerinnen und Schüler arbeiten allein oder in Gruppen Themen nach eigenem Interesse aus und veröffentlichen ihre Arbeitsergebnisse.
  Ziel: Ein Thema selbstständig bearbeiten und darstellen.
- Individuelle Weiterführung von Unterrichtsthemen:
  Die Schülerinnen und Schüler arbeiten an einem sie interessierenden Thema weiter und vertiefen es selbstständig.
  Ziel: Selbst gesteuerte Weiterführung von Themen nach individuellem Interesse.
- Intensive Übungssituationen:
  Vertiefung des Unterrichtsstoffes durch vielfältiges, gezielt auswählbares Übungsmaterial.
  Ziel: Intensive, individualisierte Übungssituationen.
- Freie Nutzung von Lern- und Spielangeboten:
  Schneller arbeitende Schülerinnen und Schüler wenden sich Arbeits- und Spielmöglichkeiten nach freier Wahl zu.
  Ziel: Ergänzung und Vertiefung des gesteuerten Lernens.

---

115 Hövel, Walter: Freie Arbeit ist ... In: Hecker, Ulrich (Hrsg.): Praxismappe Freiarbeit. Bd. 1. Mülheim a.d.R. 1989, S. 11.
116 Schulze, Hermann: »... und morgen fangen wir an!« Bausteine für Freiarbeit und offenen Unterricht in der Sekundarstufe. Lichtenau 1993, S. 45.

Freie Arbeit - Freie Arbeit - Freie Arbeit - Freie Arbeit - Freie Arbeit -

Freie Arbeit ist selbstgesteuertes Lernen. Das Vertrauen in die positiven Entwicklungskräfte der Schülerinnen und Schüler ist die Grundlage selbstbestimmter Arbeitsformen.

Frei Arbeit ermöglicht den Schülerinnen und Schülern
- die Inhalte ihrer Arbeit an ihren Interessen auszurichten,
- durch persönliche Erfolgserlebnisse ihr Selbstbewußtsein zu stärken,
- ihr Lernen nach dem individuelle Leistungsvermögen zu organisieren,
- sich die Zeit individuell einzuteilen,
- Hoch- und Tiefphasen durch individuelle Arbeitsorganisation auszunutzen bzw. zu kompensieren,
- seinen Bedürfnissen entsprechend allein oder mit anderen zusammenzuarbeiten.

Freie Arbeit ermöglicht den Lehrerinnen und Lehrern
- die Schüler/innen zu ermutigen und zu beraten, statt sie zu bevormunden,
- die Schüler/innen neu erleben und neue Leistungsbereitschaft und Fähigkeiten bei ihnen entdecken,
- lernschwache und schwierige Schüler/innen individuell zu fördern,
- innere Differenzierung ohne großen Aufwand zu organisieren,
- disziplinierte und konzentrierte Arbeit ohne autoritäre Kraftakte zu erreichen,
- in den Wochenplanstunden eigene Kraft zu sparen durch die Aktivierung der Kräfte der Schüler/innen.

Freie Arbeit kann für Lehrer/innen und Schüler/innen die Chance bieten
- in einem entspannten Lernklima gemeinsam zu arbeiten,
- sich besser kennenzulernen und neue Kommunikationsformen zu entwickeln,
- durch Rollenveränderung einseitige Aktivitätsprofile zu einem ganzheitlichen Handeln zu führen.

Freie Arbeit kann
- sich als selbständiges Element im Stundenplan deutlich vom übrigen Fachunterricht unterscheiden,
- als fest geplanter kleiner Teil eines „normalen" Fachunterrichts alternative Akzente setzen,
- als gelegentlicher Einschub die festen Strukturen des Fachunterrichts auflockern und Motivationen verstärken,
- oder auch nur als Mittel zur inneren Differenzierung ein Angebot für besondere Schülergruppen sein.

Freie Arbeit - Freie Arbeit - Freie Arbeit - Freie Arbeit - Freie Arbeit -

Dirigismus abbauen: Der Weg zur freien Arbeit

In meinem Unterricht entwickelte ich die Freie Arbeit nach und nach aus der Arbeit mit Wochenplänen heraus. Den Weg dorthin möchte ich im Folgenden skizzieren. Nachdem ich zuerst vorwiegend nach individualisierenden Wochenplänen mit meiner Klasse gearbeitet hatte und ich mein Konzept mit Kollegen unterschiedlicher Schulen diskutiert hatte, drängten sich einige kritische Fragen auf:

- Wird mit den Wochenplänen nicht »alter Wein in neuen Schläuchen« verkauft, werden traditionelle Unterrichtsinhalte nicht nur anders verpackt?
- Dirigieren die Lehrerin oder der Lehrer durch den Wochenplan nicht ihre Schülerinnen und Schüler mindestens genauso sehr wie im Frontalunterricht?
- Kann der Wochenplan, der sich als selbstständigkeitsfördernd ausgibt, nicht auch als eine optimierte Fassung des Instruktionsunterrichtes verstanden werden? Liegt in ihm nicht eine verkappte, besonders geschickte Gängelung der Schülerinnen und Schüler?
- Führt die regelmäßige Arbeit mit dem Wochenplan nicht zur Vereinzelung der Lernenden? Wo bleiben gemeinsame, idendiätsstiftende Vorhaben, wo das soziale Lernen, wenn jeder an seinem eigenen Wochenplan isoliert arbeitet?[117]

Diese Einwände zeigen die Gefahren auf, die mit Wochenplanunterricht verbunden sind, wenn er ohne Beziehung zu anderen offeneren Lernformen stehen. Herbert Hagstedt hat zu Recht auf die Gefahren, die in einem engen Verständnis der »Wochenplanerei« liegen, hingewiesen: »Schüler können machen, was ihre Lehrer wollen.«[118] Wochenplanen kann dazu tendieren, die Schülerinnen und Schüler zu fremdbestimmtem Lernen zu drängen und den Charakter der Fremdbestimmung zu verschleiern, also damit geradezu eine Verhaltensstruktur fördern, die dem Ansatz des Projektunterrichtes nach »Selbststeuerung« der Lerngruppe diametral entgegengesetzt ist.

Ziel der Arbeit im offenen Unterricht ist die Förderung von Selbstständigkeit und Verantwortlichkeit. Der Wochenplan kann dabei eine wichtige Aufgabe übernehmen, wenn es über ihn gelingt, die Schüler/innen zu den wirklich handelnden Subjekten werden zu lassen, ihre Planungskompetenz zu erweitern sowie Selbsttätigkeit und Verantwortlichkeit für das eigene Lernen zu för-

---

117 Herzog weist auf weitere Probleme im Zusammenhang mit der Wochenplanarbeit hin: Herzog, Harald: Schöne, heile Wopl-Welt? Wochenplanarbeit an weiterführenden Schulen. In: Claussen, Claus u.a.: Wochenplan- und Freiarbeit. Braunschweig 1993, S. 31ff.
118 Hagstedt (1987), S. 4.

dern.[119] Der Wochenplan kann – so verstandenn – zum Förderer und gleichzeitig zum Organisationsrahmen für den Einstieg in Freie Arbeit werden:

- Er ist ein Schritt zur Veränderung des Verhältnisses der Schüler/innen zum Lerngegenstand.
- Eine eigenständige Begegnung mit dem Gegenstand wird für die Lernenden ermöglicht.
- Schüler/innen können zwischen unterschiedlichen Aufgaben und Lernwegen wählen.
- Schüler/innen können auch eigene Aufgaben formulieren und sich selbst Ziele setzen.

Auf dem Hintergrund dieser Überlegungen kam ich bei einem Resümee zu dem Ergebnis, zunächst die Pflichtanteile im Wochenplan zu reduzieren, damit dieser Teil die Schülerinnen und Schüler nicht völlig »verschlingt«. Eine Ausweitung von Phasen Freier Arbeit wird dadurch ermöglicht.

Schülerinnen und Schüler stellen eigene Pläne auf

Ich organisierte die Arbeit mit dem Wochenplan nun anders als bisher und schaffte dadurch Möglichkeiten für freie Tätigkeiten. Die Struktur veränderte sich zum ersten Mal entscheidend, als von einem Schüler vorgeschlagen wurde, einmal zu probieren, selbst einen Wochenplan aufzustellen. Diese Anregung griff ich auf und forderte die Schüler auf, für die kommende Woche sich eigene Vorhaben vorzunehmen und selbst Pläne zu entwickeln. Alle schafften es, z.T. auch dadurch, dass sie sich mit Mitschülern besprachen, komplette Wochenpläne aufzustellen. Ihre Ideen und besonderen Vorlieben wurden von ihnen in die Pläne aufgenommen. Selbst aufgestellte Wochenpläne wurden zu einer festen Institution – einmal im Monat praktiziert –, wobei sich die Pläne der Schülerinnen und Schüler mit der Weiterentwicklung der übrigen Wochenpläne nach und nach veränderten. Die Selbstständigkeit bei der Auswahl von Inhalten und die Entscheidungskompetenz der Schülerinnen und Schüler wurden auf diese Weise besonders gefördert.

Daneben spielten nun Pläne eine Rolle, in denen kooperatives Lernen an selbst gewählten Themen im Vordergrund standen, nicht die individualisierte Arbeit, denn ich wollte verhindern, dass die Wochenplanarbeit zur materialzentrierten Individualisierungspädagogik degeneriert. Erste kleinere Versu-

---

119 Siehe dazu auch S. 186ff.

BeFREIen von welcher ARBEIT?

Unser Lehrer sagt uns, was wir tun sollen!
Unser Lehrer sagt uns, wie wir etwas tun sollen!
Unser Lehrer sagt uns, warum wir etwas tun sollen!

Unser Lehrer sagt uns, was wir schreiben sollen!
Unser Lehrer sagt uns, wie wir etwas schreiben sollen!
Unser Lehrer sagt uns, warum wir etwas schreiben sollen!

Unser Lehrer sagt uns, was wir lesen sollen!
Unser Lehrer sagt uns, wie wir etwas lesen sollen!
Unser Lehrer sagt uns, warum wir etwas lesen sollen!

Unser Lehrer sagt uns, was wir zeichnen sollen!
Unser Lehrer sagt uns, wie wir etwas zeichnen sollen!
Unser Lehrer sagt uns, warum wir etwas zeichnen sollen!

Unser Lehrer sagt uns, was wir uns da vorstellen sollen!
Unser Lehrer sagt uns, wie wir uns das vorstellen sollen!
Unser Lehrer sagt uns, warum wir uns das vorstellen sollen!

Unser Lehrer sagt uns, was wir da gerade gesehen haben müßten!
Unser Lehrer sagt uns, wie wir das da gerade gesehen haben müßten!
Unser Lehrer sagt uns, warum wir das da gerade gesehen haben müßten!

Unser Lehrer sagt uns, was man damit anfangen kann!
Unser Lehrer sagt uns, wie man da etwas mit anfangen kann!
Unser Lehrer sagt uns, warum man da etwas mit anfangen kann!

Unser Lehrer sagt uns, was wir für Dummköpfe sind!
Unser Lehrer sagt uns, wieso wir solche Dünnköpfe sind!
Unser Lehrer sagt uns, warum wir solche Dummköpfe geworden sind!

Aus: Pädagogik, Heft 6/1991 (Thema: Freie Arbeit), S. 17.

che machten wir dazu im Rahmen unseres Projektes »Bacherkundung«[120], die dann vor allem zum Thema »Ein neues Wohngebiet entsteht«[121] weitergeführt wurden.

Nachdem ich Erfahrungen im Hauptschulzweig gesammelt hatte, unternahm ich im Gymnasialzweig den ersten Versuch, mit einem Wochenplan zu arbeiten.[122] Die Klasse, in der ich das Fach Gesellschaftslehre unterrichtete, war mit eigenständigem und kooperativem Arbeiten vertraut. Es wurde mir im Verlaufe der Zeit deutlich, dass es unsinnig ist, Wochenplanarbeit und Freie Arbeit als eine schulstufen- oder schulformbezogene Arbeitsform zu betrachten, denn alle Schülerinnen und Schüler können Gewinn daraus ziehen. Ich versuchte von Beginn an, den Anteil individueller Arbeiten zugunsten von kooperativen und projektorientierten Aufgabenstellungen einzuschränken. Meine Rolle während der Wochenplanstunden war die eines zurückhaltenden Beraters und Organisators. Die meisten Schülerinnen und Schüler arbeiteten, ohne mich zu beachten. Es machte den Schülerinnen und Schülern offensichtlich Spaß, sich eigenständig mit der Thematik auseinander zu setzen.

Bereits nach kurzem wurden die Schülerinnen und Schüler in die Aufstellung der Pläne einbezogen. Eine Vorbefragung zum Thema »Weltmacht USA« war der Ausgangspunkt zur Strukturierung des Themas. Einzelne inhaltliche Aspekte wurden aufgelistet und kurz skizziert. Die sich daraus ergebenden Aufgabenstellungen sind in die Wochenpläne eingeflossen. Schritt für Schritt entstanden bereits nach wenigen Wochen komplett von den Schülerinnen und Schülern aufgestellte Wochenpläne. Zunächst hatten sie bei ihren eigenen Plänen fast alle die Tendenz, sich zu viel zuzumuten, was sich aber im Laufe der Zeit und nach eingehender Beratung regulierte. Die Wochenplanarbeit ist in dieser Klasse zu einem festen Bestandteil des Unterrichts geworden. Sie ist ein wichtiges Element eines offenen, schülerorientierten Unterrichts, der vielfältige Handlungs- und Mitbestimmungsmöglichkeiten bietet. Das pädagogische Grundprinzip, dass Jugendliche aus eigenem Antrieb arbeiten, wenn man sie nur lässt, wurde durch diese Klasse in vollem Umfang bestätigt. Die neue Arbeitsform ermöglicht, selbst gesteuert zu arbeiten und zu lernen, wobei sich die Selbststeuerung auf Lerninhalte und Lernmethoden, den Arbeitsrhythmus, das Arbeitstempo und die Sozialform, in der gelernt wird, bezieht.

---

120 Siehe dazu das 1. Praxisbeispiel in diesem Band »Ich gehe jetzt mit ganz anderen Augen durch die Gegend«.
121 Der mathematische Teil dieses Projektes wird im 7. Praxisbeispiel vorgestellt: »Preise kalkulieren und Grundstücke vermessen«.
122 Zur Wochenplanarbeit mit Gymnasialschülern siehe ausführlich: Vaupel, Dieter: Wochenplanarbeit in einem Gymnasialzweig. Schülerinnen und Schüler lernen, selbstständig zu arbeiten. In: Die Deutsche Schule, Heft 1/1996, S. 98–110.

Gesellschaftslehre 9　　　　　　　　　　　　　　　　UE USA-GUS

Wochenplan G 9a
für die Zeit vom 26.5. - 3.6.92

Name: Iris Wenderoth

Wochenthema:
U S A
Geographie-Geschichte-Wirtschaft-Politik-Kultur

Die Aufgaben in dieser Woche will ich ~~allein~~/gemeinsam mit:

Carola, Sandi und Eike _____ bearbeiten.

| Folgende Aufgaben will ich/wollen wir auf alle Fälle schaffen: |

1. Wir möchten über die Rassenunruhen in den letzten zwei Wochen in L.A. berichten. Dazu fassen wir einen ausführlichen Bericht aus dem Stern und anderen Zeitschriften zusammen.

2. Wir schreiben einen Bericht über Seattle, der interessantesten Stadt der USA.

| Folgendes will ich/wollen wir darüberhinaus bearbeiten, wenn Zeit dafür bleibt: |

1. Wir wollen die Unterdrückung und Verfolgung der Indianer im 18. und 19. Jahrhundert aufzeigen.

2. Wir zeichnen auf eine Folie die Indianerreservate, bevor die Weißen das Land besiedelten und die heutigen (Vergleich).

Bemerkungen:

Wir brauchen Folie und Folienstifte.
Buch: Amerika auf eigene Faust/Geo-Heft

Wochenplan zur Kenntnis genommen: _Ulm_ 23.5.92

Aus einem themenbezogenen Angebot auswählen

Auch andere Wochenpläne wurden nun zum organisatorischen Rahmen für Freiarbeitsprojekte. Die Schüler/innen sollten mit ihrer Hilfe an eigenen Vorhaben arbeiten, die in mehr oder weniger engem Zusammenhang zu unterrichtlichen Inhalten standen. Beispielhaft sei an dieser Stelle ein Wochenplan aus einer 10. Klasse vorgestellt.

Ausgehend von der Bearbeitung des Themas »Nationalsozialismus« im Klassenunterricht, wurden von Schülerinnen und Schülern Schwerpunkte bzw. Themen vorgeschlagen, die sie gern intensiver bearbeiten wollten. Diese Vorschläge wurden in einen offen gestalteten Wochenplan aufgenommen. Die Schüler/innen konnten bei diesem Plan frei über Tätigkeiten, Wege und Mittel, über Zeit und Reihenfolge und über ihren Arbeitsplatz entscheiden – dies alles sind Elemente der Freien Arbeit. Alle arbeiten an einem gemeinsamen, von den Schülerinnen und Schülern zuvor ausgewählten Thema. Die Einwahl in die Themen geschah ohne Lehrersteuerung, allein auf der Grundlage der Schülerinteressen. Die Gruppen, die sich dadurch bildeten, waren unterschiedlich groß. Das führte dazu, dass innerhalb der Gruppen weiter gehende interne Regelungen über die Verteilung der Arbeit und über zu bearbeitende Inhalte getroffen werden mussten. Die vorbereiteten Texte, die von allen Gruppenmitgliedern zu bearbeiten waren, sollten eine gemeinsame Grundlage schaffen, um von dort ausgehend vertiefend arbeiten zu können. Eigene thematische Schwerpunkte konnten sodann von ihnen gesetzt werden.

Die ausliegenden Materialien ermöglichten eine sehr breit gefächerte theoretische Bearbeitung des Themas, weitere Materialien wurden von den Schülern/innen aus Büchereien oder privaten Beständen mit in den Unterricht gebracht, auf lokale oder regionale Bezüge wurde von ihnen besonderer Wert gelegt. Die Gruppe »Frauen im Nationalsozialismus« versuchte, Auskünfte von Zeitzeugen in ihre Arbeit mit einzubeziehen, so wurde u.a. ein ausführliches Interview mit einer »Schüleroma« geführt. Die Gruppe »Konzentrationslager« bezog Untersuchungen über ein nahe gelegenes KZ-Außenkommando sowie über ein frühes Konzentrationslager, das man gemeinsam besucht hatte, ein. Die Gruppe zum Thema »Zwangsarbeit« setzte sich mit den Lebens- und Arbeitsbedingungen von Zwangsarbeitern unterschiedlicher Nationalitäten in der 30 Kilometer entfernten ehemaligen Rüstungsfabrik Hirschhagen auseinander. Die Ergebnisse dieser Gruppe mündeten in den Vorschlag, eine Exkursion zu der Rüstungsfabrik zu unternehmen, was dann auch kurze Zeit später in die Tat umgesetzt wurde. Meine Rolle als Lehrer war auch während dieser offenen Form der Wochenplanarbeit die eines zurückhaltenden Beraters. Es ging darum, Materialien bereitzustellen, Hinweise z.B. auf Erkundungsmöglichkeiten und Tipps bzw. Anleitungen für das methodische Vorgehen zu geben, zu ermutigen, kritisch nachzufragen, aber auch

Wochenplan G 10 a

für die Woche vom 15.03. - 19.03.93

Gruppe A: Zwangsarbeit
Gruppe B: Konzentrationslager
Gruppe C: Frauen im Nationalsozialismus

1.) Bearbeitet die für die jeweiligen Gruppen vorbereiteten Texte und macht Euch Notizen.

2.) Besprecht in der Gruppe gemeinsam den Inhalt der Texte und setzt dabei Eure eigenen thematischen Schwerpunkte. Filtert nur die Informationen und Ergebnisse, die Ihr für wichtig haltet, aus den Texten heraus.

3.) Sollten Unklarheiten oder Fragen auftauchen, versucht diese untereinander zu klären. Dazu könnt Ihr auch die ausliegenden Bücher und Materialien benutzen.

4.) Denkt daran, daß Ihr Eure wichtigsten Ergebnisse den anderen Gruppen vorstellen sollt. Überlegt Euch, wie Ihr das am besten und phantasievollsten gestalten könnt.
Ihr könnt beispielsweise
- eine Wandzeitung anfertigen
- ein Spiel entwickeln
- eine Folie erstellen und erklären
- eine Kassette/Videokassette vorspielen
- ein Rollenspiel inszenieren/etwas vorführen
- ein Schaubild anzeichnen und erklären
- einen Quellentext vortragen und interpretieren
- Thesen zum Thema formulieren und diskutieren
- einen zusammenfassenden Text anschreiben
- etc...

5.) Fordert ein Feedback von Euren Mitschülern und Mitschülerinnen: Stellt Ihnen im Anschluß an Euren Vortrag Fragen, die sie beantworten sollen.

die geleistete Arbeit der Schüler/innen anzuerkennen, zu bestätigen und zu loben.

Eine wichtige Aufgabe kommt in einem so angelegten Unterricht der Arbeitsvereinigung zu. In einer »Metaphase« musste zunächst die Vielfalt der Ergebnisse sinnvoll strukturiert und in einen Gesamtzusammenhang gebracht werden. Die Schüler/innen stellten kurz vor, woran sie gearbeitet hatten und wie sie vorgegangen waren. Die Themen wurden notiert, und eine Struktur wurde gefunden, bevor die Ergebnisse im Detail dem Klassenplenum zur Kenntnis gebracht wurden. Diese erwiesen sich dann als sehr vielfältig und phantasievoll. Das Vorstellen und die Diskussion der Arbeitsergebnisse nahm dabei einen breiten zeitlichen Rahmen ein, wobei zahlreiche Querverbindungen zwischen den Ergebnissen einzelner Gruppen gezogen werden konnten. Szenische Spiele wurden aufgeführt, Filmausschnitte gezeigt, Vorträge gehalten, Wandzeitungen und Folien vorgestellt u.a.m. Beeindruckend war für mich und einige Studenten, die ihr Schulpraktikum in dieser Klasse absolvierten, wie gründlich und engagiert die Schüler/innen gearbeitet hatten und mit welcher Kompetenz sie die ermittelten Ergebnisse vortrugen. Als hilfreich erwies es sich, eine Auswahl von Handlungsformen in schriftlicher Form vorzugeben, den Jugendlichen Alternativen aufzuzeigen und zur Entscheidung zwischen diesen Alternativen oder gar zum phantasievollen Entwickeln weiterer Möglichkeiten herauszufordern.

Ein so angelegter offener Unterricht kann Ausgangspunkt für neue, weiterführende Freiarbeitsideen sein. In ihm werden nicht Fragen beantwortet, die ausschließlich der Lehrer gestellt hat, sondern Schülerfragen in das Zentrum gerückt. An seinem Ende stehen nicht nur Antworten, sondern oft wieder neue Fragen und weiterführende Ideen.

Zum Schluss möchte ich noch einmal eine Schülerin zu Wort kommen lassen, die die Veränderungen des Unterrichts durch die Wochenplan- und Freie Arbeit so beschreibt: »*Die Einführung des Wochenplanes hat dem Schulleben plötzlich einen richtigen Schwung gegeben. Nun waren es nicht mehr nur Lehrer, die erzählt und schreiben lassen haben, sondern wir selber haben unseren eigenen Unterricht gestaltet. Am Ende haben wir dann alle durch Vortragen unserer Ergebnisse daran teilhaben lassen. Dass der Wochenplan eine gelungene ›Erfindung‹ ist, haben wir immer wieder bestätigen können.*«

Literaturverzeichnis

Aebli, Hans: Denken: Das Ordnen des Tuns. 2 Bde. Stuttgart 1980/81.
Ahlring, Ingrid/Noack, Uschi: Methodenkartei für selbstständiges Lernen. In: Praxis Schule 5–10, Heft 1/1995, S. 53–56.
Ammen, Alfred: Handlungsorientierter Unterricht als Notwendigkeit einer veränderten Gesellschaft. Oldenburger Vor-Drucke, Heft 130/91. Oldenburg 1991.
Baillet, Dietlinde: Freinet-praktisch. Beispiele und Berichte aus Grundschule und Sekundarstufe. Weinheim 1983.
Bastian, Johannes/Gudjons, Herbert: Das Projektbuch II. 2. Aufl., Hamburg 1993.
Bastian, Johannes/Gudjons, Herbert: Über die Projektwoche hinaus ... Neue Konturen des Projektlernens. In: Pädagogik, Heft 7–8/1989, S. 8–13.
Beck, Herbert: Schlanke Produktion, Schlüsselqualifikationen und schulische Bildung. In: Pädagogik, Heft 6/1993, S. 14–16.
Beck, Johannes/Wellershofen, Heide: Sinneswandel. Die Sinne und die Dinge im Unterricht. Frankfurt a.M. 1989.
Bittorf, Sigrid u.a.: Lesenswert 10. Berlin: Cornelsen Verlag 1992.
Bönsch, Manfred: Handlungsorientierter Unterricht. Oldenburger Vor-Drucke, Heft 22/88. Oldenburg 1988.
Bönsch, Manfred: Offener und kommunikativer Unterricht – Freiarbeit und Beziehungsdidaktik. Oldenburger Vor-Drucke, Heft 150/91. Oldenburg 1991.
Borowsky, Friederike: Wochenplan: Buchführung in der Freiarbeitsmappe. In: Hecker 1990, S. 30–32.
Brietzke, Wilfried/Vaupel, Dieter: Schülerinnen und Schüler als Bachpaten. In: Unterricht in Hauptschulklassen Bd. 7. (Hessisches Institut für Bildungsplanung und Schulentwicklung) Wiesbaden 1991, S. 14–56.
Bukowski, Christel u.a. (Projektgruppe Hirschhagen): Hirschhagen. Sprengstoffproduktion im »Dritten Reich«. Ein Leitfaden zur Erkundung des Geländes einer ehemaligen Sprengstofffabrik. Hrsg. vom Hessischen Institut für Bildungsplanung und Schulentwicklung. 2. Aufl., Wiesbaden 1991.
Claussen, Claus u.a.: Wochenplan und Freiarbeit. Braunschweig 1993.
Dewey, John: Erfahrung und Erziehung. Übersetzt von Werner Correll. München und Basel 1974.
Dewey, John/Kilpatrick, William Heard: Der Projekte-Plan. Grundlegung und Praxis. Weimar 1935 (= Pädagogik des Auslands, Bd. VI. Hrsg. von Peter Petersen).
Die Grundschulzeitschrift, Heft 74/Mai 1994 (Thema: Zaubergarten Mathematik).
Dörig, Bruno: Schenk dir ein Mandala. Heft 1 und 2. Bilder der Mitte. Eschbach 1993.
Duncker, Ludwig: »Handgreiflich« – »Ganzheitlich« – »Praktisch«? Grundfragen handelnden Lernens in der Schule. In: Neue Sammlung, Heft 1/1989.
Espelage, Gregor: »Friedland« bei Hessisch Lichtenau. Bd. II: Geschichte der Sprengstofffabrik Hessisch Lichtenau. Hrsg. von der Stadt Hessisch Lichtenau. Hessisch Lichtenau 1994.

Fauser, Peter u.a. (Hrsg.): Lerne mit Kopf und Hand. Berichte und Anstöße zum praktischen Lernen in der Schule. Weinheim/Basel 1990.
Fehrmann, Sigrid/Unruh, Thomas: Das Lernen (wieder)lernen. In: Pädagogik, Heft 9/1990, S. 17–20.
Freinet, Celestin: Pädagogische Texte. Reinbek 1980.
Gaudig, Hugo: Die Schule im Dienste der werdenden Persönlichkeit. 3. Aufl., Leipzig 1930.
Geographie heute, Heft 3/1981 (Themenheft »Exkursionen«).
Gervé, Friedrich: Freiarbeit. Was ist das? Wie geht das? Wie fange ich an? Beispiele. Materialien. Hilfen. Adressen. Lichtenau 1991.
Gudjons, Herbert: Handlungsorientiert lehren und lernen. Projektunterricht und Schüleraktivität. 4. Aufl., Bad Heilbrunn 1994.
Gudjons, Herbert: Handlungsorientierter Unterricht. Begriffskürzel mit Theoriedefizit? In: Pädagogik, Heft 1/1997, S. 7–10.
Gudjons, Herbert: Handlungsorientierung als methodisches Prinzip im Unterricht. In: Westermanns Pädagogische Beiträge, Heft 5/1987, S. 8–13.
Hagstedt, Herbert: Blätter-Baum-Bestimmungsbuch. In: Die Grundschulzeitschrift, Heft 20/1988, S. 60.
Hagstedt, Herbert: Chaos und Mathematik. In: Die Grundschulzeitschrift. Sonderdruck Mathematik. Seelze 1995, S. 16f.
Hagstedt, Herbert: Karteien wachsen lassen. Ein Plädoyer zur Öffnung von Arbeitskarteien. In: Die Grundschulzeitschrift, 1/1987, S. 37f.
Hagstedt, Herbert: Schüler können machen, was ihre Lehrer wollen. Wochenplanerei: Zur späten Karriere eines betagten didaktischen Themas. In: päd extra, Heft 10/1987, S. 4–7.
Hagstedt, Herbert: Wald-Memory. In: Die Grundschulzeitschrift, Heft 20/1988, S. 60.
Hagstedt, Herbert/Weber, Klaus-Heiner: Erkundungskartei Wasser und Wald. Bremen o.J.
Hamacher, Milly: Thematische Landkarten. In: Hecker 1989, S. 48–52.
Hammer-Schenk, Harold: Untersuchungen zum Synagogenbau in Deutschland von der ersten Emanzipation bis zur gesetzlichen Gleichberechtigung der Juden (1800–1871). (Diss.) Bamberg 1974.
Hartmann, Herbert: Unfallverhütung und Gesundheitsschutz im Arbeitslehreunterricht. (Hessisches Institut für Bildungsplanung und Schulentwicklung) Wiesbaden 1994.
Hecker, Ulrich (Hrsg.): Praxismappe Freiarbeit. Bd. 1. Mülheim a.d.R. 1989.
Hecker, Ulrich (Hrsg.): Praxismappe Freiarbeit. Bd. 2. Mülheim a.d.R. 1990.
Herzog, Harald: Schöne, heile WOPL-Welt? Wochenplanarbeit an weiterführenden Schulen. In: Claussen u.a. (1993), S. 31–40.
Hessischer Rahmenlehrplan Deutsch. Hrsg.: Der Hessische Kultusminister. Wiesbaden 1995.
Hessisches Ministerium für Umwelt: »In einem Bächlein helle ...« Naturnahe Gewässer in Hessen, Bachpatenschaften, Renaturierungsmaßnahmen. Wiesbaden o.J.
Hövel, Walter: Freie Arbeit ist ... In: Hecker (1990), S. 11.
Kieven, Gert u.a.: Arbeitslehre. Frankfurt a.M. 1995.
Kinter, Jürgen/Kock, Manfred/Thiele, Dieter: Spuren suchen. Leitfaden zur Erkundung der eigenen Geschichte. Hamburg 1985.
Kipphardt, Heinar: Bruder Eichmann. Schauspiel. Reinbek 1983.
Klasse 10a der Gesamtschule Gudensberg: Spuren einer Minderheit. 150 Jahre Gudensberger Synagoge. Gudensberg 1993.
Knirsch, Rudolf R.: Die Erkundungswanderung. Paderborn 1979.
Kohl, Christiane: Die Giftbombe von Hirschhagen. In: Stern Nr. 48/1984.
Komenský, Johann Amos: Allgemeine Beratung über die Verbesserung der menschlichen Dinge. Hrsg. von Franz Hofmann. Berlin (Ost) 1970.

König, Wolfram/Schneider, Ulrich: Sprengstoff aus Hirschhagen. Vergangenheit und Gegenwart einer Munitionsfabrik. (= Nationalsozialismus in Nordhessen Bd. 8.) (Gesamthochschulbibliothek) 2. Aufl., Kassel 1987.

Kozdon, Baldur: Handelndes Lernen. Grundlagen – Voraussetzungen – Konzeptionen. In: Lehrer Journal. Grundschulmagazin, Heft 10/1986.

Krause-Vilmar, Dietfrid: Verdrängen oder annehmen? Über den Umgang mit dem Nationalsozialismus heute. In: Landeswohlfahrtsverband Hessen (Hrsg.): Psychiatrie im Nationalsozialismus. Kassel 1989.

Kuhtz, Christian: Fahrrad-Heft 1: Rad kaputt (Reihe »Einfälle statt Abfälle«). Kiel 1982.

Lampe, Ulrike: Ausbildungsziel: Schlüsselqualifikationen. In: Praxis Schule 5–10, Heft 3/1991, S. 12–14.

Lietz, Sabine: Wo Frauen Sprengkörper füllen mussten. In: Frankfurter Rundschau vom 7.10.1986.

Lindquist, Sven: Grabe, wo du stehst. Handbuch zur Erforschung der eigenen Geschichte. Bonn 1989. Mathematik lehren, Heft 79/1996 (Thema: Wege zur Freien Arbeit).

Meier-Schreiber, Klaus-Ulrich/Vaupel, Dieter: Handeln und Lernen. Eine Einführung zum Mutmachen. Handlungsorientierter Unterricht in der Sekundarstufe, Heft E. (Hessisches Institut für Bildungsplanung und Schulentwicklung) Wiesbaden 1993.

Meier-Schreiber, Klaus-Ulrich: Historische Spurensuche. Handlungsorientierter Unterricht in der Sekundarstufe I. Heft 3. (Hessisches Institut für Bildungsplanung und Schulentwicklung) Wiesbaden 1993.

Meyer, Hilbert: UnterrichtsMethoden II. Praxisband. 6. Aufl. Frankfurt/Main: Cornelsen Verlag Scriptor. 1994.

Meyer, Hilbert/Paradies, Liane: Handlungsorientierter Unterricht. Oldenburger Vor-Drucke, Heft 218/93. Oldenburg 1993.

Müller, Hans-Jürgen: Meine schlaue Rechtschreibkiste. Hannover 1992.

Pädagogik, Heft 6/1991. Thema: Freie Arbeit. Erfahrungen in der Sekundarstufe.

Pädagogik, Heft 6/1993. Thema: Wirtschaft – Schule – Leistung. Was sollen Schüler können?.

Pestalozzi, Johann Heinrich: Sämtliche Werke. Hrsg. von Buchenau/Spranger/Stettbacher. Bd. 6. Zürich 1960.

Piaget, Jean: Gesammelte Werke in 10 Bänden. Studienausgabe. Stuttgart 1975.

Plas, Rob van der: Fahrrad Reparaturen. Niedernhausen 1986/87.

Praxis Schule 5–10, Heft 1/1994 (Thema: Geometrie – ein Gebiet zum Forschen und Entdecken).

Praxis Schule, Heft 3/1996 (Thema: Mathematik handlungsorientiert).

Pross, Christian: Die Spur des Gifts. In: taz vom 20.10.1986.

Pross, Helge: Über die Bildungschancen von Mädchen in der Bundesrepublik. 2. Aufl., Frankfurt a.M. 1969.

Reichwein, Adolf: Schaffendes Schulvolk. 2. Aufl., Braunschweig 1953.

Riedel, Anne: Nachhilfe in Geschichte. In: Frankfurter Rundschau vom 7.10.1986.

Rosengarten, Albert: Architektonische Stylarten. (Braunschweig 1857), 2. Aufl., New York 1894.

Rousseau, Jean Jacques: Émile oder über die Erziehung. Deutsche Fassung von Josef Esterhues. 3. Aufl., Paderborn 1963.

Rumpf, Horst: Was ist frei an der Freien Arbeit? In: Pädagogik, Heft 6/1991, S. 6–9.

Schächter, Markus (Hrsg.): Mittendrin. Ohne Wasser läuft nichts. Berlin 1988.

Schäfer, Herbert: Altlasten. Sprengstoff im Kaffee. In: Die Zeit vom 14.2.1986.

Scholz, Lothar: Der Griff in die »Methodenkiste«. In: Praxis Schule 5–10, Heft 6/1992, S. 17–19.

Schulze, Hermann: »... und morgen fangen wir an!« Bausteine für Freiarbeit und offenen Unterricht in der Sekundarstufe. Lichtenau 1993.
Sennlaub, Gerhard: Grundlagen von Freiarbeit und Wochenplan. In: Erziehungswissenschaft – Erziehungspraxis, Heft 3/1985.
Spuren suchen. Das Magazin zum Wettbewerb. Hrsg.: von der Körber Stiftung (Hamburg), 6. Jg., 1992.
Stascheit, Wilfried/Kneip, Winfried: Wasser erkunden und erfahren. Mühlheim a.d.R. 1990.
Steinbach, Gunter: Wir tun was ... für naturnahe Gewässer. Stuttgart 1990.
Strothe, Inge: Das Wochenplanbuch für die Grundschule. Heinberg 1985.
Syme, Christine: Kreativer schreiben. Mülheim a.d.R. 1990.
Unterricht Biologie, Heft 67/1982 (Themenheft »Exkursionen«).
Vaupel, Dieter: Arbeit mit dem Wochenplan. Ein Schritt zum selbstständigen Lernen (nicht nur) in Hauptschulklassen. In: Pädagogik, Heft 12/1992, S. 38–42.
Vaupel, Dieter: Be-greifendes Lernen. In: päd extra & demokratische erziehung, 1–2/1990, S. 40–44.
Vaupel, Dieter: Das Außenkommando Hessisch Lichtenau des Konzentrationslagers Buchenwald. (= Nationalsozialismus in Nordhessen, Bd. 3.) (Gesamthochschulbibliothek) Kassel 1984.
Vaupel, Dieter: Das Wochenplanbuch für die Sekundarstufe. Schritte zum selbstständigen Lernen. Weinheim/Basel 1995.
Vaupel, Dieter: Die Erkundung. Hilfen zur Vorbereitung, Durchführung und Auswertung. In: Lehrer, Schüler, Unterricht. Handbuch für den Schulalltag. 21. Ergänzungslieferung. Stuttgart 1996.
Vaupel, Dieter: »...Ein bisschen Hoffnung habe ich ja noch!« HauptschülerInnen heut. In: päd extra, Heft 7–8/1991, S. 48f.
Vaupel, Dieter: »Entenpower auf Aktien«. Ein Miniunternehmen in der Schule. In: Pädagogik, Heft 2/1996, S. 10–13.
Vaupel, Dieter: Lichtblicke und moralische Tiefschläge. SchülerInnen dokumentieren Spuren einer Minderheit. In: Päd extra, Heft 10/1993, S. 40–43.
Vaupel, Dieter: Lila Mäuse hoch im Kurs. Schüler gründen eine Aktiengesellschaft. In: arbeiten + lernen. Wirtschaft. Heft 19/1995, S. 42–47.
Vaupel, Dieter: Lokale Spurensicherung zur NS-Geschichte. In: Geschichtsdidaktik, Heft 2/1987, S. 186–193.
Vaupel, Dieter: Offenen Unterricht strukturieren. Thematisch Landkarten und Lernpläne als Planungshilfen. In: Pädagogik, Heft 12/1995, S. 17–22.
Vaupel, Dieter: Schüler als Bachpaten. In: Pädagogik heute, Heft 11/1986, S. 24–29.
Vaupel, Dieter: Spuren, die nicht vergehen. Eine Studie über Zwangsarbeit und Entschädigung. (= Nationalsozialismus in Nordhessen, Bd. 12.) (Gesamthochschulbibliothek) Kassel 1990.
Vaupel, Dieter: »Steinerne Zeugen« der NS-Zeit entdecken und entschlüsseln. Zum Beispiel: Die Geschichte einer ehemaligen Rüstungsfabrik. In: Geschichte lernen, Heft 53/ Juni 1996.
Vaupel, Dieter: Tigerenten und Neubaugebiete. Handeln und Lernen im Mathematikunterricht. In: Praxis Schule 5–10, Heft 3/1996, S. 12–16.
Vaupel, Dieter: Wer auswählen gelernt hat, will dann auch mitbestimmen ... Wochenplan, Freie Arbeit und Projektunterricht integrieren. In: Pädagogik, Heft 10/1993, S. 20–24.
Vaupel, Dieter: Wochenplanarbeit in einem Gymnasialzweig. Schülerinnen und Schüler lernen selbstständig zu arbeiten. In: Die Deutsche Schule, Heft 1/1996, S. 98–110.

Veit, Barbara/Wiebus, Hans-Otto: Umweltbuch für Kinder. Umweltverschmutzung und was man dagegen tun kann. Ravensburg 1991.
Vester, Frederic: Denken, Lernen, Vergessen. Stuttgart 1978.
Vester, Frederic: Wasser = Leben. Ein kybernetisches Umweltbuch mit 5 Kreisläufen des Wassers. Ravensburg 1987.
Vossmann, Norbert: Frontalunterricht – vergessene Chance in der Sozialerziehung. In: Biermann, R. u.a. (Hrsg.): Soziale Erziehung. Heinsberg 1986.
Wallrabenstein, Wulf: Offene Schule – Offener Unterricht. Ratgeber für Eltern und Lehrer. 3. Aufl., Reinbek 1993.
Wallrabenstein, Wulf: Profil und Beurteilung offenen Unterrichts. In: Die Grundschulzeitschrift, Sonderheft 1989.
Weber, Otto: Tausend ganz normale Jahre. Ein Photoalbum des gewöhnlichen Faschismus. Nördlingen 1987.
Wilkesmann, Eckard: Keine neue »Masche« und kein Allheilmittel ... Wochenplanarbeit – ein Lieblings-»Fach« meiner Schülerinnen und Schüler. In: Praxis Schule 5–10, Heft 3/1993, S. 12f.
Witte-Löffler, Ernst-August: Mit Freinet in der Hauptschule arbeiten. In. Pädagogik, Heft 2/1993, S. 17–22.
Witzenbacher, Kurt: Handlungsorientiertes Lernen in der Hauptschule. München 1985.

Verzeichnis der Fotos

Frank Beyer: S. 65, 66, 69, 74
Christel Bukowski: S. 108 (unten), 119 (3. und 4. Foto)
Gregor Espelage: S. 111 (Mitte und unten, Archiv), 117 (unten), 119 (1. Foto)
Sladjana Haska: S. 135, 138
Lothar Hoffmann: S. 20 (oben)
Christoph Küch: S. 177
Dieter Vaupel: S. 20 (unten), 53, 56, 57, 73, 79, 84, 92, 93, 100, 108 (oben), 111 (oben), 117 (oben), 119 (2. Foto), 155, 159, 175, 201
Gisela Wenderoth: S. 136